# HUARENDE

东吴名家·艺术家系列丛书

## 华人德访谈录

鲍鲲 著

《东吴名家》艺术家系列丛书
主　编　田晓明
副主编　马中红　陈　霖

丛书编委会（按姓氏笔画排序）
马中红　田晓明　杜志红　沈海牧　张建初
陈　一　陈　龙　陈　霖　徐维英　曾一果

学术支持
苏州大学东吴智库　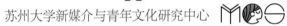
苏州大学新媒介与青年文化研究中心

总序

# 留点念想

田晓明

在以"科学主义"为主要特征且势不可挡的"现代性"推进下,人类灵魂的宁静家园渐渐被时尚、功利和浮躁无情地取代了,其固有的韧性和厚度正日益剥落而变得娇弱浅薄,人们的归属感与幸福感也正逐步消失。在当今中国以"改善社会风气、提高公民素质、实现民族复兴"为主旋律的伟大征程中,"文化研究"、"文化建设"、"提升软实力"等极其自然地成为全社会关注的热门话题。作为一名学者,自然不应囿于自己的书斋而沉湎于个人的学术兴趣,应该为这一伟大的时代做点什么;作为一名现代大学管理者,则更应当拥有这样的使命意识与历史担当。

任何"以问题为导向"的研究总是不乏高度的历史价值、使命意识和时代意义,文化研究也不例外。应该说,我对文化问题的关注和兴趣缘起于自身经历的感悟和对本职工作的思考。近年来,我曾在日本、法国、德国、美国等发达国家进行学术交流或工作访问。尽管这些国家彼此之间存在着很大的文化差异,但其优良的国民总体素质却给我留下了深刻的印象。作为一名中国现代知识分子,我在惊诧之余,也就自然萌生出这样的问题:中华民族优秀传统为何在异国他乡能够得以充分彰显,却在本土当下鲜有表达? 2013年5月,我应邀赴台湾地区参加了"2013高等教育国际高阶论坛",这也是我首次台湾之行。尽管此行只有短短一周,但宝岛却给我留下了深刻印象:在日常交往中,我不仅深切感受到中华民族的优秀传统在台湾地区被近乎完整地"保留"下来,而且从错落有致甚至有些凌乱的古老街景中"看到"了隐含于其背后的一种持守和一份尊重……于是,我又想起了本土:新中国成立之后,我们在剔除封建糟粕的同时,几乎"冷落"甚至放弃了很多优秀的文化传统;在全面汲取苏联"洋经"的同时,也几乎完全失去了我们的文化自主性。"文革"期间,中华民族更是经历了一场"浩劫",对优秀传统文化的破坏自不必多言。改革开放以降,随着国门的"打开",中华大地在演绎经济发展奇迹的同时,中华民族的优秀传统却没有得到同步保留或弘扬,甚至还出现了一些沦丧的现象。这便是海外之行给我留下的文化反思与心灵震撼!

　　带着这份反思和震撼,平日里喜欢琢磨的我便开始关注起"文化"及"文化研究"等问题了。从概念看,"文化"似乎是一个人人自明却又难以精准定义的名词。在纷繁的相关阐述中,不乏高屋建瓴的宏观描述,也有细致入微的小处说法。可谓仁者见仁,智者见智。这就决定了文化研究具有内容丰富性、方法多样性和评价复杂性等特征。黑格尔曾作过这样的比喻:文化好似洋葱头,皮就是肉,肉就是皮,如果将皮一层层剥掉,也就没有了肉。作为"人的生活样式"(梁漱溟语),文化总是有很多显形的"体",每一种"体"的形式下都负载着隐形的"魂"。我们观察和理解文化,不仅要见其有形之体,更要识其无形之魂。体载魂、魂附体,"魂体统一"便构成了生机勃勃的文化体系。古往今来,世界上各地区、各民族乃至各行各业都形成了自己的文化体系,每一文化体系都是它自己的"魂体统一"。遗憾的是,尽管人们在思想观念上越来越意识到文化的重要性,但在日常生活和社会实践中,"文化"概念却被泛化或滥用了,正如人们常说的那样:文化是个筐,什么都能装。

　　从文化研究现状来看,我认为存在两方面的问题:一是文化研究面临着"科学主义"、"工具理性"的挑战和挤压;二是文化研究多是空洞乏力的理论分析、概念思辨,而缺少务实、可行的实践探索。一方面,在"科学主义"泛滥、"工具理性"盛行的当今时代,被称为"硬科学"的科学技术已独占人类文化之鳌头,越来越受到人们的顶礼膜拜。相比之下,人文社会科学在人类文化中应有的地位正逐步或已经被边缘化了,其固有的功能正日益被消解或弱化。曾经拥有崇高地位的人文社会科学已风光不再,在喧嚣和浮躁之中,不可避免地陷入了"软"科学的无奈与尴尬。即便是充满理性色彩、拥有批判精神的大学已经意识到并开始重视人文社会科学的教育功能与文化功能,但在严酷的现实语境中,也不得不"违心"地按照所谓客观的、理性的科学技术范式来实施人文社会科学教育管理和研究评价。另一方面,由于文化研究成果多以"概念思辨"、"理论分析"等形式表达,缺少与现实的联系和对实践的指导,难免给人以"声嘶力竭"或"无病呻吟"之感受。从一定意义上讲,这种苍白、乏力的研究现状加剧了人们视文化为"软"科学的看法。这无疑造成了文化研究和文化建设的困境与尴尬。

从未"离开"过校门的我,此时自然更加关注身陷这一"困境"和"尴尬"漩涡中的大学。大学,不仅是知识传授、探索新知的重要场所,也是人类文化传承与发展的主要阵地。她不仅运用包括人文艺术、社会科学、自然科学等在内的人类文化知识进行有目的、有计划、有步骤的高级人才培养,而且还直接担当着发展、创造与创新人类文化的历史责任。学界一般认为,大学具有人才培养、科学研究和社会服务三大功能。应该说,这样的概括基本涵盖了大学教育的主要任务。但在学理上看似乎还有值得商榷的地方。一方面,从逻辑上看,这三项功能似乎不是同一层次的、并列的要素。因为无论是培养高素质人才,还是产出高质量科研成果,都是大学服务社会的主要方式或手段。如果将社会服务作为单一的大学功能,那么是否隐含着人才培养和科学研究就没有服务社会的导向呢?另一方面,从内涵上看,这三项功能的概括本身就具有"工具化"、"表面化"的特征,并没有概括大学功能的深层的、本质的内涵。那么,有人会问,大学的本质到底是什么呢?我认为,在归根结底的意义上,大学的本质就在于"文化"——在于文化的传承、文化的启蒙、文化的自觉、文化的自信、文化的创新。因为脱离了文化传承、文化启蒙、文化创新等大学的本质性功能,人才培养、科学研究和社会服务都会成为无源之水、无本之木,而大学的运行就容易被视作为简单传递知识和技能的工具化活动。从这一意义上说,大学文化建设在民族文化乃至人类文化传承、创新中拥有不可替代的重要地位甚至主要地位。换言之,传承、创新人类文化应该是大学的历史使命与责任担当。

如果说,大学的本质在于文化传承、文化启蒙、文化自觉、文化自信和文化创新,那么,大学管理者的主要职责之一便是对文化的"抢救"、"保护"和"挖掘";这是现代大学校长应具有的文化忧患意识和文化责任感。言及大学文化,现实中的人们总是习惯地联想起"校园文化",显然这是对大学本质的误解甚至曲解。"校园文化"与"文化校园",不是简单的文字变换游戏,个中其实蕴含着本质的差异。面对"文化"这一容易接受却又难以理解的概念,人们总是无法清晰明快地表达"文化是什么";那么,我们不妨转换一下视角,或可以相对轻松地回答"什么是文化"、"什么是没有文化"或"什么是文化缺失"等问题了。大学文化,在于她的课上和课下,在于她的历史与现实,她的一楼一宇、一草一木、一砖一瓦、一人一事……她可能是大学制度文化的表达,可能是大学精神文化的彰显,也可能是大学物质文化的呈现。具体而言,校徽、校旗、校训等标识的设计与使用是文化校园建设的体现，而创建大学博物馆、书画院、名人雕塑等，则无疑是大学文化名片的塑造。我曾主持大学博物馆的筹建工作，这一令我"痛并快乐"的工作，让我感慨万千！面对这一靓丽的大学文化名片，我似乎应该感到一种欣慰、自豪和骄傲！然而，在经历这一"痛并快乐"的过程之后，我却拥有了另一番感受：在大学博物馆所展示的一份份或一块块残缺不全的"历史碎片"面前，真正拥有高度文化自觉或自信的大学管理者，其内心深处所感到的其实并不是浅薄的欣慰和自豪，而是一种深深的遗憾、苦苦的焦虑和淡淡的无奈！我无意责怪或埋怨我们的前人，我们似乎也没有太多的时间和精力去责怪、埋怨，因为还有很多很多事情需要我们去落实、来实现，从而给后人多留下一点点念想，少留下同样的遗憾。

这不是故作矫情，也不是无病呻吟，只有亲身经历者，方能拥有如此宝贵的紧迫感！这种深怀忧虑的紧迫感，实在是源于更深的文化理解！确实，文化的功能不仅在于"守望"，更在于"引领"，这种引领既是对传统精华的执着坚守、对现实不足的无情批判，也是对美好未来的理想而又不失理性的憧憬。换言之，文化的引领功能不仅意味着对精神家园的守望，也意味着对现实存在的超越。尽管本人并没有宏阔博大的思想境界，济世经国的理想抱负，腾天潜渊的百炼雄才，但在内心深处，我却始终拥有一种朴实而执着的想法：人生在世，"必须做点什么"、"必须做成点什么"；如是，方能"仰俯无愧天地，环顾不负亲友"。然而，正所谓"前途是光明的，道路是曲折的"，对于任何富有价值和意义的事情而言，"想法"变成"现实"的过程从来都不可能一帆风顺。在当下社会，"文化校园建设"则更是"自找苦吃"！

人生有趣的是，这一路走来，总有一些"臭味相投"的"自找苦吃"者，与你同行！一年前，我兼任艺术学院院长。在一次闲聊中，我不经意间流露出这一久埋心底的想法，便随即获得了马中红、陈霖两位教授及其团队成员的积极响应。于是，《东吴名家》(百人系列)的宏远写作计划便诞生了！

也许是闲聊场景的诱发，如此宏远计划的启动便从艺术学院"起步"了！其实，选定艺术学院作为起始，我内心深处还有两点考量：一是"万事开头难"，既然事情缘起于我的主张和倡议，"从我做起"似乎也就成了一种自然选择，事实上，我愿意也必须做一次"难人"；二是我强烈地感到时不我待，希望各个学院能够积极、主动地加入"抢救"、"保护"和"挖掘"文化的行列！尽管从本质上讲这是一种历史责任，但在纷繁的现实面前，这项工作似乎更接近于一种"义务"或"兴趣"，因此，我不能有更多的硬性要求。于是，我想，作为艺术学院院长，我可以选择"从我做起",其示范和引领作用可能比苍白的语言或"行政命令"更为有力、更富成效。

当然,最终选择艺术学院作为《东吴名家》开端的根本想法,还是来自我们团队对"艺术"发自内心的热爱!因为,在我们古老的汉字中,"藝"字包含了亲近土地、培育植物、腾云而出的意思。这也昭示了艺术的本性:艺术来源于生活,但必须超越生活。或许也正因为艺术这样的本性,人们对艺术的反应可能有两种偏离的情形:艺术距我们如此之近,以致习焉不察;艺术离我们如此之远,以致望尘莫及。此时,听一听艺术家们的故事,或许会对艺术本身能够拥有更多、更深的理解。

英国艺术史家贡布里希在其《艺术的故事》开篇中有云:"实际上没有艺术这种东西,只有艺术家而已。"在各种艺术作品的背后,站立着她们的创造者,面对或欣赏这些艺术作品,实际上就是倾听创造她的艺术家,并与艺术家展开对话。这样的倾听与对话超越时空,激发想象,造就了艺术的不朽与神奇。也正是这种不朽与神奇,催生了《东吴名家》的艺术家系列。

最先"接近"的五位艺术家大家都不陌生:华人德先生,道法自然,守望传统,无论是书法艺术,还是书学研究,都臻于至境;杨明义先生,浸淫于江南文化传统,将西方透视和景别融进水墨尺幅,开创出水墨江南的新绘画空间;梁君午先生,早年在西班牙皇家马德里艺术学院学习深造,深得西方绘画艺术的精髓,融汇古老中国的艺术真谛,是享誉世界的油画大师;张朋川先生,怀抱画家的梦想,走出跨界之路,在美术考古工作和中国艺术史研究中开辟了新的天地,填补了多项空白;杭鸣时先生,被誉为"当今粉画巨子",以不懈的努力提升了粉画的艺术价值。五位大师的成就举世瞩目,他们的艺术都有着将中国带入世界、将世界融入中国的恢宏气度和博大格局。

五位艺术家因缘际会先后来到已逾百年的东吴学府,各自不同的艺术道路在苏州大学有了交集和交融,这是我们莫大的荣幸。他们带来的是各自艺术创作的历练与理念,艺术人生的传奇与感悟,艺术教育的热情与经验,所有这些无疑是我们应该无比珍惜的宝藏,在这个意义上,"艺术家系列"的写作与制作也可谓一次艺术的"收藏"行动。

"收藏"行动将继续进行,随着"同行者"的不断加盟,《东吴名家》(百人系列)将在不远的将来"梦想成真"!为了这一美好梦想,为了我们的历史担当,也为了给后人多留点念想、少留点遗憾,让我们携起手来……

# 华人德

华人德，笔名维摩，1947年生于江苏无锡，"九三学社"社员。1982年毕业于北京大学图书馆学系，获文学学士学位。曾发起成立"北京大学书法社"，被推为首任社长。1987年发起成立"沧浪书社"，被推选为首、二届总执事。1993年至2007年任中国书法家协会学术委员。现为苏州大学图书馆研究馆员，苏州大学艺术学院设计艺术学专业中国书法史和碑刻史研究方向博士生导师，江苏省文史研究馆馆员，中国书法家协会隶书委员会副主任，苏州市书法家协会主席。

从事书法创作五十余年，作品多次参展国内外书法篆刻作品展览。1986年隶书对联入展"全国第二届中青年书法篆刻家作品展览"，获最高奖；2005年于美国惠特曼学院美术馆，2007年于泰国曼谷举办个人书法作品展。四次获得中国书法"兰亭奖"，是迄今为止获"兰亭奖"最多的书家。

长期在高校从事书法研究与教学工作，传统功底扎实、全面，甘于寂寞，勤奋治学，成果丰硕：于《中国书法》《书法研究》《中国图书馆学报》和香港《书谱》等杂志发表学术论文40余篇；出版《〈南北书派论〉〈北碑南帖论〉注》《中国书法史•两汉卷》《兰亭论集》《华人德书学文集》《中国历代人物图像集》等著作十余种；策划组织了"兰亭会议""明清书法史国际学术研讨会""中国苏州书法史讲坛"等国际国内书学会议。与台湾、香港地区及国外书法界交往频繁，曾应邀于美国惠特曼学院讲学半年，率领"苏州市书法家代表团"出访新加坡、马来西亚、日本、法国、意大利美国、韩国等国家，在海内外书法界有较高影响。

一岁时的华人德,由母亲抱着,头戴美国士兵帽。

华人德高中毕业照,胸佩二级运动员徽章。

1981年,华人德被推选为"蔡元培、李大钊铜像"建像委员会成员,并代表北大七七、七八两届毕业生书写像座背面铭文。

80年代中期,华人德于苏州沧浪亭。

1995年,华人德于河南登封郭守敬观象台。

2005年,华人德于美国佛利尔博物馆观看鳌拜画像,并收入《中国古代人物图像集》。

2009年,华人德于云南丽江采风,在虎跳峡留影。

2005年,华人德于自家书房观看其用汉金文书写的汉古诗作品。

# 目　录

001　总序
　　　留点念想

## 特稿

003　道法自然，守望传统

## 专访

**017　早年生活：从童年到北大**
020　结缘书法
023　插队农村
026　遇良师
033　高考波折

**039　北大求学**
041　个性的班长
048　成立"书法社"
054　建铜像

061　书艺谈
063　从"中青展"到"兰亭奖"
068　文字内容"要我认可"
072　文房四宝
079　书卷气

088　书学研究（上）
091　《谈墓志》
096　于细节处发问
105　质疑传说
108　注重原始资料

113　书学研究（下）
115　《中国书法史》
122　证其"无"
127　坐冷板凳
131　但求完美

136　"沧浪书社"和书学论坛
138　群英荟萃
142　接轨国际

149　中国书法史讲坛

**154　教书育人**
156　"华门"立雪
162　洋学生问学
167　"上课就在我家"

**171　国际交流**
173　东南亚之行
179　美国讲学
188　现代派书法
192　苏州市书法家代表团

## 他人看他

203　白谦慎：他这个人比较传统
207　羊晓君：没有这个老师的话，不会有我的今天
214　李琴华：在我心目中，他没有什么缺点
222　华昊：他是一个爱好不甚广泛的人

## 附录

231　书里乾坤(纪录片脚本)
237　华人德年表

247　参考文献

252　后　记

特稿

# 道法自然，守望传统

去年春到江南的时候，我幸运地接到采访华人德先生的工作。像许多人一样，我知道华先生是闻名遐迩的书法艺术家，四次获得书法界最高奖项"兰亭奖"，同时是苏州大学的教授、博士生导师，但对他的艺术探索、人生经历却全无所知。我见他的书法作品经常落款"锡山华氏""武陵世家"，就想象他出身于艺术世家，家庭氛围熏陶、培养了他的艺术天分；他经历坎坷，人生的每次转折都化进他的艺术实践，丰富、提升了他的书法气象。

在收集、阅读了他的资料后，我发现事实并不如我想象的那样。他虽然出身于名门大族"无锡华氏"，但祖父、父母，包括亲戚都不是艺术家或大知识分子，只是家境比普通人稍微优裕一些。他的人生也没有大起大落，31岁以前和同时代的一些人一样，从小学读到高中，高中毕业后"文革"开始，作为知识青年插队农村；31岁考上北京大学，人生看似从此改变，但毕业后他一直在高校图书馆工作，过着恬淡平静的生活。但就在这表面平静的后三十多年中，他做出一系列起源于书法，但影响不止于书法范畴的事业。他在书学、人物图像上研究成果丰硕，可谓著述等身；他发起成立了民间社团组织"沧浪书社"，策划组织了一系列国际国内书学研讨会，其中"中国苏州书法史讲坛"成为书学界的品牌；他率领"苏州市书法家代表团"频繁出访美国、日本、法国、意大利、新加坡等国家，将中华书法艺术的种子播撒到世界各地……

采访之前，当我向他女儿华昊女士询问华先生的联系方式时，我惊讶地发现，在网络进入寻常百姓家的今天，他不使用互联网，甚至也不怎么发短信。我当时带点偏见地认为这些信息传播新技术老先生学起来不方便，但隐隐觉得不对，因为他学书法、创作书法五十余年，学会发短信不存在困难。

华人德先生出身的平凡与艺术成就的卓越，生活的平静与事业的丰盈，对信息传播新技术的拒绝引起了我极大的好奇心，我迫切地想见到这位带着神秘色彩的人物。

**随和与礼节**

我拨通了华人德先生的电话，和他约第一次访谈的时间和地点。他声音浑厚，带着无锡口音说："我住在木渎，你们来这儿有点远，要不就在苏州大学本部的冬瑞楼，我的办公地点'东吴书画院'就在那儿，我坐地铁到那儿很方便，离你们也近。"原来他这样随和！我本不愿辛苦他跑来跑去，但考虑到纪录片画面的丰富性，就约在"东吴书画院"。

第一次见华先生是2014年5月4日，那天淅淅沥沥地下着春雨，我和我的摄录小组早早地到了约定地点。花开正浓，爬山虎郁郁葱葱地盘满墙壁，我们忍不住架起摄像机拍摄这美丽的画面。忙碌间，一个浑厚的声音说："你是小鲍吧？"我一转头，发现一位身材高大、衣着整洁的长者正慈祥地笑着。我有点责怪自己：本想列队恭候，给华先生留个比较好的第一印象，结果还是疏忽了。他倒一点都不介意，满脸笑意地将我们引进"东吴书画院"。访谈开始时，他随和地说："你们觉得哪地方取景好，我就坐哪儿，我都可以的。"坐定后他就讲他童年、少年和插队农村时期的故事。他声音洪亮，时有妙语，令人费解的书学术语经他一解释，豁然开朗。讲到高兴时，笑得像弥勒佛；讲到叹息处，又神情肃然。期间我们团队负责摄录指导的一位老师进来，对学生的取景、摄录手法叮嘱一番后离开。我见他谈兴正浓，就没打断他。他讲完一段话，问刚才进来的是谁。我告诉他，他歉疚地说："哎呀，我忘了给他打招呼。"

访谈结束，负责摄录的同学见景色宜人，问华老师可不可以摆拍一个镜头。他说："这有什么不可以。"选了脚下绿色浓郁，面对窗外的一个地方，他在那儿站了好一段时间，但神情严肃，姿势呆板，访谈中丰富的表情、动作全然不见。我心想："原来华先生的演技不好！"同时觉得让老先生违背本性地"配合"有失妥当。

这次见面，华老师给我留下的印象似乎用"随和"二字都不足以表达。他从事书法创作五十余年，对美的表现有独特心得，获得圈内圈外的赞叹，但对于摄录小组拍摄他的哪些场景，如何构图，他从不过问；他笔耕不辍，对语言文字精益求精,但我所提话题是否专业、中肯,他也不予置评,都兴致盎然地谈下去。我们提出什么要求,譬如需要拍摄或拷贝一些金石拓片、书法作品扫描件、照片、论著、视频资料等,他都悉数捧出,任我们观看、挑选、拷贝或拍摄,从未听他说"不要流传出去"之类的禁止性话语。华老师喜欢大自然的丰富多彩。在他这里,春的明媚,夏的恣放,秋的高爽,冬的肃杀,各有各的意蕴。每到冬天,他就穿着厚衣,戴着帽子,即使在家也是如此,他觉得成天开着空调,四季独尊春反而索然寡味。在与华人德先生的接触中,我深深感受到,很大意义上,尊自然之道,读天地之书,成就了他的书法艺术。陕西的昭陵、乾陵,甘肃的炳灵寺石窟,山东的泰山,美国的黄石公园,都留下他的足迹。他说:"看看大自然,感受到大自然的宏伟,对大自然敬畏以后,写到字,你就不会随便乱写。还有一个是写的时候会丢开杂念,名利的东西和大自然的宏伟相比,就都不算什么了。"

我想,他之所以对我们的拍摄、提问不予指点、置评,可能与他对自然的尊崇一脉相通,哪怕你没有名气,他也一样地尊重,让你感到自然而然,无拘无束。华人德这样要求别人,对自己却要求甚高,他待人处世会考虑各个年龄段的人的感受,用他的挚友白谦慎的话说,"他比较传统,礼数比较周到"。白谦慎每次去他家,临走时华人德都会送些纸笔印台之类的礼品,还把苏州的特产,这样买两包,那样买两包,说是带给白谦慎的父母。在华老师送的物品中,有一件白谦慎永难忘记,还把它写进了文章。1983年寒假,白谦慎从北京回上海探亲,途经南京,华人德知道后问了车厢号,想到白谦慎旅途劳累,就寻了家商店,买到一小包当时不甚常见的金橘,然后在南京站站台守候。夜晚时分火车进站,白谦慎打开车窗和他没聊几句,火车就要发动了,他从口袋拿出金橘递给白谦慎,让他在车上吃。

1992年,华老师的弟子羊晓君结婚。事先,羊晓君向华老师提起过这件事,但到了结婚的时候,却没邀请华老师参加,因为羊晓君考虑到自己在浙江富阳,华先生在江苏苏州,两地相距甚远,没有直达火车,坐汽车需七八个小时。婚礼那天,羊晓君接到一个电话,是华老师打来的,说:"我现在在富阳汽车站,你的婚礼现场在哪儿?"羊晓君惊呆了,他没想到华老师会不辞辛苦地来参加他的婚礼。他说:"华老师,您怎么会来了?"华老师说:"你结婚,我当然要来。"羊晓君赶到汽车站,见华老师提着一床当时很贵重的空调被在等他。那一瞬间,一种老师、父亲、朋友交融的感情暖遍羊晓君全身。

我以为，以普通的礼节来解释华老师的行为，似乎远远不够。我们俗称的礼节多指以口头语言、肢体语言来表示对人尊重，有时形式大于内容。华先生的礼节重内容而少形式，他心里装着他人，想着他人。和他相处很舒服，随和而不随便，彬彬有礼而不繁文缛节，可以畅所欲言，让你油然而生对他的尊重和敬爱。他发起成立"北京大学书法社""沧浪书社"，策划组织"兰亭会议""明清中国书法史讲坛""中国苏州书法史讲坛"等一系列书学研讨活动，之所以办得有声有色、影响深远，与他的认真、负责、细致分不开，但还有一个重要原因，那就是他的人格魅力使人乐于与他共事。

"人非草木，孰能无情"，"投之以桃，报之以李"，华人德先生心里记着、念着他的长辈、朋友、晚辈，他们也愿意主动为华先生着想。2006年，中国书协发布第二届"兰亭奖·教育奖"的评选公告，他的学生劝他参评，说按照公告上列出的条件，他肯定可以得奖。但他对这事不是很积极，推辞说："第一届'兰亭奖'我得了两个奖，我已经六十岁了，也不要这个奖来证明自己。"学生说："只要你答应参评，材料我们帮你整理。"他拗不过学生的一番好意，于是提交了材料，结果得了个一等奖。据他女儿讲，他人生中的不少荣誉都是类似情形得来的，自己不是很主动，但经不起领导、朋友、学生的劝说，于是参评。

在这个"酒香也怕巷子深"，甚至有人花钱买奖的年代，一个人如果"任性"地淡泊名利，他的艺术、学术功力当然不会减弱，而声名传播的范围可能就不会那么广远。但对华老师来说，这些于他真乃浮云一般。他在一种"被动"的状态下，依然能够声名远播，只能说明他的人格魅力和艺术功力产生这样的结果，连他自己也始料未及。

**简约与丰盈**

后来我知道，华人德先生拒绝新的信息传播技术，是因为他为求待人周详和生活简约。那是我第二次访谈的发现，地点在他家一楼的书房，一部《二十四史》摆满了书架，地上码着一堆堆的碑刻图版集、书法作品集及一些杂志、报纸，多但不杂乱。那一次的访谈主题，是他1978至1982年在北大读书时的学习和生活。他讲到一个细节，那时的计算机很大，一台就占北大俄文楼前面的一个阁，要脱了鞋子进去参观。我记起他不使用信息传播新技术，当时以为他年纪大学不会，原来他这么早就接触计算机！我就问他为什么不使用互联网、不怎么发短信,他说:"我这个人新的东西有点接受不了,一来事情多,二来我的想法是生活越简约越好,上网了以后,别人说了你什么,怎么称赞你或者怎么批评你,你每天都要去看,我索性什么也不知道。发短信呢,回复了这个,有时会忘了那个,就怠慢了人家。我就不用短信了。"

华人德先生简约的特点是不固执一念。他衣着要求整洁,不能衣冠不整,至于材质是名贵还是简朴无所谓,反正是他夫人置办,办了就穿。有一次他夫人给他买了一件红色上衣,他说我一个男士,红色太张扬了,他夫人说,红色喜气洋洋的,福气。他也就乐呵呵地穿了。他没有酒烟嗜好,饭菜营养可口就行,住所舒适就好。他现在住的房子,设计、动工、装修全由他夫人一手操办,住进来以后他说蛮好。他没有汽车,如果有社交活动,对方有车接就坐车,没就坐地铁。他不是对车有偏见,他夫人60岁生日时,他送了一辆奔驰车作礼物。他不用车是因为汽车给人便捷的同时,还需要保养、维修、年检等,会自生事端,加上他平时也不大出门,所以就不用车了。

他在衣食住行上面几乎不花心思,他的心思全放在书法艺术和古籍上,这是他的爱好,也是他的工作。我不知道他到底写了多少字,但从他的讲述中,我知道他的少年时期、知青岁月、大学时光,包括现在,几乎每天都临习或创作书法。我不知道他读了多少书,但在访谈中明显感觉到很多历史书、古诗文、佛经、笔记、书论、碑帖等他都烂熟于胸。他说杀害岳飞的主谋是宋高宗,因为岳飞不爱财,不爱色,功高震主,宋朝皇帝自赵匡胤"黄袍加身"以来,一直提防部下篡权夺位;他讲陕西的昭陵祭坛在九嵕山后半山,以前有名的昭陵六骏石雕就在那里;他说他写论文慢,是受顾炎武影响,顾炎武的《日知录》,很多天写一篇;他解释自作诗"区区砚北一辛农","砚北"是砚台的北面,因为我们在书房都是朝南而坐,砚台在座位前,故人在砚北,有一个笔记就叫《砚北杂记》;谈到古代的书法家,他更会说出他们的代表碑帖或者书论,很多是我前所未闻的,听得我一愣一愣的……

我惊叹他知识广博,政治、地理、人文几乎无所不知。但我也发现,他不大会在酒场谈笑风生。有一次,我有幸和他同赴宴席,大家互相介绍,有位客人名字中有个"春"字,席中一位说:"啊,我们这里有个叫春的男人!"大家哄堂大笑,他没笑。席间谈到男人的长相,大家夸华老师长得帅,期盼他接过话头,讲些活跃气氛的生活逸事。但他只是笑笑,并不多谈,似乎没这方面的趣事,又似乎对这个话题不感兴趣。

这倒不是说他不幽默,不够随和宽容。他有幽默的一面。他在北大念书时给他夫人写信"今天我生日,我自祝自寿";女儿高考时,他问女儿紧不紧张?女儿说这有什么紧张的,他说:"啊,你真有大将之风!"一次,他的外孙女没领优秀学生申请表,妈妈批评说这是你学习生活的总结,最终评不评上没关系,但申请表你要带回来给家长填。华老师却说:"从小就淡泊名利,很好!"他或许不是要活跃气氛,只是认真地从他的角度对小孩不懂事的行为进行拔高的解读,产生的效果让人忍俊不禁。

他也不擅长讲客套话,他和朋友感情深厚,孝敬母亲,但他不会隔三岔五地打个电话给朋友、母亲寒暄。他习惯用行动表示,会在每年大闸蟹、碧螺春等苏州特产上市的时候,记起这是谁喜欢的物事,然后寄给他;会隔一个月去无锡探望母亲。他北大的一位老师喜欢喝碧螺春,每年碧螺春上市的时候,他都会寄给这位老师,这个习惯保持了很多年。直到有一年,他收到老师的女儿给他发来的一条短信:"每年到了这时候,你的碧螺春就会准时寄给我爸爸,他每年都能喝到,非常开心,但是今年已经喝不到了,因为他已经走了……我会在清明节的时候把茶叶带到父亲坟前。"听到这个故事的时候,我内心有一种说不出的感动,一种古朴的风范,带着恒久的温暖慰藉生命的流逝,实际上超越了时间的局限。这就是一种气质吧。

这种气质也成为他书法风格的内在支撑。华人德先生在解读"书如其人"时说:"我一直觉得,在书法风格上要格调比较高,或者有一些修养、气质,这和个人的心情、心境是有关系的,平时要修炼这些。"他有意地不习客套用语,而求语言文雅、含义隽永,这不会产生轰动效应,但韵味绵长、历久弥新。

华人德的书法作品从不写浅俗的内容,都是流传甚广的古诗文,或者是自作诗。即使是应景、应商业需求的题字他也要斟酌,如果粗俗或者他不认可,他会要求对方换成其他内容,或者允许他改写。曾经有一位作家拿着自己的代表作,是篇有关同性恋的现代文,请华人德写一幅书法作品。华人德看到后说:"我写了以后人家会产生误解,我不能给你写。你拿另外的作品给我看看,我认可的才给你写。"后来他挑了这位作家另外一篇文章,讲述的是作家幼年的故事,60年代没东西吃,在幼儿园里总是很馋,老早就把东西吃完了,依然无法解馋。有一次看着粥桶里的粥,伸手去抢,手给烫了,留下永久的疤痕。作家的这个描述真切的故事,以其珍贵的朴实感打动了华人德,于是他将这篇文章抄了一个一丈七尺长的手卷。这是华人德书写的为数不多的现代文作品之一。

正是因为葆有一颗古朴、自然、宁静的内心,华人德先生才能从俗世的牵缠和喧嚣中摆脱出来,而将时间、心思全部放在书法、古籍上,从而成就了他事业的丰盈。他的书法作品多次入展各类书法展览,1986年隶书对联入展"全国第二届中青年书法篆刻家作品展览",获最高奖;2005年于美国惠特曼学院美术馆,2007年于泰国曼谷举办个人书法作品展。四次获得中国书法"兰亭奖",是迄今为止获"兰亭奖"最多的书家。他在《中国书法》《书法研究》《中国图书馆学报》和香港《书谱》等杂志上发表学术论文40余篇;出版《〈南北书派论〉〈北碑南帖论〉注》《中国书法史·两汉卷》《兰亭论集》《华人德书学文集》《中国历代人物图像集》等著作十余种;发起成立"沧浪书社";策划组织了"兰亭会议""明清书法史国际研讨会""中国苏州书法史讲坛"等国际国内书学会议;率领"苏州市书法家代表团"出访新加坡、日本、美国、法国、意大利等国家,并于当地举办"吴门书道"书法展览。

**安静与"不安分"**

华人德先生现在住在苏州木渎的一个小区,周边没有大型的工厂、购物中心和游乐场所,远离城市喧嚣。虽说连他女儿都说这里冷清,就像农村一样,但他很喜欢。他天亮起床,叠好被褥,把家中打扫一遍;上午写字、看书或者写文章,下午接着看书、写文章;吃过晚饭会散散步,回家看电视,或者继续读书。如果有客来访,他也很开心,就在书房或客厅和客人交谈。有时他夫人和她的姐妹们在家中聚会,他打个招呼,然后走进书房,吃饭时再出来。因为知道他的性格,她们也不惊讶。

他的一天就是这样安静而有规律地度过的,一月,一年,几十年都是如此。1969至1978年,他插队江苏盐城地区的农村,劳动之余,他不像大多数知青那样去串门、打牌,就在家里写字,或者阅读《说文解字》《汉书》《三国志》;去外散步,也会习惯性地带本书。读书提升了他的文化修养,也为他收获爱情。1974年,华人德在轮船上与后来成为他妻子的李琴华相遇。当时的李琴华就觉得这个知青有点与众不同,行李就是一个网兜,兜里一个脸盆,脸盆里都是书。一直坚持读书的爱好，也让他在 1978 年以盐城地区文科第一名的成绩考入了北京大学。大学四年，除了功课、社团活动以外，他就在宿舍写字、看书，图书馆是他的最爱，那里丰富的金石拓片、古籍资源让他流连忘返。大学毕业后，他在南京大学图书馆工作了一年，然后调到苏州大学图书馆从事古籍整理、编纂工作。满屋古卷，一方木桌，寒来暑往，花落花开，一坐就是二十年。

他很喜欢苏州这座城市，年轻的时候，工作之余，他爱在苏州的小巷、小弄走走看看，看古朴小桥，桥下静静的流水；看矮瓦低墙，枝头鸟儿啾啾而鸣；看名人古迹，遥想他们当年的风采。他倾心沈周、祝允明、文徵明、王宠等为代表的"吴门书派"的文化，虽然他的书法走的是碑学路数，这些明朝书法家的字帖不是他的取法对象，但他们体现的文人雅趣深深地吸引了他。他曾在一次采访中说"吴门书派""审美观念上崇尚优雅平淡、高逸疏朗的文人趣味，少有狂怪之风；书法观念上，他们较注重传统，又不拘于古法，追求个性自由，敢于破格创新；书法风格上，他们完全摈弃了明初台阁体的束缚，追求洒脱的个性，强调表现书法的天籁之美，追求畅神适意的文人意趣"。①这是他对"吴门书派"文化的解读、评价，一定程度上也是他的夫子自道。

他师古而不泥古。他 14 岁时正式走上书法之路，临习颜真卿、柳公权、赵孟頫的字帖多年后，字写得很漂亮，获得周围人的一致称赞。不知道具体在哪一天，或许就在灯下读书，或许就在屋外散步的时候，他感觉自己的字只是三位书法家的影子，于是琢磨着如何突破他们的藩篱。在农村插队和东台工艺厂工作期间，他溯唐而上，临习隋《龙藏寺碑》、北魏墓志三种及《石门颂》等，从帖学走向碑学。②大学时光，他阅读了大量的当时市面上未有出售的金石拓片，有缪荃孙的"艺风堂"藏金石拓片数千种，张之洞的"柳风堂"藏金石拓片数千种；还有关中的历代铜镜、墓志拓片，明清时期的一些善本拓本，令他眼界大开。他觉得拘于某家、某碑都不够，他下定决心，从此不再从名家书法中寻找资源，而是广泛搜集秦汉至南北朝时期的各种碑刻、简牍、瓦当、造像记等非名家书迹，抽绎它们隶书中的共性，

---

①苏周刊编辑部.苏州文化人：做亮吴门书道这块苏州书法的品牌[N].苏州日报，2013-09-13(1).

②帖学取法历代名家法书，碑学以唐以前无名氏书迹为取法对象。华人德.评帖学与碑学[J].书法研究，1996 年 (1).

减弱某碑的具体个性，最终形成古朴宁静、文雅自然的书风。有些书法爱好者很喜欢他的书法风格，以他的隶书为蓝本练习，但他告诫不要以他的字为范本，而要到汉碑简牍中去寻找自己的方向，因为那才是中国隶书书法的源泉。这种观点和齐白石的"学我者生，似我者死"不谋而合，他不拘泥古人，也不希望后人受限于他。

他的书学研究也一样不受制于古人。有一次他读到叶昌炽的《语石》，说东晋墓志只记生卒年月，姓名籍贯，书风草率，形制简单，这是因为东南地区风气未开。他觉得不对，怎么东晋的墓志会比西晋退步呢？西晋的墓志是做成碑的形制立在墓里的，从艺术规律而言，年代晚的艺术品会比前期的更为精致。于是，他阅读了所有出土的东晋墓志，发现墓志主人除江南世族张镇外，其余都是从北方迁到南京一带的世家大族，他们引颈北望，克复中原，希望子孙将他们的骸骨迁回先人葬地，于是墓志主要起记识作用。因为记识作用比较大，所以就不请书法家撰写，而由工匠书刻。这段突破古人陈见的思考成就了一篇万余字的书学论文《谈墓志》，这篇论文1983年发表于香港《书谱》杂志，被誉为他书学研究的"奠基之作"。

不拘古人需要"才""学""识"，而不拘现有惯例，还需要勇气，因为古人已作古，而现有惯例时时在身边，听到的反对之声会更多。他于1987年发起成立的民间书法团体"沧浪书社"就是这样的事例。中国的书法团体并不或缺，上至省部，下至县城，都有"中国书协"的分支机构。"中国书协"会员准入条件比较宽松，在其所列的分书法创作、理论、教育的十几条中，只要符合其中之一即可入会，其会员人数已逾九千。林子大了，有真才实学的，也有浪得虚名的，泥沙俱下。"沧浪书社"唯苏州一家，走的是精英路线，新社员需要三分之二以上的社员通过才予准入，时至今日，社员也只有44人。社员名册中，华人德、白谦慎、曹宝麟、徐本一、王镛、黄惇、刘恒、孙晓云等悉数在列，几乎都是当代书坛执牛耳式的人物。

1994年，"沧浪书社"和常熟书协在常熟联合举办"书法史国际学术讨论会"，当时"中国书协"在青岛也举办了一个书学讨论会，接待的时候，他们把与会者按国籍、职务、名气分成三六九等，散会时也不妥善安排，不少人买站票回去。华人德他们一视同仁，都是车子接送，回去时帮每个人买了卧铺。这多少让人觉得是和"中国书协"唱对台戏。其实，"沧浪书社"成立之始，就有人揣测他有意"另立山头"，与"中国书协"或"江苏省书协"抗衡。他说："他们如果这样看，是小看了我们,我们的志向不在此,不是要争一个职务,而是要实实在在地做一个榜样,把好的制度、好的风气在书坛上推行起来。"

华人德小时候很调皮,上课时安静不下来,经常和同学说话,常被老师拉到办公室训话、责备。成年后他文质彬彬,但好动并没消失,只是已经化进内心,转为不遵循惯例。正是因为安静,他在书法领域思接千载、视通万里,于常法、陈见、惯例中发现不适合自己个性、不符合艺术规律、不尊重艺术的地方。也正是他的"不安分",他才能开拓新风、探寻真理、尊重艺术,这既需要悟性、才华,又需要胆识与勇气。

## 拒绝中的坚守

我一度怀疑华人德先生不会拒绝别人,因为他待人非常随和,但有一次为了纪录片画面的丰富,我请他现场书法,他却推辞说:"字我就不写了,我有书法创作的光盘,你们拷贝一份就好。"我说早期光盘因为年代久远,画面已不甚清晰。他这才勉强答应。后来我才知道华先生不大赞成现场书法。

他虽然是苏州市书法家协会主席,但他不参加书协组织的笔会,觉得笔会场合,一群人围着,静不下心进行书法创作。还有外人会认为笔会是书协会员赚外快。他对书协的办公人员说:"如果别人要去办笔会,我也不反对,但我不去,有什么人指名请我去,你们给我回掉好了。"2013年,第四届"兰亭奖"颁奖晚会上,组委会邀请每位获奖者现场书法,通过电视直播让观众感受书法的魅力,但是华人德拒绝了。他说:"书法不是表演艺术,在我看来,有辱斯文。我写字的时候要静下心来,有一种敬畏的感情在里面,不是一边抽烟,一边挥毫泼墨,好多人都是这样子,好像这个书家很有大家风范,但是我不喜欢。"

这种拒绝其实是对书法的尊重,这种尊重并不只是表现为不赞成现场书法,还体现在举办展览和国际交流上。他在苏州市筹办一些书法展览时,常说"不要请领导题字,题了不好摆,他不是书法家,但是字排在最前面,观众进来印象不好"。他率苏州市书法家代表团赴国外交流时,团队人数限定6个,包括一位翻译。这个代表团前期有一些行政官员、文联的非书法家参与,他和文联负责此事的人说:"本来人数就少,还有非书法家参加,和对方文化交流的时候,很多人就只能在旁边看了,如果下次安插这些人,我就不去了。"

艺术的本质是自由，但如果无所顾忌、随心所欲，在这样一个市场经济发达的年代，艺术家就很容易在金钱、名利中迷失自己，结果心思随意，反而自失身份，艺术水平难以提高，也是对他人的随便。华人德先生在书法上的拒绝，既是对书法、对传统艺术的尊重，也是对自己名誉的珍视。

华人德先生对名誉的珍视有时会让人觉得太较真。他的《中国书法史·两汉卷》一书出版后，一位青年学者在《中国书画》发表文章"献疑"，说书中的"纸""印"等不能称为"纸"和"印"。他写了一篇文章，也发在《中国书画》杂志，对其指出的四点逐一回复。还有一位青年学者发表论文说"六朝士人不屑于碑志"，质疑华人德的论文《论东晋墓志兼及"兰亭论辨"》中的观点，他也写了文章详细回复。后来这位青年又写了一篇文章《与华人德先生商榷——北朝碑刻中的篆隶真书杂糅和道教有关吗？》。他觉得再这样下去，就成了闹剧，于是没做回应。但他出版《华人德书学论文集》时，在《论北魏碑刻中的篆隶真书杂糅现象》文后特意附录了这位青年的主要观点，并对其进行了反驳。我有点诧异于他的较真，因为国内学术界的大佬对青年学者的"献疑"往往会一笑置之。他们知道只要一反驳，就无形抬高了青年学者的地位，而这可能正是某些青年学者的目的。华先生似乎没考虑这么多，他说："我很在乎我的每一篇文章，学术争论很正常，如果提出的是我的著作或论文里真正的问题，我很欢迎，但这些青年学者论据不充分，一些古籍和金石拓片都没阅读，就下结论说我的论点不正确，所以我要反驳。"

这种较真是对自己名誉的珍视，同时也是对对方的尊重，再进一步思考其实是对乾嘉以来治学方式的坚守。王力先生曾将这种方式简括为"例不十，则法不立"，意思是例证没达到一定数量，就不能形成结论。华人德先生在立论和反驳时，都恪守这一方式。

收集、阅读华先生的资料时，我曾经困惑于这样的现象：华人德相貌堂堂，才华横溢，学养高深，在大学时就表现了优秀的组织能力和演讲口才，他的北大同窗有多位现在是省部级领导，而他做的最高行政职务是图书馆古籍特藏部主任，正科级。他为什么没在行政上攀得更高？他解释说："我做不了官，也不想做，一个人自由自在，这样也蛮好。"

他真的没有生发过作行政官员的念头吗？古代史书中，能官干吏事迹感人至深，而他对古代史书又异常熟悉；北大自"五四"以来得民主风气之先，同学慨然而有大志，他在北大念书期间也是各类民主活动的积极分子；他对艺术、文化都有独到见解,独乐乐不如众乐乐,他肯定希望将自己的见解影响更多的人。但是正如金庸先生所言"中国三千年的政治史,早就将结论明确地摆在那里,中国成功的政治领袖,第一个条件是'忍',包括克制自己之忍、容人之忍,以及对付政敌的残忍;第二个条件是'决断明快';第三是极强的权力欲"。他读了那么多古代史书,这些为政之道应该也一样知悉。但是他性格随遇而安、淡泊名利,官职又不像荣誉,会有人主动为他着想;他天性排斥低眉袖手、阿谀奉承,看不惯他人对艺术、传统文化的不尊重。或许他有过为政做大事的念头,但他的性格注定他不能攀到高位。

其实华人德先生没有行政职务未尝不是幸事,使他可以免受宴席之累,案牍劳形之役,因而能够更为自由地在书法王国遨游。他生活的简约、安静,使他免受名利欲望的驱使,一心思考、钻研、发展中国的传统文化,使自己成为一个尊重自己,尊重艺术,尊重传统文化的典范。他的随和与礼节,又使他人乐意接近他,接触时久,不自觉地以他为镜。他的独善其身其实并不是独乐乐,也在间接地影响他人,这种影响虽然范围不大,但因为是自愿接受,效果更为深远。

访谈结束时我问他一个问题:现在最想过什么样的生活?他不假思索地说:"传统文人式的生活,就像苏州园林以前的主人一样。"这是一种什么样的生活呢?我想,可能就是不为日常俗务所愁,不为行政公务所绊,往来无白丁,自由自在地书写、探究和思考,在笔墨纸砚里恪守着内心的信念,用一杆笔表达对自然和文化的敬畏之情,在方寸之间创造着书里乾坤,展示着传统文化的博大深厚与无穷魅力。

专访

# 早年生活：从童年到北大

- 我现在想起来也是很调皮，一直影响到我大学，一些不想去听的课，考试又能过的话，我就觉得没有必要去听。
- 我下乡的时候，有一个朋友去北京串联时，买了一本《说文解字》，他就送给了我，让我带去看看，我就经常翻看这本书。
- 我看「魏碑三种」很好，就决定开始学魏碑，不学名家的字了，我要往上面走。
- 我回来以后大哭了一场，我有机会还是不能去考，以后就是永远和大学没缘了。

**鲍** 我们在探索大师何以伟大时,总会去追溯他的家庭教育,您的家庭教育对您有怎样的影响?

**华** 我小时候因为脑袋大,很多人认为我很聪明,但我自己感觉不到和别人的不同。我也更谈不上伟大,没到那个档次。语言口才我并不好,学语言我感觉很吃力,但是脑筋动起来很快,主意也蛮多,因为个子比较大,所以从幼儿园到小学,我在班里都像一个领头的人。那时候幼儿园、小学,就是看你力气大、人高大,打架特别厉害。我没有接受什么很特殊的家庭教育,小时候因为调皮,我母亲经常责骂我,那时候教育还比较传统。我父亲不大管小孩,他身体也不大好,还要出去工作。我们住在大房子里,家里人数很多,我算一下,以前租我们房子的有百把个人左右。

**鲍** 您家是大户人家?

**华** 因为房子比较大,1949 年以后,一直把我们家作为居委会办公的地方,所以人来往很多,也特别闹。像 1958 年大办食堂,我们家的厨房、大厅都变成了食堂,我们也吃食堂。我小时候很调皮,在学校里也很调皮,基本上天天要被叫到老师办公室谈话、训斥,有时候还叫家长来学校。但有些老师也挺喜欢我,虽然调皮,功课除了语文不怎么样以外,其他都不错。因为语文要抄写课文、背诵、分析段落、写主题,这些我觉得很讨厌,上课时基本上不大听讲,一直和同学讲话,或者去影响人家,所以老师也觉得很头痛。我现在想起来还是觉得自己很调皮,一直到大学,一些不想去听的课,考试又能过的话,我就觉得没有必要去听。

**鲍** 那时候大学逃课是冒大不韪的事情。

**华** 也不是,北大和清华不一样。清华呢,跑到他们学校去,图书馆都是坐得满满

华人德(右)小时候很调皮,常被老师拉到办公室训话。

的,他们的功课、作业都很繁重。但北大一向比较宽松,有些课你觉得跟不上,有难度,那花的功夫要多一点;你觉得轻松的话,也没人来怎么管你。在北大读书时,文史方面我很轻松,我所有的时间全花在英语上,两年过后,不学英语了,我觉得更轻松了。

# 结缘书法

**鲍** 您小学时候对语文不是特别爱好,但我在您的书学论著中发现您的文史知识非常丰富,您什么时候喜欢上文史、书法?

**华** 我算术那时候挺好的,有一次竞赛,老师也是有意留个悬念,先报得到4分的名字,然后是3分的,再报2分的,就是不及格的,我们那时候5分制。我当时很急躁,我想我不可能3分2分的,我自己做题有数。后来报到得了5分的,就我一个,我很高兴。因为我在班里很调皮,经常影响同学,老师一直不让我加入少先队,当时一些少先队的同学还来一对一地帮助我。当时学校有一些实验地,种一些农作物,要劳动,我们班主任是农村来的,也很在行,后来就让我做劳动班委,也加入了少先队,那时候大概5年级,加入少先队也是比较晚的。后来考初中、高中,都没有什么障碍。高中我读的是省里的重点中学,无锡第一中学。

我所记得的,对书法产生兴趣,是一次做小楷的作业,我做完以后就去玩了。我们家是居委会,大厅比这个会客厅还要大一点,有一张很大的办公桌,是居委会的,一般下午我放学回来,他们也不办公了,办公是在上午,我就在那个桌子上写作业。后来我父亲看到了,他说,你这个叫谁写的? 我说我自己写的。他说你不可能写这样的字,这像70岁的老人写的。他指给我看哪些字写得特别好。我当时听了以后很高兴,以为自己字写得还不错。后来到了学校,总以为自己字写得不错,而且对它有兴趣。不知道我父亲这样做是不是一种教育方式,因为我小时候总是喜欢"戴高帽子",硬的不吃吃软的。这样我就对写字有了兴趣,也只是有兴趣而已。当时写大字是在课堂上写的,也写得比较认真。那时候还没有字帖,老师在小黑板上打了米字格,然后用粉笔描了大楷字,我们就照着黑板写。我对书法有了兴趣以后,在家里找到一本颜真卿的《多宝塔碑》拓本,很破了,经常翻翻看看。还有一本隶书拓本，我现在回想起来是唐玄宗写的《石台孝经》，那时候我觉得唐代的隶书很漂亮，现在觉得和汉代的隶书不能比，比较俗气。

后来我到无锡市中心的崇安寺，很热闹的地方，和苏州的观前街一样，在崇安寺旧书店看到颜真卿的一本字帖，叫《双鹤铭》，但是买回来也没有照着临。初中二年级的时候，我14岁，清明节那天，我买了一本大字的《麻姑山仙坛记》，是一本新书，因为那旧书店也卖新书。买回来以后每天写，也没人督促。写的纸是隔年读过的课本，因为在20世纪60年代初，都是用回炉的纸打成纸浆印成书，纸是黄颜色的，很粗糙，毛笔字写在上面会化开来。没有专门去买纸，也没有那个钱，就是买一支毛笔。我叔叔、哥哥的没用的书，我也拿来练字，反复在上面写，正面写了写反面，写了再写，所以每张纸都是乌七八糟的。

**鲍** 1966年您高中毕业，正碰上"文化大革命"了。

**华** 高中的时候，我的字有名气了，同学都认为我的字写得很好。那时候的标语，挂在教室窗户和窗户之间，写着"学雷锋"之类的，还有黑板报的报头，都是我写的。

"文化大革命"的时候，我在等待分配，工作都是分配的，也不能去考大学，说是无限期地推迟高考。那时候高考我也考不上，讲出身我是剥削阶级家庭，因为我祖父是资本家，我父亲是他的代理人，也应该算是资本家。那时候都要讲成分、出身，你功课再好也考不上，它把你拦掉了。我叔叔参加六七次高考，没考上。

**鲍** 是因为成绩还是成分？

**华** 开头大概和成绩也有些关系，后来反复地在家里复习，去考试，大部分题目都会做，但每一次都不录取。

**鲍** 您祖父是资本家，您小时候的家境怎样？

**华** 也不是很好。我父亲在上海常州中学读书时在学校住宿，高中二年级的时候，得了肺病，就休学。休学以后结婚，在我祖父的厂里工作。我祖父眼睛不好，是青光眼，后来眼睛瞎了，就由我父亲担任公私合营以后的资方厂长。

**鲍** 划成分是资本家，实际上也是一个普通家庭？

**华** 怎么说呢，和普通家庭也不大一样，如果是普通家庭，也不会有那么大的房子。因为要养的人多，我兄弟姐妹四个，我母亲，还有父亲。我父亲那时候一个月拿82块钱的工资，应该算比较高，但是他有病，后来吐血。大概1957年的时候，长期病假在家，拿56块钱的工资，生活就比较拮据了，那时候我们的衣服都是打

1964年冬,高中二年级的华人德在家中临写赵孟頫的字帖。

了补丁的。兄弟姐妹四个一开学,同时交学费拿不出,就"分期付款",也不符合减免条件。1958年以后,我母亲在街道做卫生工作,就是打防疫针,放鼠药,井里放漂白粉之类的检查工作,后来成了地段医生,工作关系转到了崇安区医院。

**鲍** 华奶奶在医院工作?

**华** 她工作不是在医院,也不是医生,但是她的工作关系在医院,具体事务就是在地方上打防疫针,发小儿麻痹症糖丸之类。

**鲍** 您讲过高中毕业以后,开始用长锋羊毫写字,您能不能谈谈这个过程?

**华** 那时候也看了一些书,谈到了长锋羊毫。长锋羊毫在清末民初比较风行,因为它适合写碑学的字。我看多了以后,觉得它比较难使,但有好多优点,于是也去买了羊毫笔,但不是真正的长锋羊毫,那时候就写羊毫,不写其他的狼毫、兼毫。羊毫分长锋的和普通的,真正开始用长锋羊毫是我读大学的时候,有位朋友送了一支,据说是林散之用的型号,叫"鹤颈",就是鹤的脖子,用来形容长锋羊毫。

## 插队农村

**鲍** 1969 年您插队农村,插队时,您是怎样同时工作、学习、临书的?

**华** 当时我家兄妹 3 个都下放农村了,我哥哥 1963 年高中毕业,没有考上大学,高考的时候,检查出肺结核。我们兄弟姐妹几个肺都不大好,现在去体检,都有钙化点什么的,可能是小时候和父亲生活在一起,传染的。1964 年第一次动员知识青年下放,哥哥因为没有考上大学,就在地区的居委会、街道,帮忙做点事情,后来没有分配工作,就动员下去了,去的是南京的溧水。我大妹妹那时读高一,下放到淮海农场。小妹妹读初中二年级,去了盐城地区最南面的东台,分在新农公社五星二队,那地方种棉花,吃杂粮、玉米,虽然生活和我们吃大米不一样,但是她第一年去的时候丰收,工分也很高,1 工分可以拿到 1.04 块,在苏北农村算是非常好的。

我不想下去,因为下去后父母身边就没人了,我想总可以留一个子女在父母身边。但是后来也不行,也动员下去了。那时候再不下去,就作为地区的闲散人员,不是知识青年了。下乡可以选择去有亲友的地方,就是说可以结伴下去,我就提出到我小妹妹那里,因为那边的工分高。她是 1967 年下去的,第二年就差一点,是八毛多一点,但是后来也还可以。我的一个表妹、一个表弟,还有一个叔叔也在那里,我叔叔是作为社会青年动员下去的,我表弟是昆明过来的,本来要去西双版纳。

**鲍** 那个叔叔是高考考了六七次的吧?

**华** 是的,比我大了 5 岁。去了一个多月,我在田里做活的时候,突然说有电报打给我。那时候听到有电报是心惊肉跳的,因为没有什么事情不会打电报。一看,叫我速回,原来我父母也下放到我们这边了。我就马上赶回去,把父母接到我们生产队。开头大家都住在一起,我们男知青组,还有女知青组,有我妹妹还有她两个同班同学,大家在一起不方便。生产队对我们比较好,让男知青组也盖了一所房子,因为我和我叔叔、表弟、父母五个人都是亲戚,他们就和男知青组一起生活。我的房间给了父母住,我住在"明间",讲起来就是客堂、客厅,其实也没客厅。苏北的房子走进来是"明间",左面一个房间,右面一个房间,上面盖的都是茅草,墙是拿芦苇编的,然后在外面涂石灰和泥,就是那样的房子。吃饭、堆粮食也在"明间",我就放了一张床,住在那里。还有一个房间我叔叔和表弟一起住。

**鲍** 您下放之前住在无锡市,还是无锡管辖的县城?

**华** 无锡市,我上面五六代都生活在城里,世代是无锡人。

**鲍** 当时是知青下放,华爷爷、华奶奶也下放了,他们属于什么?

**华** 我母亲是医院解散,也不发工资。虽然说要解散,其实最后也没解散,就是为了动员大家下去。我母亲觉得城里没有亲人,也想下来。我父亲不用下放,他属于老弱病残者,那时候有个最高指示:都要到农村接受贫下中农的再教育,老弱病残者除外。我父亲属于"病",他长期病假在家,是名正言顺的老弱病残。我母亲觉得世世代代在无锡,得到消息要去苏北,一直哭。我父亲说,你走了我也没人陪,索性全家都去,离开这里算了。就这样全部去了。下来后,我父亲是带工资的,我母亲不带工资。但是后来落实政策的时候,她也能拿20块钱的薪金,作为生活补贴,因为她的单位还在,没有解散。

　　我母亲在农村做衣服,农村人都喜欢我母亲做的衣服,因为是城里的式样。

1973年,华人德(后排左一)与父母、哥哥嫂嫂、两个妹妹于无锡体育场。

我母亲会踏缝纫机，也学过剪裁，再稍微看看书，做起来比较轻松，当时在农村拿最高的工分。我父亲拿56块的病假工资，当时在农村有56块钱可以生活得很好，因为物价很低。我们白天劳动，我是天天出工的，回来还要忙自留地、挑水，晚上就在油灯下写写字。有时候下大雨也要出工，去晒场的大仓库捡棉花、种子，或者其他事情，田里的工作下雨天能做的也去做，所以下雨和下雪真的能在家的时间比较少。要是没事做，我白天也在家写写字。我不喜欢串门，那时候知青在乡下就是互相串门。

**鲍** 他们喜欢串门，您就看书、写字，您看哪些书？

**华** 我下乡的时候，有一个朋友去北京串联时，买了一本《说文解字》，他就送给了我，让我带去看看，我就经常翻看这本书。后来又认识一个下放的人，是苏州人，他说家里有一些书。我到他家一看，有《三国志》《汉书》等，就借来晚上读。

**鲍** 那时候不管白天、晚上，只要有时间您就临写书法？

**华** 每天写，没停过。

# 遇良师

**鲍** 这样到了1973年,因为一个原因您调到东台县工艺厂工作?

**华** 去工艺厂工作是一次比较偶然的事情,人家介绍的。我平时一直在家里练字,生产队也知道我字写得好。林彪死后,要恢复生产,就把一些有手艺的下放人员召集到城里。东台县当时成立了一个工艺厂,有国画车间和刺绣车间,这个工艺厂最早是做其他东西的。建成国画车间以后,凡是会画画的,画仿古的山水、花鸟、人物的这些人,都招去当工人。但是画画的人很多,写字的人很少。当时找了一位老先生,就是王能父①先生,他是从射阳招到东台的。因为王老年龄大了,当时60岁了,要找一个接班人,我一个朋友在那儿做设计人员,就介绍我。厂里负责车间的一位领导到我家,要我拿字给他看。我翻出一些平时写的字,他们看了以后觉得蛮好,我年纪也轻,后来就把我招到厂里。

**鲍** 您写的关于王能父先生的文章中,提到他对您的书法指导,你们怎样结识的?他又是怎样指导您的?

**华** 他们准备把我招到厂里的时候,我的户口没有解决,还在乡下。当时我也想找一份有保障的工作,不能在农村靠种田养活自己。我去东台工艺厂几次,他们陪我一起在厂里看,一个一个地给我介绍。看到王老时,他还没有留胡子,一头白发,牙齿都掉很多了,当时他只有59岁,但在我看来已经很老了。他们经常和老先生开玩笑,也不是太恭敬,因为工艺厂里大家都在一起画画,没事就讲到东讲到西,开心一下。看到老先生,也不是很尊重,就半开玩笑讲,这个老头子是我们苏

---

① 王能父(1915—1998),江苏泰州姜堰人,长期寓居苏州。书法篆刻家,师从萧退闇。亦精于诗词、灯谜。

州的第三名书法家。那时候谁是第一名呢？费新我第一名，一个拿左手写字的；第二是张辛稼，画画的。因为当时苏州的招牌都是他们两个写的，所以王老是第三名书法家。当时王老当着我的面就发了火，说你们这些小年轻讲话真是，什么叫第三名书法家？你说我是三流书法家好了！那是我第一次见他。后来我看到王老写的字，写得很好，他人很随和，不随和年轻人也不会和他没大没小地开玩笑。

后来工艺厂正式招我去，就和我讲，王老就是我师父了。那时是1973年4月份，我是作为学徒进去的。和王老在一起，开头我话也不多，当时正好盐城地区在东台开书画展，苏州下放去的一些书法家，包括东台本地书法家的一些作品都在那儿展出，我也有一件作品参展。他说你去看，留心几个人，我把名字写给你，看看他们的字怎么样，回来把你的一些感想讲给我听。他也是看看我眼力的好坏。我回来以后讲了一个邬西濠，是工艺美校的书法老师，也是一位老先生，现在还在。还有一个叫吕荫春，是本地的书法家，他的小楷写得很工整，而且也有自己的风格。我说邬西濠的字写得很好，尤其章法，怎么样怎么样讲了一下。后来讲到吕荫春，我说觉得他的小楷写得很好。王老说了一句话，你的字不能受他影响，他的字偏俗，有习气。

**鲍** 所谓"习气"是什么？

**华** "习气"也是一个人的风格，但是风格不太好。习气是从反面角度看出的东西，是一种不好的习惯，如果正面看的话，就是一个人的书法的特色、风格。

**鲍** 是不是说他的书法风格每幅都相同？

**华** 也不是这样。是说他写字有特色，但是这种特色无意中流露不好的东西。像我们和一个人接触，他无意中一坐下来就跷起二郎腿，就是他的一个习气。

**鲍** 王老还怎样指导您？

**华** 他不是直接指点，或者批评你，他会用比较婉转的方法，他知道年轻人有自尊心，自己的气很盛，有自己的看法、见解，如果把他批评得一无是处，就会有点情绪。所以他好多话都讲得非常婉转，这是老年人的比较好的方式。他首先很尊重你，如果你老是不接受、不听，以后也不会来指点你。他觉得我人很好，也不是说我谦虚，我自尊心也很强，但是他认为我这个人本质很好，所以他有很多知心话肯和我讲。其他人面前他就打个小马虎，说句俏皮话应付一下，我看得出来。我那时候写楷书、魏碑，到了厂里以后，就开始写隶书，因为找到一本《石门颂》的碑帖。

**鲍** 您是怎么找到《石门颂》的?

**华** 有个人买到《石门颂》的碑帖,我打听以后,也去买了,看了以后开始喜欢隶书了,刚开始也是照着临。我最早是写颜真卿,后来是柳公权,再写赵孟頫,再写《龙藏寺碑》。"文革"的时候买到一本上海书画出版社出的"魏碑三种":《元诠墓志》《元倪墓志》《石婉墓志》,都是上海博物馆收藏的墓志。在农村也是写这个,一直写"魏碑三种"。

**鲍** 您为什么从楷书转到魏碑了?

**华** 那时候看到一些书,老一辈书法家写字的时候,都讲到魏碑,魏碑也属于楷书范畴,我看"魏碑三种"很好,就决定开始学魏碑,不学名家的字了,我要往上面走,那时候有人讲字要往唐朝以上写。"五四"时期的"北大书法研究社"学的都是中古时期的,唐代以上的书法,民国时期盛行碑学,不像现在。我就看、写"魏碑三种",写了好多年,"文革"时候在家里写了大概两年,在农村写了四年。

我写《石门颂》的时候,王老就讲你也不能一味去弄这些高古的东西,《石门颂》要有才气才能学,才气不足会写得松散,会有习气产生。我当时不是很理解结构的松散和紧密,不知道怎样写才是紧密。后来我写写,突然想到魏碑结构非常紧,就在隶书中掺杂魏碑的写法。王老经常和我讲,你的结构比较松,还要紧密。后来我理解了,笔画要有对照,该长的要长,该短的要短,要有收有放,中宫要收紧。每个字要向字中心辐辏过去,就像自行车的钢丝圈一样,最后都归拢在芯子上。有一次他到我丈人家看我,看到门上我写的春联,我是受到清代张问陶的影响,也没有学过他的字,是无形中受到他的影响,就写了副春联。看了以后,他说:你现在的字结构紧了。我突然领悟了中间是什么关系。

我那时在仿古的山水、花鸟之类的画上落款。厂里画画的人一般不写字,落款统一由王老和我写。有一次,有家搪瓷厂有一批茶杯上面要写字,叫我写个字样,然后他们去做,但我老是写不好,后来先生拿去写了交给他们。后来我们讲起这个事情,他就和我讲,你现在靠写字吃饭,要写雅俗共赏的字,不要一味地追求高古,你可以去学学文徵明的字。但是文徵明的字我写了一段时间后,不是太喜欢,后来就不写了。那时候有一个产品,画的阿房宫图,要写杜牧的《阿房宫赋》,500多字的文章写在三个火柴盒大的面积里,当时我是能写的,但是一写眼睛通红。后来我说,我不能写,眼睛要写坏了。我现在写很小的字也能写,大的可以写到一尺见方,再大我也没有毛笔。

**鲍** 王老对您的指点其实是慢慢熏陶。

**华** 就是互相交谈和潜移默化。他也讲沙曼翁的字追求高古,他们是师兄弟,相差一岁,沙曼翁写秦代以上的篆书,但是王老喜欢李阳冰的篆书。他说我也知道秦代的东西要比唐代的高,但是我的个性就是喜欢李阳冰的字,也不故意地追求高古,由于个性懦弱,所以隶书喜欢《曹全碑》,篆书喜欢李阳冰,行书、楷书喜欢赵孟𫖯。

**鲍** 这是不是一种互映?性格比较弱,所以字喜欢秀气的?

**华** 也是,他喜欢工整的、秀丽的字,和他性格契合的那种。

**鲍** 我在您写王老的文章中发现一个有意思的细节,他说年轻人写字不能枯,枯的话就像老年人一样,您在文中还提到傅山点评傅眉书法的例子。

**华** 傅山的故事是我写文章时加上去的,王老对傅山很熟悉,也写过他的字。当时我一看傅山的字,怎么会写那么丑的字?

**鲍** 傅山的一些隶书我怎么也看不出它的奥妙。

**华** 嗯。他有些隶书写得不好,因为他写隶书不是用碑学笔法,他是按帖学的笔法写,所以写出来的风格和碑学追求的古朴不一样。他自己可能觉得写得很好,但是碑学形成以后,人们的审美观念得到提升,他的字是受到批评的,包括他的草书,我也觉得并不好。我当时对傅山不了解,就说他怎么写这么丑的字,王老说傅

1981年冬天,华人德(右)与王能父(左)合影,摄于苏州。

山的名气很大。

**鲍** 傅山看见傅眉的字写得很枯,就惊呼他活不到吃新麦的时候,结果真是如此。您给《羊晓君书法作品集》写的序言里,也有类似的提法,觉得年轻时锋芒毕露,写字故作苍老,这是不是不好?

**华** 古人有一种说法"字为心画",看了你的字就知道你的审美观念、想法、追求,其实有一定道理。你如果年纪很轻,不是人书俱老的时候,不要故作苍老。人老了写字会自然枯乏,比如你看齐白石九十几岁的画,能看得出这个人年龄太大了,老熟了,不行了。傅山看到他儿子傅眉写的字里面已经没有气了,就说不能吃到新麦,在这之前就要死了。这个故事是因为我看了苏州一位年轻书法家的字,他是用枯笔写的,其实他年纪很轻,比我小很多岁。当时我问王老:"他用枯笔写,你怎么看?"王老说:"不能这样子,年纪轻轻,不能故意做作,一味用枯笔追求苍老,这是要老年的时候,自然而然地人书俱老。"他的意思是写字不能做作。他讲自己的字,他说我六十多岁了,但是字还是很润,很韧,我可以用一个字评价我的书法,"韧",里面还有韧劲,说明我这个人还能活很长时间。他说你们年轻人也要写得韧,不能追求枯,追求枯不好。傅山的故事是其他场合聊天讲起的。

王老有一个审美的观念,对我影响很大。他说字要写得"假痴假呆","假痴假呆"真正详细的解释,就是无意于佳而佳,不要刻意去追求。人家看你的字,你是无意中写字,不是刻意地一点一划都去经营,这种写得好才是真的好。这话有点像《金刚经》里的"非法非非法",要能做到这样子,要写到从潜意识里流露出来。

**鲍** 您在一些文章中还提到,在苏北东台工艺厂的时候,除王老外,您还结识了沈子丞[2]先生,您和他是怎样结识、交往的?

**华** 沈老是请来的,和其他人不一样,户口也没有迁过来。他是有造诣的画家,请到东台工艺厂来做设计。沈老有专门的画室,一个小的房间,身边有个学生,照应照应他,也学一点东西。我第一次见沈老的时候,学生也在那里,我看到墙壁上挂了一幅大幅山水,我第一次看到在古色绢上画这种画。我问这是老先生画的吗?我朋友说不是,是学生画的。我说学生能画到这样的水平,那先生是深不可测了。

---

[2]沈子丞(1904—1996),浙江嘉兴人。擅长人物、山水画和书法,曾为上海市文史研究馆馆员、上海中国画院画师。

当时也就是进去看看沈老,出于尊重,也没有问长问短,就是稍微打个招呼。

我进厂以后,发现所有的人,包括画画的都叫他先生,不称姓,也是出于对他的尊重,没有任何人和他开玩笑。他耳朵聋,要带随身听,后来他起了个号叫"听蛙翁",其实反其意而用之,讽刺那些造反派一天到晚吵闹、喊口号,像青蛙叫一样。我在厂里是写字的,有时候我会到他窗口看他画画。他对我特别好,我也没有什么东西孝敬他,就是有时候回我插队的地方,因为我妹妹在那边,会带个小葫芦、小南瓜给他玩玩,他喜欢这些东西,放在画桌上当个小摆设。

后来厂里让我负责资料登记。有些稿件设计好以后,原来就是拿去给他人照着画,都没有保存下来,有些还流到外面,因为其他地方也有类似的外贸出口工厂。后来就要把这些资料统一管理,叫我负责登记、保存,谁要,到我这里来领,写好借条;不用时都要归还给我。所以,沈老画好后就交到我这里。我那时候做事比较认真、负责,他有时候也会看看我写字。沈老会根据季节更换自己画室的画,比如到了冬天画梅花,夏天画荷花,秋天画菊花、螃蟹、月饼,钉在墙上。有时候他更换的画,看我经常去看他画,就拿下来送给我。我拿到他的画很高兴,就一直保存。所以我有很多画都是他当时画了,拿下来给我的,都是精品。后来出沈老作品集的时候,里面有几幅是从我的收藏里借去展览和出版的,也是我认为作品集中最好的几幅。那时候他还刻了一块牌子,找我先生刻的,王能父先生还会刻竹。刻了他的一个润格,叫"听蛙翁卖画,每尺20元,不足尺以尺论,点品不应"。

**鲍** 沈老的画对你的书法创作有没有影响?

**华** 虽然画和书法是联通的,但是也只能看看气息。他的仕女画名气最大,然后是山水,山水他60岁左右画的最好,花卉他其实是晚年画的。我最喜欢花卉,因为花卉画起来很快,笔墨表现最淋漓尽致。他给我的很多都是花卉画,仕女很少,大概只有一张,我到北大去读书,临走之前他画了一张给我,山水我没有。

他给我写过明人小品,春夏秋冬,我拿了人家送给我的明代的纸给他写,写了以后裱画的人裱坏了。他喜欢喝了酒写字,他写字就和画画一样,所以他的写字方法我没去学。

**鲍** 他是另外一种书风。东台工艺厂时期您正式写隶书,这时候开始使用长锋羊毫吗?

**华** 但是题画的字都是拿狼毫笔写,因为是小字,都是用厂里买的狼毫小楷笔。王老说,不要拿羊毫写,羊毫写看起来粗。

**鲍** 狼毫写的更美一些。

**华** 但是一支狼毫笔题了几百张就秃掉了,不能用了。我那时候怎么会一直练隶书呢？因为有一批产品画的是《红楼梦》的大观园图,王老写了一篇古文《大观园记》,要拿隶书写。底下打了格子,叫我写,王老他自己不写。他说这个反复写的,你去写吧。那时候我父亲生病住院,肺病晚期了。我送他到无锡老家,每天中午和傍晚要去医院送饭,我就向厂里请假一个月。我也不能请假不拿工资,我说《大观园记》的字我就带回去写。厂里也理解我的心情,当时我就把那些东西带回来写,每天要写好多张《大观园记》。王老写了一张样子,我基本上就是照他那个样子写,所以隶书写得很熟悉。王老的字是《曹全碑》里化出来的,《曹全碑》我也临了一段时间。我觉得《曹全碑》也很好,它的变化很多,有各种各样的笔画形式,不是一种模式,很有书写味道。

**鲍** 写《大观园记》的时候,用的狼毫?

**华** 对,羊毫写在矾过的绢上不好看,尤其是长锋羊毫更不适合。

# 高考波折

**鲍** 那段时间恢复高考,您是如何复习的?

**华** 《苏州日报》出过一个"恢复高考三十年"专辑,还找我题了两个字"命运"。当时我写了一篇,放在第一篇;范小青,作协的主席一篇;范小青的哥哥范小天,是个电视制片人,写了一篇;还有宣传部副部长高志刚,一共四篇。我的一篇文字比较多,发表时他们删掉了一些。

那时候就说要恢复高考,我也看了一些书,其实时间很短,因为知道消息后只有个把月的时间。我就是背背公式,看看俄语和时政方面的东西。后来要报名了,去东台镇管文教的一个干事那里报名。那个干事说我不能考,我说为什么不能考?他说因为你超龄了,年龄截止到1947年6月30日,7月1日以后出生的才能考。我说哪有这个道理?我又没有超龄,当时班上和我一届的人是有生日大、生日小,小生日是下半年生的,大生日是上半年生的,为什么要这样划分呢?他说上面的精神就是这样的。

我就去找文教局长,当时文化和教育是一个局长。文教局长说我从省里开会回来,就是这个精神。我说你让我考一次,我百分之百能考上大学,哪怕考上了不让我去读也可以,我就是要看看我的水平怎么样。因为在农村也没把我当个人看待,有些事情我还没讲到,那时候我妹妹和表妹在农村当小学代课老师,有一个代课老师要养小孩,叫我去顶替一下。大队副书记来找我,那个人是民兵营长,品质也不好,我们平时敬而远之。他说:"华人德,现在要叫你去代一下课。"我当时心里窝了一肚子火,说:"如果实在没人我就去顶一下。"我想我的水平在公社可以说是最高的,因为其他插队的都是初中生,我是名牌中学的高中毕业生,而且我在班里功课也很好。后来他说:"好的,你去劳动吧。"放工后回到家,我父亲说:"你得罪了蔡营长,惹祸了,他说要叫你去田里劳动,什么事都不让你去干。"原来我走了以后,那个大队副书记给队长讲:"华人德是个富农(在农村,把资本家的成分置换成富农),还搭那么大的架子,我们大队里没人了,非得要他去?人家要去去不了,他架子那么大,叫他去田里劳动,永远不要让他出来做什么科研。"我说,劳动就劳动,我又不是做不动。我父亲一向很胆小,但是他说:"叫你劳动就去劳动,反正你到农村来,你不种田靠什么?有些活儿也是临时拉着去做的,不做就不做,没有什么好怕的。"所以我一直有这样的心理,我要考一次给他们看看,我的水平怎么样。

文教局长说,这也不必了,我也相信你,以后如果有机会再说吧。我回来以后大哭了一场,我有机会却不能去考,以后就是永远和大学没缘了。

**鲍** 我们听得很心酸。

**华** 高考1977年就恢复了,但是七七级的大学生也是1978年入学,是上半年。1977年各省出题,不是全国统考。1978年,有一天,有两个人,一个人叫胡益定,一个叫肖元生,是东台本地的高中生,他们年龄也比较大,那时候我们都被临时抽调在县里写写文章。他们两个在那里一问一答,我一听都是在说考政治的题目。我问你们在干什么?他们说我们在偷偷地准备高考。我说不是不能去考吗?他们说今年据说没有这样的限制,只要是三届生都能考。我想不可能有这样的好事,也没有放在心上。后来镇文教干事给厂里说:今年通知华人德去考试,没有年龄限制了,但是你们要让他停工复习一个礼拜或者十天,工资不能扣。他可能也为上年的事过意不去。后来就通知我可以考试了,停工在家看书。我只能把公式重新背背,其他就没有再看,书也不在身边。还有俄语,俄语呢,我说我一定要去考,考起来肯定不好,因为我中学六年的时候俄语就没学好,而且读得很吃力,但是我要去考,证明是学过的,不去考就等于没学。

考试在东台中学,我坐在教室最边上一竖排的第四个位子,第一个我不大认识,他后来考上华师大,第二个是胡益定,第三个是肖元生,第四个是我,我后面还有一个年纪大的。第一天上午考政治,下午考历史,第二天考数学、地理,第三天考语文、外语。考的时候天气很闷热,政治一考,考得不怎么样。后来考数学,考到一半有些人就交卷了,我有点心慌,想怎么题目还是做慢了,要赶快做。因为卷子拿到以后我先看了下题目,然后从头做下来,卷子最后一道题是加分题。后来时间要到了,要收卷子了,下大雨、打雷,天黑得大家都看不见了,大家都停下来。

1976年夏天,华人德于东台工艺厂车间外树林。

监考老师说大家安心,你们做题目,延迟10分钟交卷。我就把题目全部做好,包括加分题也做了,其实加分题是理科做的,文科不加分。再复看一遍,我以为我可以得满分,后来就把卷子交了。下午考试的时候,我就问监考老师,今天怎么很多人那么早就把卷子做完了?他说都是年纪轻的那些,你们这些年纪大的都不错,都做到最后,他们交的都是白卷。历史、地理我都很熟,考得都不错。没多久成绩就公布了,先公布成绩再填志愿。当时盐城地区文科我得了第一名,我考了441分。

**鲍** 总分是多少?

**华** 总分是500分,俄语是参考分,不计入总分,俄语我考了39.8分。所以当时我的成绩是比较好的,就放心填好的学校。胡益定考了435,填的是南大哲学系。肖元生是417分,录取的是南师大。我填的第一志愿是北大,第二志愿是南大,第三志愿是复旦。复旦要好于南大,但是我想南大是本省的,应该比较好录取。志愿有两张表,第一张是重点大学,第二张是一般的。第四志愿我填了江苏师范学院,师范学院如果录取不了,其他我也就不上了。

鲍　江苏师范学院就是现在的苏州大学?

华　对。填完志愿后我写了一封信给北大。我把我的情况说了一下,让他们知道我。因为试卷太多,十二年积累下来的中学生,几百万人,那么多人怕人家看不到,我写这封信也是提醒他们。我把我考了多少分,我是结了婚的,工作情况,有哪些特长告诉他们。后来他们也没回信给我。其实招生老师在省里的时候,就把我的卷子抽出来,录取了。

鲍　其实您写这封信之前,已经被录取了?

华　就是不写这封信我也会被录取,但是他们也关照,招生老师到江苏去,要把这个人招到。我的信是填志愿表的时候写的,因为我想上北大。我也不知道全国我排名多少,但是我在这个地区是第一名,一下子我的成绩东台县城都知道了,说我这个成绩是高了又高。

鲍　您各科的分数还记得不?

华　我政治考了79分,地理89分,历史93分,语文84分,数学96分。数学估计开头几题复查的时候没有看出问题。

鲍　都考得非常高! 您都是怎样复习的?

华　历史和地理我都没有复习,看都没看。地理我很喜欢,因为它和政治没多大

1981年冬,华人德(左)与妻子李琴华(右)合影于苏州。

联系。我初中时候有个地理老师很好,他是个老教师,讲得让我们对地理很感兴趣。我现在喜欢旅游,和初中学地理也有关系。地理考的主要是地名、特产什么的。教材上的历史都是农民起义、阶级斗争,我开始也不喜欢,后来看了很多历史书,《汉书》《三国志》《史记》都看,才喜欢历史。有一道题不记得是语文还是历史,让我们标点,讲的是唐太宗与大臣封德彝论什么事情,我当时全部标对了。有些人连封德彝是什么人都不知道,但是我知道是唐太宗手下的一个大臣。语文呢,本来写文章、背书我不大喜欢,后来古诗、古文看了很多就熟悉了。

**鲍** 就是说您在农村插队,在东台工艺厂时期一直在阅读。

**华** 对。我也不是看教科书,主要看原始的书。

**鲍** 那时候您已经成家了,您和师母是怎样结识的?

**华** 当时她在苏北大丰县插队。我父亲最后两个月身体不好,我送他回无锡老家,回东台的时候我们在轮船上遇到了。那时候来去都是坐轮船,坐汽车也可以,只是票不大好买,也贵,无锡到东台要四块,坐船只要一块五,所以我们当时都是坐轮船。轮船上认识了以后,她也经常来我们厂里玩,就更熟悉了。结婚后,她也不

1964年年初(阴历),华人德(前排右一)的祖父70寿辰全家福。

能去农村拿工分生活,我就给工艺厂讲,能不能让她在厂里做外发工。所谓外发工就是她把一些能画的画拿回家画,然后按件计工。哪一品种的画,你只要合格,交给她,譬如大的一张一块二,小的八毛。她画画以后,我就让她专门染颜色,我帮她勾线,我会写字,这是自然就会的。

后来知青都回城了,她也回城,分在造漆厂工作。那时候工资都比较低,我在北大拿十九块五的最高助学金,其实也只能维持食堂吃饭,其他要买书都没钱,所以我都不买书,图书馆去借,教材是要买的。寒假、暑假,我一般是最早回家,回学校的时候总是拖了再拖,在家里帮妻子把那些画的勾线全部勾掉,然后让她染颜色。她下了班也画,有时候请了病假,也是在家里画画。

**鲍** 生活挺艰辛的。

**华** 是的,那时候还要带孩子。我母亲也贴五块十块的给我们,我母亲那时候已经60岁了,还去居委会的三代店工作,就是开小点心店、卖早餐的地方,负责将粮食和油放在一个地方,每天去称,然后管交来的钱。有时她还要带我的侄女和女儿。

**鲍** 您就一个女儿?

**华** 是的,我去读书的时候,只能生一胎。后来我们还怀过一个,但是做了人流,因为不能超生。那时候很严,也不管你有什么理由,尤其在大学,如果生二胎,那什么都轮不到你。

# 北大求学

- "五四文学社"的创刊号,封底是我写的一幅字,韦庄"江雨霏霏江草齐"那首诗。后来我拿了四块钱的稿费,我很高兴,这是我第一次拿稿费。
- 后来我们"沧浪书社"成立,我有意地选择这个日子。这一天是冬至,太阳从南回归线回归过来,阴伏而阳生,所以这一天称为"德日"。
- 书法家不光是写好字,还要有自己的风格、面目,也不能光有自己的面目,如果气息不好、格调不高,就容易流为丑怪恶俗。
- 后来就把这些有主意的人留下来继续开会,当时潘维明是学生会主席,他说,尤其华人德,你要留下来。

**鲍** 1978年您考上了北大,入学之前,您去过北京吗?

**华** 没有去过。"文化大革命"串联的时候,我因为出身是资本家,开头也轮不到我,后来大家都去串联了,我就也去了,因为那时候家里也受冲击。我们坐了铁皮火车,从无锡到南京,坐了12个小时。大家在火车里天南海北地聊天,倒也不寂寞。夜里12点多火车才到下关车站,下来后,接待站介绍我们住在草场门那边的一个教育学院。我们的目标是上北京,第二天就去浦口看一下,那时火车都在浦口上去。我遇到从火车上下来的人,说北京去不了,车还没开,里面的人已经挤得不能动了,还有一些人晕倒了。我说不去了,后来在南京住了一个星期,也到处玩玩,串联是假的,因为我喜欢游玩。回家后把毛线衣什么的脱下来,都是白虱。后来插队农村,到工艺厂,北京就一直没有机会去,也没有钱。

## 个性的班长

**鲍** 您入学时是什么情形?

**华** 我去北京的时候,那里有接待站,有车子开到学校,从天安门前开过,觉得北京那么大! 去的时候,其他同学到得差不多了,几个七七级的同学在那儿接待,他们有一张表,什么名字,多少分数。我一去,一报名字,他们说:哎呀! 班里最高分的来了。很客气,安排我住在四个人的房间,其他房间都是七个人,比我们的要大一点。我到了宿舍,因为四个人,比较空。每人一张桌子,两张桌子面对面在床前,两张在窗边。有一张是双人床,就上面堆堆行李,底下塞塞东西,我一直睡在下铺。每天练字。

**鲍** 您一去就做班长?

**华** 不是的。当时有指定的班长,西藏过来的,是军人也是党员,考过来比我低120分,是班里的最低分。当时指定班长也是看家里的成分、党员身份,但是后来他功课跟不上,就辞了班长的职务。那个时候就搞"海选",北大是讲民主的,也不用候选人,每人发一张白纸,上面写一个名字,得票最多的就是班长,其他班委就由班长"组阁"。当时我们班整50个人,我得了大约23票,后来我就做了班长,一直做到毕业,三年半。副班长选了票数最多的女同学,然后指定其他班委。

**鲍** 白谦慎老师写过一篇文章,回忆了您在北大的学习、生活。您怎么和他结识的?

**华** 白谦慎是我在第二个学期末,暑假回家时在火车上结识的。那时,有些火车车厢是北大包下来的,因为沪宁线上的学生很多。那时候车还不挤,到了大学三四年级,火车挤得不得了,每逢暑寒假回去,车到山东,车窗都不能开,一开人都爬进来。那时候大家都有位子,开的时间比较长,要三十多个钟头。我在看唐兰的《中国文字学》,中间也出来走走,看到有几个人在看一把扇面。我说:"我看看。"拿来一看,"哎哟,写得不错!"我说,"谁写的?"后来就和白谦慎认识了。

**鲍** 白老师和您是同一个系吗?

**华** 不是,他是国政系七八级,我是图书馆学系的。这样见面以后,我又回到自己的位子看书。他走过来和我聊天,说你也喜欢书法么?我说字我写了好多年了。后来讲到萧退闇,他说:"哎呀,我有个老师,也是常熟人,叫萧铁,和萧退闇家是亲戚。"这样子距离就近了。

　　暑假回来以后,他就来找我了。他就住在我楼上,我们经常碰面。我和白谦慎从那时候认识到现在,一直是好朋友,他很多地方对我帮助很大,比如要搞活动、办讲坛,或者学术研讨,海外人员的联系都是他负责的。他年纪比我小,也喜欢写字,字写得很好。

**鲍** 白谦慎老师有一次劝您参加"燕园书画会"的书展,您好像不大愿意参加?

**华** 有这个事。一次,我拿宣纸写了一幅"月落乌啼霜满天"的作品,行草的,4尺整张,就挂在我们宿舍中间墙上,进门就能看到。后来他和我讲,北大教工要成立

1981年春,华人德(右)与白谦慎(左)摄于北京友谊宾馆。

1981年秋，华人德（右）于北京大学与日本书法友人小林抱牛（中）交流。

一个"燕园书画会"，成立之前要办展览，想邀请我们会写字的同学参加。我说我不去参加。我一直是这样子的，不大会主动参与什么。过了几天，他说你还是去参加吧，有很多老教授到场。我说："我一时也写不出好东西。"脑子一动，就把这幅字拿下来给他送过去。

展出时我没去看，这些我也不放在心上。后来有人告诉我，也不记得是不是白谦慎，说王力先生去看展览，看到我的字，评价很好。我说怎么评价？他说王力先生出来以后，曹宝麟[①]就问他，里面有哪些字你觉得写得可以？他也没讲老师的，就说有个小楷的，一个叫白什么的写得很好。他当时在我的那幅字前看了一段时间，曹宝麟就问他，你刚才看到的"月落乌啼霜满天"怎么样？他说这个字好像不会是学生写的。那时候曹宝麟也不熟悉我。后来这个话传到我耳朵里，我当

---

[①]曹宝麟，1946年生，上海嘉定人，当代中国著名书法家，书法理论家，学者。现为暨南大学教授、博士生导师。

然很高兴,就是我写的。

**鲍** 这个故事和您父亲对您小楷作业的评价有异曲同工之妙。

**华** 哈哈。后来我就想,为什么王力先生会特别关注这首诗?他可能想这个写作者可能是苏州来的。他太太是苏州人,他是广西博白人,我想可能有这个因素。还有,他既然这样讲,说明这幅字写得蛮好。他们"燕园书画会"成立会也请我们去,但是印象中我没有参加。

那时,每年都有日本书法友人来北大访问,反正到了北京么,总要到最高学府看看,然后作一些交流。有好几次日本人来,我也去了。他们也送一些录像带、图书之类的。我记得有一盘录像带,我到了苏大以后,还向北大图书馆电教室借了来,放给苏州书法界的一些朋友看。那盘录像带是手岛右卿的书法,里面有他如何临帖,还有一些作品。我说这个人在日本是个了不起的书法家,他写过两张少字数的字。他那个书法派别叫少字数派,就是拿很大的笔,写一到两个字,就是一幅作品。手岛右卿在布鲁塞尔一个世界艺术大展上得过最高奖的作品,就是"崩坏"两个字。他问一位西方人看了这幅作品什么感觉?那人说就觉得房屋坍塌下来,他听了激动得不得了。那次比赛有很多现代作品,他那张字获得了最高奖,后来他名气很大很大。那盘录像带放出来的第一幅作品"抱牛",也得过一个很高的奖项。

**鲍** 您和日本友人的交流也是那时候建立的吗?

**华** 是啊,就是"燕园书画会"有什么日本人来访,或者其他什么活动,就把我们几个学生拉了去当场写,切磋。

**鲍** 您在宿舍里一边学习一边写字?

**华** 就是临帖,在宿舍写字。白谦慎回忆说,有一次来我宿舍,看到我一个人在宿舍写字。他问我没课啊?我说他们去上课了,我在这里写写字。我已经忘了这个事,他写在文章里的。那时我经常不去上课,有次我带全班同学去颐和园,"中国文化史"的课就没有上。老师就找到系里,把团支部副书记找了去,团支书把责任都推到我身上,说:"是老华带头去的,老华拍胸脯,说有事情找他。"

**鲍** 那次逃课是开学不久吗?

**华** 不是,是中秋节的时候。那天下午正好是"中国文化史"课,去上课来不及了。因为一起去的人多,走到颐和园差不多要半个小时,去晚了要关门,不让进。后来,我说这个课就不要去上了,本来人就少,那个老师也讲得不好。大概有次是讲到书画，我指出他里面很多错误。后来他说书画部分就不讲了，你们班里有非常熟悉的同学，以后你们可以去请教他。他原来的教学计划上是有书画的，书画也是中国文化史中的一部分。

**鲍** 您当场指出他的错误？

**华** 不是不是，当场讲他会很难堪。我就下了课找他，说你有好多讲错了。还有讲古汉语的，古汉语老师挺好的，他是中文系的研究生，跟王力先生在学。因为那时候师资比较缺，就把他们认可的一些学生拉来教，是博士生还是硕士生我不知道。他讲到《汉书》里的金日磾，是匈奴的王子。后来我就和他讲："你这个字念错了，是'金 midi'，'日'字要念'mi'。"他说："对了，我一下子忘了，谢谢你。"我说："你课讲得很好，这个字也常会一下子发生口误。"

**鲍** 您当时文字学、中国文化等知识那么丰富，是自学的吗？

**华** 有些是自学的，有些是看了《汉书》，它有反切注在上面的。还有一位白话文老师，现在也很有名，到中央电视台去讲的。他讲书法家李阳冰，说有些老先生认为是读李阳 ning，他不知道是为什么。下课后我就给他讲："我先生也给我讲过这事情，你查《说文解字》，现在的'冰'字是'凝结'的'凝'的篆书，所以人家说叫李阳 ning。""冰"的篆书是两个"人"字样的形状。他说："哦，我知道了，你讲得对。"因为《说文》他也一定很熟悉。

**鲍** 您做班长不会只带同学逃课，肯定还为班上做了很多事情。

**华** 我做班长为同学做了不少事情。例如，有一位叫刘安阳，和我同年，当时3个人和我同年，35岁。"非典"的时候，他家里的人感染了3个。他丈母娘喜欢有事没事就去医院转转，配点药什么的，后来就感染了"非典"。那时候都不知道，北京又封锁了疫情。后来他姨子和妻子两人轮流去照顾，全感染了，他又被妻子传染了。夫妻俩被隔离到小县城，最后连骨灰都没留下。他女儿在美国，没感染上。

有次考"化学文摘"，刘安阳偷看被抓到了。那时候有规定，考试作弊作0分计算，不得毕业，只能肄业。那个老师也很耿直，以前被打成右派，后来让他教"化学文摘"。刘安阳也没办法，找谁谁也没办法，包括辅导员，辅导员说我和这个老师讲不通。我宿舍里有个戴眼镜的叫黄刚，他说："老华，你是班长，为什么不出面帮他讲讲话？"我说："老师都讲过了，我去讲什么？还有，他也没主动来找我。"后来他和刘安阳去讲，刘安阳就来找我。我说："你来找我，我去讲讲试试。"我也不敢直接去找那位老师，就去找系主任。我说："徐老师人很耿直，我怕讲不上话，我们都这么大年纪了,小孩都有了,拿不到毕业证书,回去后找工作都是问题。这一次是不是原谅他,让他补考?史老师,你和徐老师是老朋友,又是系领导,你讲话最管用。"他也笑起来了,说:"那我就去和他说说,也不知道他有没有交到教务处,没交上去我还有办法。"后来打听到还没有交上去,就叫刘安阳过年以后补考。刘安阳还跑过来说:"现在解决是解决了,我这年过不好了。"我说:"你就算了吧,卷子让他们出容易点,不然你毕不了业多不好!"

我做班长为同学做了很多事情,这是其中之一。我好多事情都不在班里讲,做了好事也不一定要人知道。后来那个老师结婚了,找的对象是我们七七级图书馆系年龄最大的一个女生。一次他碰到我,就给我讲,"老华,这次要托你一个事情",我说:"什么事情?""给我写幅字,我结婚了嘛。"我说:"我一定给你写。"

我那时候去北大,一个朋友送给我十张宣纸,我也带到学校了,平时我也舍不得写,有时候参加展览或者什么的,就拿来裁了写。平时拿报纸或其他的纸练,写坏字的宣纸也反复用来写字。我从北大毕业,带了一大捆宣纸回来。因为我给要我写字的人讲,写字可以,你要买5张纸给我,我要写坏。那叠纸我积在那儿,越积越多,带了一捆回来。

还有马寅初老校长100岁,他们买了洒金的宣纸,很贵的。说最近学校要给马寅初开个会,在大礼堂,其实就是我们的食堂,没有桌子也没有椅子,开会大家就搬了凳子过去。上面有个舞台,说要一副祝寿的对联,后来我就写了一副对联,挂在舞台两边,很大。

**鲍** 您宿舍的三位同学喜欢书法吗?

**华** 他们不喜欢。我们开头住在37楼,搬到28楼,对面宿舍住了我们系四位低年级同学,中间有一个毕业以后去了山东大学,不知道为什么,他内向,上吊自杀了。一个是薛冲波②,一个是杨松,都是我们书法社的。

**鲍** 薛冲波好像比您低二届。

**华** 嗯,他们都是八〇级的。还有一位叫徐雁,现在是南大的教授,也经常来苏大。薛冲波就住在我对面宿舍,我有时候吃了晚饭回来,路过他们宿舍,看见他们一本正经地在练字,就走进去看看,我说你们都写得不错啊。他们也知道我字写得好。

---

②薛冲波(1956—2003),山西万荣人,当代书法家。

后来我就把我借到的一些书给他们看,比如《日本书道全集》,还有古代的一些碑帖。

**鲍** 您和曹宝麟老师是怎么结识的?

**华** 曹宝麟是白谦慎约了我一起去的。曹宝麟是研究生,我和白谦慎是本科生,本科生之间关系比较密切,和研究生没什么来往。他宿舍我也去过几次,他同宿舍一位叫钟元凯,后来做苏州铁道师院的院长。白谦慎同宿舍的一个同学蔡武,现在是文化部长。现在好多都是部长,我班就出了两位部长级同学。

**鲍** 他们现在都是位高权重的人了。

**华** 所以讲起名人来,随便想想就是。我见过李克强一面,是学生会主席潘维明③介绍的,他当时是团委书记。我不是共青团员,一直就没有加入过共青团,所以团委书记和我不搭界。

---

③潘维明,1949年生,浙江温岭人,曾任上海市委宣传部部长,现为摄影家。

# 成立"书法社"

**鲍** 您在北大创办了学生社团"北大书法社",当时怎么想到创立这一社团?

**华** 那时候恢复社团,北大有很多社团,"美术社"已经成立了,还有"五四文学社"也成立了,我也是"五四文学社"的社员。"五四文学社"的好多人现在都挺有名气,陈建功是当时"五四文学社"社长,他年龄也比较大,和我差不多。还有熊光炯,写诗歌的;黄子平,做评论的;黄蓓佳,我们省里一个知名作家,都是"五四文学社"的。"五四文学社"基本上都是中文系的,外系参加的很少。"五四文学社"的创刊号,封底是我写的一幅字,韦庄"江雨霏霏江草齐"那首诗。后来我拿了4块钱的稿费,我很高兴,这是我第一次拿稿费。

**鲍** "五四文学社"给的稿费还是蛮高的。

**华** 他们那本杂志叫《未名湖》。我在北大还做过一个讲座,大四的时候电教室办了一个书法培训班,请一些名家讲课。电教室主任后来跟我说:"老华,你给我去讲一课。"我说怎么讲?他说你看着办,我说讲多少时间呢?他说两个小时吧。后来就去讲,两个小时给了我16块钱,我也是非常高兴,我说我是教授待遇,教授那时候讲座是一小时4块钱。

**鲍** 您在北大名气很大!白谦慎老师也是"书法社"的发起人吧。

**华** 是的。后来学生会主席潘维明也和我讲:"老华,你完全可以成立一个'书法社',或者和'美术社'并起来,叫'书法美术社'。""美术社"没什么人才,我不愿和他们一起。那时正好"大学生书法展览",我们去交作品,当时是蛮认真准备的,我交了八幅作品,由团中央拿去请一些书法家评,也是全国的书展,1981年的事情,我读大三,交的时候是冬天。后来我就和白谦慎讲,老潘一直催着要成立一个"书法社",我们可以发个通知,弄个广告,愿意来参加就报名,只要有兴趣就行了,我们就成立吧。我说我去问潘维明要经费。经费也很少，因为学生会没钱。我说你一个学期给我三十块钱，潘维明说这三十块钱你放心，我总会给。后来这三十块钱就用于买纸、墨汁，办些展览。我也动尽脑筋，就在北大的三角地办展览，那地方有一排橱窗，当时都是贴大字报的，有一期，我们就在橱窗里挂了些字。我的字挂在里面，给人家偷掉了。

**鲍**　"书法社"在学校还组织了哪些活动？

**华**　一般是节庆的时候，在橱窗里展示书法作品。还有就是通知他们去参观，包括一些大型的展览，去电教室看片子。我和电教室主任关系比较好，他有什么好片子就找我去看，一般就捎个信或者来找我，比如《醉拳》，我老早就看了。看的时候就是五六个人在电教室，专门放。我就和他讲，我们大学生也没有机会去旅游，这些名山大川，和书法有关系的，包括日本人送给我们的资料，你下次租片子的时候帮我们租回来，作为对学生的教育。后来租了于右任的片子，还有泰山、华山的风景片。这些片子来了，我就组织书法社的同学去看。我通知底下的5个人，这5个人再每人去通知5个人，这样一来，马上都通知到了，那时候也没电话，就是靠口头通知。

**鲍**　"书法社"是1980年12月成立的？

**华**　12月21日，冬至夜。这是巧合，后来我才发现"五四"时期的北大"书法研究社"成立日就是12月21日。后来我们"沧浪书社"成立，我有意地选择这个日子。这一天是冬至，太阳从南回归线回归过来，阴伏而阳生，所以这一天称为"德日"。成立的时候我也写过文章。

**鲍**　您还从图书馆借出样本书、金石拓片给社员看？

**华**　金石拓片不能借出来，图书馆藏拓片的地方也不允许很多学生去，所以没办法。我就是借一些线装书和样本书出来，像《日本书道全集》之类的。北大图书馆的样本书一般是不借出来的，他们叫"库本"，上面有个"库"字。但是普通的线装书是可以借的，而且不受学校规定本数的限制。线装书一部有一二十本，不能拆散了借，一般限制四到五部。这事情一般的同学不知道，图书馆学系的老师给我们讲，如果你们借满了，还要看一些参考书什么的，可以去借线装书。当时北大可借的线装书很多，这些书他们也不在乎，所以我就去借这些书。我有时候去库里翻，翻到了喜欢的，像《日本书道全集》就拿到柜台借。他们也让我们进去，因为我们图书馆学系实习就在图书馆，有一个专门的实习教室。我经常在图书馆，图书馆有个金石组,在一楼,工作人员在整理拓片,我也拿了看看,那时候书也多。有一次,我看见有个盒子放在窗台,打开一看是个唐人的写本,敦煌藏经洞出来的。我拿了这卷子给他们说,这个放在窗台不行,外人如果知道了,在外面打破玻璃,顺手拿走,不得了。

  这种有价值的东西那时候北大也多得很。我住在37楼,楼梯底下,不知道是抄家来的还是怎么来的,有好多东西就堆在那里,像垃圾堆一样。我拿了看看,都是民国时期教育部,还有其他什么部的电报稿子。我还收藏了几张,里面一张有邹鲁的图章,还有签名。还有在图书馆书库8楼,胡适寄存在北大图书馆有一箱信,那些信给人家乱翻,信封上的邮票都给剪掉了,但是信仍在里面。"文革"刚过,这些东西还顾不上整理。

**鲍** 您在图书馆主要看哪些书?

**华** 看了好多的书,有历史书,还有金石拓片。那时北大图书馆收藏的金石拓片非常丰富,有缪荃孙的"艺风堂"藏金石拓片数千种,还有张之洞的"柳风堂"藏金石拓片数千种,还有关中的历代铜镜、墓志拓片,明清时候的一些善本拓本。我经

1980年12月21日,"北京大学书法社"于北大贝公楼举行成立大会,图为华人德(站立者)汇报"书法社"发起情况。正面前排坐者是时任北大副书记兼常务副校长王路宾(右),学生会主席潘维明(左)。

1981年春,"北大书法社"邀请"第一届大学生书法展览"部分北京获奖者在北大交流。(前排右二为华人德,后排右二为白谦慎)

常去看。正好图书馆在整理这些拓片,我进去的时候,他们有些看不懂的字也来问我,我就给他们讲讲,所以他们就让我在里面看,只要不翻乱,随时都可以拿着看,看了很多东西。那时候是八十年代初期,出的碑帖印刷品很少。

**鲍** 您在一篇文章中讲"采铜于山"①的治学思想使您完全选择了碑学道路,这个转变是怎样的?

**华** 我在北大读书的时候,看到顾炎武的一封信,是写给朋友讲研究学问的。那时候康熙皇帝专门收了旧的铜钱、青铜器,去化了铸康熙通宝。为什么这样呢?因为清朝打进来以后,有很多铜,人家都作为财宝藏起来。没有铜就没法让市场流通,后来,康熙就叫手下人去收古代的废铜。所以好多青铜器,古代留下来的铜钱都当废铜化掉了,这样就很可惜,而且这个铜炼出来的质量也比较差,不如去开

---

① 顾炎武《与人书十》,原文为"古人采铜于山,今人则买旧钱,名之曰废铜,以充铸而已。所铸之钱既已粗恶,而又将古人传世之宝,舂剉碎散,不存于后,岂不两失之乎?承询《日知录》又成几卷,盖期之以废铜,而某自别来一载,早夜诵读,反复寻究。仅得十余条,然庶几采山之铜也"。

采铜矿,用铜矿炼铜来铸这个钱。顾炎武认为做学问就要"采铜于山",要去开了铜矿来铸这个钱,而不是把古代留下来的东西敲碎了再去铸钱。他说明代人做学问就是这样的,都是去编纂人家的东西,改头换面变成自己的。

　　这个思想对我启发很大,我那时看了很多的金石拓片,我想,不能学名家的字了,就广泛地搜集秦代至南北朝时期的各种碑刻、铜器、砖文瓦当、造像记、简牍、写经等非名家书迹,庶几采山之铜。把他们中间的一些结构的共性抽绎出来,把具体的一些碑刻的个性的东西慢慢减弱,这样就变成自己的东西。所以,书法家不光是写好字,还要有自己的风格、面目,也不能光有自己的面目,如果气息不好、格调不高,就容易流为丑怪恶俗。

**鲍**　书法中的趣味、格调、气息是什么关系?

**华**　我那时在电教室看到一部于右任的纪录片,他把《广武将军碑》《慕容恩碑》《姚伯多造像碑》称作"碑中三绝",当时没有这些碑帖的单行本。后来我在《日本书道全集》看到《广武将军碑》,写得很拙,像不会写字的人写的,但是很有趣味,我就学了一段时间,悟出了一些道理:写字不要太执着,要随意,放胆去写,追求一些趣味。

　　但后来我发现趣味没有格调和气息好,有时候一味地去追求趣味,会滑到写丑怪的字。就像人一样的,你老是在人家面前要引人注意,做一个鬼脸,做一个怪动作,人家看多了就会恶心。你如果有好的气质、修养、一表人才,人家的感受就完全不一样,会有一种敬重的感觉。所以那时候,我就把精力放在气息、格调上,追求宁静。因为学碑刻的书法有一个缺陷,草书没有取法的对象,书法是流动的艺术,如果能用宁静的风格表现出来,就和别人拉开了距离。

**鲍**　"北大书法社"有两对还是三对结成了夫妻吧?

**华**　对,书法社的三对社员结了婚。那时候我已经离开了,白谦慎比较熟悉。后来我到美国,"书法社"好多同学在美国,请我吃饭,陪我去看大瀑布,住在他们家。

**鲍**　这都是"书法社"友谊的延伸。

**华**　我2005年去华盛顿的时候,碰到原来清华的书法社社长孙宇明,他陪我吃饭,陪我一起去佛利尔博物馆库房看藏品。

**鲍**　清华大学那时候也有书法社?

**华**　也有,比我们晚好多年,我已经毕业了,白谦慎留校。当时学生会的宣传部长叫刘晓峰,后来留校当了官。他有次来南大,那时我在南大,他说:"老华,我真妒忌你,你在北大阴魂不散,书法社的那些弟兄们,开口老华怎么样,闭口老华怎么样,他们都没有忘掉你。"

**鲍** 现在的"北大书法社"怎么样?

**华** 现在没有了,都已经断掉好多代了。大概传了好几任,杨松是第二任社长,第三任叫余功保,到后来是一个女孩,叫颜维琦,现在在《光明日报》社,也曾到苏州来找过我。

## 建铜像

**鲍** 大三的时候,您参与为蔡元培、李大钊建铜像活动,当时为什么发起这个活动?

**华** 当时七七、七八级基本上是同一年毕业,一个早半年,一个晚半年。我们是"文革"后恢复高考的第一二届大学生,就一起开学代会。会上有人提出给母校留个纪念物,商量下来建蔡元培的塑像,因为他是对北大贡献最大的一位校长。后来还有人提出,说现在人们的思想还是比较左,还有一个伟大人物李大钊,不把李大钊放在里面,蔡元培也做不成。所以大会就通过了建两个人像。后来就说要找几个同学,在这方面有点经验的开个会,出出主意。我那时候因为是班长,又是书法社社长,就去参加这个会议。有人提出要建大理石的像,还有的说要建花岗岩的像,像鲁迅故居的花岗岩的像。后来我提出说铜像最好,铜像在欧美或西方,是作为最庄重的塑像放在外面的。我说,房山的汉白玉不行,容易风化;大理石不妥当,用大理石的话,好的大理石要去意大利买,工程不得了,而且买回来如果开出来有黑斑黑点,正好在脸上的话要重来,时间耽误不起,我们在毕业之前做不出来。

**鲍** 您对那些材质怎么那么了解?

**华** 因为我年龄比人家大一点,又喜欢艺术,多一些经验。后来我说花岗岩也不妥当,花岗岩外表很粗糙,蔡元培细腻的脸表现不出来。蔡元培和鲁迅不一样,鲁迅特征很明显,脸形棱角分明,胡子一绺,颧骨下巴尖削,还有他的发型。我说铜像好,我们可以分头去跑,收集资料,找雕塑的人,再浇铸,可以统筹起来运作,时间就省了。后来一致认为我的想法蛮好。

后来就把这些有主意的人留下来继续开会,当时潘维明是学生会主席,他说,尤其华人德,你要留下来。后来我就在建像委员会。我因为在图书馆学系,潘维明说，你就负责收集蔡元培、李大钊的文字、图像资料，塑像的时候作为参考。我说，这个我来，是我本行。潘维明与我合得来，他布置的任务我都能按时完成。有些人交代以后都没动手，很让人恼火，时间耽误不起。

有好多工作我都参与了，比如到中央美院一次次地去联系、看雕塑，和一些领导人联系，选择建像地址，等等。后来要筹款，那时候我已经把蔡元培的有关文字资料和各种各样的照片都翻拍、收集了。筹款有几个方式，一是学生捐款，但是学生都没钱，很穷，很大一部分人都是拿十九块五的助学金，我是最高的，就是十九块五毛。

**鲍** 当时是怎么算的，您为什么最高？

**华** 我提出来，我有小孩，原来有工作，但是因为是小集体，所以到这边来读书就不带工资，那么就是要最高助学金，不然靠谁来养我。这也要评的，有其他经济来源、补贴的，就会低一点。

**鲍** 筹款的事情以后是怎样进行的？

**华** 筹款呢，我说要把各个系的班长都请来，请来以后，就在阶梯教室里面，有好几十个人。那时我们两届加起来其实只有两千来个同学。我开头就讲，来者都是三十六路诸侯，没有你们这件事情办不成。我说我收集了蔡元培的事迹材料，非常感人，没有他就没有我们现在的北大，一定要为他建好铜像。其他的，比如他到北大来，兼容并包思想，培养了大量人才，引进了很多有名的教授，这些都不讲。我只讲两件事情，一件事，当时他在"爱国学社"，没有经费了，但是要维持下去，学生要吃饭，老师要拿工资，他就坐轮船去教育部。当时他已经上轮船了，家里人来报信，他的一个儿子死掉了。他当时很难过，但是他没有下轮船，还是继续坐了船，往南京去。还有一件事，就是"五四"时期，他开始也不主张学生到外面去闹，但是学生在外面放了火，把曹汝霖家烧掉了，而且把章宗祥打了一顿，当局抓了几个学生。抓进去以后，蔡元培挺身而出，联系了十几个大学的校长，有些当时还不是大学，大家签名。过了两天，学生放了出来，他在校门口迎接这些学生。一天后，他留了张纸条"杀君马者道旁儿"，就悄然而辞。后来全国学联派代表，北大也派学生去请他回来，找到他家，他正在洗衣服。就是这样一个平民校长，虽然他点过翰林，但是他就是这样一个朴实的人，为了学生宁可把自己的位子辞掉。大家听了大受感动。

后来我说，李大钊的事情你们更了解了。其他我不讲，他上绞刑架，绞了45

分钟才让他断气,为了自己的主义、信仰宁愿牺牲自己。现在刑具还在,作为重点文物保护在警察博物馆。我说光这一点就了不得。后来大家就散会回去,全校同学一共捐了六千多块。

**鲍**　这钱都是学生捐款。

**华**　全是学生捐的。当时要去请一些教授捐,因为有些教授说,我们也可以出一点力。我去过季羡林先生家大概三次,有一次是特地为了捐款的事,那时候还没有发动捐款。他说:"我们北大校园这么美,里面没有铜像。我在德国的时候,街头巷尾都是名人铜像,北大也应该那样。你们有什么困难,给我讲好了,我还可以帮你们宣传宣传。"有人也去找王力,不是我去的。王力当时讲,我捐一千块。当时捐一千块不得了!后来学校马上找到我们说:"你们不能一家一家地去跑教授家。王力写了四本《古代汉语》,稿费就拿得不得了。有些教授一生一世就是出一本书,书还印量少,靠工资的,他们也要面子,某人出一千,他们说不定出少了有压力。你们能不能这样,缺掉的钱,由学校来补空?"有了这句话,我们都放心了,后来我们就没去老师家,王力先生的一千元也退了。

当时有个女同学一下捐了35块,也不简单。我们就问,你哪来这么多钱?她说:"这是我代我父亲捐的,我父亲听到这事情很高兴,说以他的名义捐30块钱。"还有5块是她自己捐的。我大概捐了5块还是10块,也拿不出钱。我们有些山东老乡,我们都喊他们老乡,出身农村,拿十九块五毛的助学金,还要省一部分寄回去,家里有妻小,有负担。他们捐得不是很多,但至少也一块钱,反正人人都捐。我说这些材料都要保存,我就把捐款底稿拿了来誊录,哪个系,哪个班,哪个同学,学号多少,捐多少款,这样都写好,抄了一份放在图书馆,后来移到档案馆。我说要当善本书一样对待,他们还当笑话,说你们刚刚弄出来的东西怎么当善本?

**鲍**　现在回过头看,这是珍贵的史料。

**华**　我也去过中央美院几次,看铜像的稿子,要提些意见,就请一些和两位伟人经常接触的人去看看,一个是许德珩,一个是张申府。那时候正好是"大学生书法展览",在中国美术馆预展。我是陪王路宾校长一起去的,还有白谦慎和另外一个同学,一起坐了他的车子去。到了美术馆,一开始乱哄哄的,大家在谈话。白谦慎说陈叔亮在那边,电视台的人叫我们去和他讲讲,顺便拍拍录像。我说我不去。他说你为什么不去?我说我们去做陪衬干什么?后来他就说了我,把我硬拖了去。我们就在陈叔亮旁边,假装提问请教。拍录像的时候拍了一张照片,拍照片的是

1981年春,华人德(左)与许德珩先生(右)谈蔡元培、李大钊铜像题字。

我们书法社的,也是摄影社的社员。展览会上来了一位老人,前后都有保卫人员,我一看是许德珩副委员长,突然想起建像委员会曾讨论过铜像基座上题字由谁来写最合适,最后认为许老是在世的既是蔡元培的学生,又是李大钊的同事,现为国家领导人,是最好的人选。我就走过去说,我是北大的学生,要和许老讲个事,保卫人员同意我同许老讲话。我简要地和他讲了请他为铜像题字的事,许老一口答应。以后我还多次和许老联系、接触过。

**鲍** 您去中央工艺美院,找雕塑家是为塑像的哪些事情?

**华** 看铜像的稿子,还有选地点。当时了解下来,李大钊有个外甥和他长得很像。铜像作者傅天仇[①]教授就去他家,顺便看看。回来给我们说不行,外形有点相似,但是那个人是痴呆的,神态差太多,不能用。傅天仇讲,照李大钊就义时候的形象铸过一个塑像,他说是不是就按那个做?我们说不行,那个是就义的时候,李大钊和北大的关系是图书馆主任,是教授,应该以教授的常态来塑像,不能做一个烈士就义时候的神态放在校园。后来他接受了我们的意见。

两次看地点都是下雪天。做雕塑的这些教授:曾竹韶和傅天仇,还有两个年

---

①傅天仇(1920—1990),广东南海人,雕塑艺术大师,美术教育家。中央美术学院雕塑系主任,教授。

纪比较轻的,盛扬、钱绍武,现在都是八十多岁的老人了,他们也一起来了。他们看中的是未名湖中的一个岛,说这个地方做蔡元培的铜像非常好,那么宁静的环境。我们讲这个地点不适合,因为这个岛要从北面绕过来,平时只有男女同学谈恋爱,或者散散步绕个圈子才能到,走过来不方便。后来看中一座小山,上面有只亭子,亭子里安有一口钟,底下有一片草坪,位置朝东南。他们觉得这个位置非常好,就把蔡元培的铜像放在那里。那里还有一颗雪松,我说一颗雪松不大对称,最好再移棵大小差不多的雪松过来。王路宾校长说要对称干什么?不对称才好看,那棵树不要去移,就在旁边放一个塑像,这样子很自然很亲切。就这样定下来了。李大钊的铜像放在临湖轩,就是司徒雷登住的一栋房子旁边。

**鲍** 司徒雷登在北大住过?

**华** 他曾经是燕京大学的校长,新中国成立以后,北大就搬到燕京大学的校园。北大原来的校园在沙滩,就是红楼,在中国美术馆的西面,周边还有一些小房子,那个区域比较小。李大钊的铜像当时准备立在临湖轩的西南角,现在坐基还在。坐基是野山石的,就是花岗岩的石块做成粗犷的表面,这是傅天仇提出来的,他说像上海外滩的外国建筑底下的贴面,就拿那个做座基。但是做起来不好看,直挺挺的,后来就否定了,而且那个位置不行。

1982年10月,胡愈之(左一)、胡乔木(左二)、华人德(左三)、许德珩(左四)、乌兰夫(左五)等于蔡元培铜像前献花篮后致敬。

**鲍** 就是做好了否定了?

**华** 是的,是学校否定的,说李大钊的铜像怎么能放在这里?后来就重新看,在俄文楼西面,所以李大钊的铜像是朝西的。位置确实很好,俄文楼像背屏,铜像在松树林中,前面是司徒雷登两个女儿住的南阁和北阁,就像双阙。

但是朝西也不算太好的朝向,最好的朝向是朝南,阳光走的时候,脸部一直有立体感。面西呢,早晨看脸是黑的,下午看的效果很好。朝北最不好,苏州火车站南广场的铜像都是朝北的,脸整天都是黑的。而且也不好打灯光,打灯光不能地下打上去,要在高的架子上打下来,底下打上去都是恐怖的形象。当时我们学生会主席讲,蔡元培、李大钊的铜像周围弄点地灯,好打光。马上,中央美院的教授讲,地灯不能打,雕塑不能打地灯,一打就是恐怖的脸。

**鲍** 华老师现在多久去一次北大?

**华** 我1998年建校100周年去了一趟,2008年110周年去了一趟。铜像周边的环境还是和原来一样,校友去的时候,都去献花篮什么的。2010年在洛阳开校友代表大会的时候,我说这两个铜像是我参与建的。他们说:"啊!"后来我就讲了筹建的过程。

**鲍** 毕业分配的时候,您为什么不选择留校?

**华** 北京我不愿意待。那时候北大是两个老师一间宿舍,12平方米,烧饭就在走廊弄一个煤炉。家属来了,另外一位老师就找其他地方住。我说,这么多年下来,我没过过安定的日子,我要求回去。江苏师院图书馆馆长江村那时来北大参观,我和他在图书馆碰上了。我说,您是苏州来的?他说我是苏州来的,我说我想回苏州。他就把我的名字记下来,后来就到系里找系主任,系主任史永元老师说这个人你恐怕要不到,我们要留他。也没谈下去。

党总支书记黄爱华老师人也很好,我妻子在我毕业前遇上车祸,锁骨断了,躺在床上,女儿也要上小学了,所以我一心想回江苏,但是江苏没有名额,分不去,那时毕业后还是国家统一分配工作,黄书记一直在帮我想办法。她后来说:"华人德,我没办法了,教育部我去了几趟,给你找了个地方,南京大学你去不去?"后来潘维明说:"现在南大发展很快,排名一直往前面去,你去那儿,可以有点作为。"来到南大以后发现更不行,南大是三个人一间宿舍,我分在图书馆,也没职称,助理馆员都不是,一直在柜台借书还书。那时我爱人厂里将要分房子,我急着要回来,后来就找了个理由调到苏州。

1982年春,华人德书法作品,送往法国展览。

1978年秋,华人德(右一)与同学游颐和园,途经圆明园长春园遗址留影。

1981年,华人德(左)于北大留学生食堂与日本代表团举行笔会,写字赠给日本书法家金井凌雪的学生(右)。

# 书艺谈

· 对联有什么好处呢？它是一个一个字的，虽然也要有上下关联、贯气，但是相对而言，不像整幅的条幅、中堂，贯气的关系要更密切。

· 但是我觉得意义不大，题跋作品挂在墙上，你写一个说明的记录，看的人会觉得没味道，他不会产生联想。

· 它写出来有一种特点，写的时候，墨蘸得饱，写起来都是乌黑的，用它的锋写的话，看上去比较韧，有立体感。缺点是枯涩浓淡的过渡很少。

· 好的纸写上去手感不一样，尤其是宣纸，如果放的时间长了，写起来很好，它写上去也有点化，但是不会不规则地控制不住地往外乱化。

· 我的行书采用魏碑和隶书的结体，慢慢地形成自己的风格，行书要写出自己的风格很不容易，因为它是日用的一种书体。

**鲍** 1986年,您的书法作品入展第二届"全国中青年书法篆刻家作品展览"(下文简称"中青展"),十位获奖者中排位第一,这是您人生中一个重要的奖项。您参加这次展览的过程是怎样的?

**华** 这个展览是文化部和"中国书协"第一次合办的展览。上世纪50到70年代的书法不像现在这么普及,直到80年代初,才恢复一些书法活动,如少年宫办书法班,也有一些成人书法班,我的好多同龄人在60年代初的几年里才开始写字。80年代中期,"中国书协"也成立不久。举办的时候,大家也比较重视,投稿人也多。参加展览并获奖的,基本都是与我同龄的。

当时我住在南环新村,房子很小,只有五十几平米,写字没地方,就在厨房吃饭的方桌上写,写了两副对联,挑了一副去投稿。书写时正好是我40岁生日,所以落款上有一个"四十初度"。那时候白谦慎也是评委。

## 从"中青展"到"兰亭奖"

**鲍** 白老师那时候还没去美国?

**华** 还没有,但是他有知名度。曹宝麟也是评委,我只认识这两位。后来有人告诉我评选过程,他们在北京西山评,与外界隔绝。评选过程很慎重,分了几个阶段,先评选获奖候选人,再在候选人里打分。一共有32个评委,去掉三个最高分,去掉三个最低分,这就把一些"关系"因素去掉,这种打分制其实蛮合理的。投票制有个什么不好呢?就是大家觉得那件作品还可以,就圈一圈投一票。所以投出来的作品,是大家都比较认可的那一种,它没有大起大落,个性不是很强烈。我认为,评全国展最严格最科学的,应该是第二届"中青展"。后来到了第五届"中青展",我也去当评委了,它就是投票制而不是打分制。因为打分麻烦,有好几百件作品参评,电脑计算可能比较快,但用手工计算器计分速度很慢。

**鲍** 那副对联您当时是怎样构思的?布局、运笔,有哪些深思熟虑的过程?

**华** 那副对联中的大字是用隶书写的,隶书里掺杂了魏碑的写法,结构比较紧。看上去,隶书不像碑帖中间看到的汉隶,有比较强烈的个人风格。笔画拉得比较长,尤其是我拿长锋羊毫写,笔划的姿态和一般毛笔不一样。所以我的个人风格,人家很快就注意了。两边是长跋,款题得很长,每一条两面都题得比较满,用行书写的。用两种书体写,表现出来会比较丰富。后来白谦慎告诉我,评委中有个周永健,是重庆的,看到落款认为我的行书比隶书更好。当然,我现在的风格已经和当时不一样了,这也是自然而然的变化。

**鲍** 您送展的作品以什么形式为主?对联、扇面还是现在的拓片题跋?

**华** 当时是对联比较多。对联有什么好处呢?它是一个一个字的,虽然也要有上下关联、贯气,但是相对而言,不像整幅的条幅、中堂,贯气的关系要更密切。因为写碑一般都是一个一个字的,不像学帖的,里面有牵丝萦带。所以那段时间我写对联很多,好多作品都是对联的形式。

**鲍** 您以前也题扇面,现在还题不?

**华** 扇面我写得不算多。扇面现在写不好,主要是扇面写起来眼睛容易疲劳,成功率太低,我就不高兴写。扇面分两种,一是成扇,就是可以作为一个真正的扇面装到扇骨上去;还有一种是在宣纸上作一个扇面形状。成扇写起来成功率比较低,因为纸不平整。前几天古吴轩的人拿来五个成扇让我写,写了一个不成功,我就拿扇形的纸写,写到第三个的时候,我眼睛就看不清了。因为我现在写字主要靠一只眼睛,另一只眼睛黄斑病变以后,看东西中心聚焦的地方看不清。

**鲍** 您要照顾自己,注意身体。现在向您求字的,以哪种形式居多?

**华** 送礼的一般是条幅、横幅,对联现在要的人少了,因为挂的人不多。以前挂对联,中间要有画,有中堂,但是那种方式比较俗气。其实,书房里两个对联并排挂下来很好看。我今天上午就写了一副对联,很大,六尺的。对联写起来也比较方便,一是对联比较窄,写了可以往桌后拖;如果写六尺整张的条幅、中堂,会很麻烦,桌上的东西全要搬走,写的时候还要不断地移位子。另一个,比如写坏了,对联只要换掉一半就行了;如果是六尺的条幅、中堂,你觉得写得不满意,就要整幅换。

**鲍** 现在他人参赛的作品以什么形式为主?

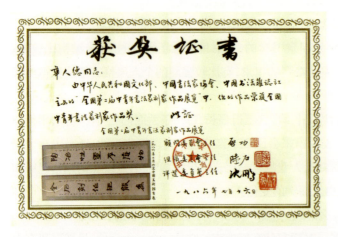

1986年,华人德的书法作品入展第二届"中青展",获最高奖。照片左下为当时参展作品。

**华** 参加书法展览的,对联也比较多。第二届"中青展"和后来好多次展览不太一样。现在的国展,拼贴很普遍,就是拿不同颜色的纸拼在一起;还有用各种各样的形式,比如中间用颜色作一个简牍形状,然后在简牍的地方写隶书;还有一种是打磨、做旧,这是模仿敦煌残纸的效果,内容就是一些《世说新语》,或者和那个年代比较吻合的句子。这类风格的作品有好多在某些展览中获了奖,因为它讲起来也是一种创新。比如打磨、做旧这种,是广西一些书法家弄的,有一段时间泛滥,被称为"广西现象"。那时候我们投了很多票,包括我也赞成"广西现象"获奖。但是有些人也反对,他们认为这不是书写的因素。但是我们的书法作品是综合的,它包括装裱、盖章、章法、布局,还有题跋。这些怎样结合起来好看,怎样让人家看了觉得有文化内涵,光从视觉效果而言,就有好多的文化因素。所以,通过展览我们可以看到各种各样创新的形式,但是,往往这一届获了奖,下一届就会有很多人跟风模仿,这就不太好。

**鲍** 我在一篇文章中读到,第二届"中青展"获奖以后您并没有去领奖。您为什么不去领奖?

**华** 得奖以后叫我去领奖,而且一定要我去。到了火车站,正好那两天高校放暑假,很多人要回去,票有得买,是站票。站到北京,这个滋味我以前尝过。那时放寒假,有一次一直站到天津,当然中间稍微坐坐,坐在行李上面,但是人不舒服。那时候的火车,要开二十几个钟头,不像现在,五个小时就到了。那次又是夏天,我觉得气闷,加上肚子不舒服。后来我说,我不去领了。

**鲍** 您当班长逃课,"中青展"不去领奖,您的性格很有意思,不去就不去了。

**华** 不去就不去了,不一定每次都要参与,什么东西都舍不得丢下,那样就不行。佛教讲要放下,这就要看缘分,去不成就去不成了。如果那一次去就是习仲勋给我颁奖,说起来是习近平的父亲给我颁奖,当然也很风光,但是又怎么样呢?后来他们给我带回来两百块奖金,还有一只钟。两百块钱那时算多的了。主办方想多给一点,因为有人赞助了,但也没多发。后来说,主要还是一种荣誉,不一定要体现在金钱上。

**鲍** 2013年您获得第四届中国书法"兰亭奖·艺术奖",这个奖是不是也有一张作品?

**华** 有一张作品,规定要有一件作品。我写了一个四尺整张的横幅,隶书的,写的是我们苏州诗人尤侗的一首《竹枝词》:"结草庵前石塔重,孤亭耸峙似高峰。诗人夜向沧浪宿，听尽南禅百八钟。"我觉得句子很好，他写的"结草庵"在沧浪亭南面，早已不存在了。诗里面也有"沧浪"两个字，"沧浪"和"沧浪书社"刚好关联；"似高峰"，"兰亭奖"也是最高奖了；"百八钟"也是给自己提个醒。

鲍　"兰亭奖·艺术奖"的评选标准是什么？

华　第四届"兰亭奖"是第一次评"艺术奖"。第一届也设有"艺术奖"，但和现在的"艺术奖"不一样，原来的"艺术奖"是作品创作，就是看一幅作品的表现力，现在也有这种奖，叫"佳作奖"。现在的"艺术奖"是看你几十年来的综合成绩，看你的影响力、知名度，发表的书学论文，所获的奖项，参加全国展多少次，当过展览的评委多少次。它有一个打分标准，比如得个"兰亭奖" 10 分，出过一部著作 7 分，全国展得了一等奖的也是 7 分。实际上就是把"艺术奖"量化，不量化没办法操作、评估。所以这个"艺术奖"就是没到年龄的"终身成就奖"，"终身成就奖"原来要求八十岁，现在降到大概七十六岁，我们的年龄都在六十到七十岁阶段。

鲍　按照这个标准，您得奖是肯定的。

华　当时不知道是否一定能评到奖，但是很有把握评到奖。获奖后通知每人写篇

2013 年 4 月，华人德（左一）于绍兴博物馆接受第四届"兰亭奖"（艺术奖）颁奖，这是他获得的第四个"兰亭奖"，成为迄今为止获"兰亭奖"最多的书法家。

获奖感言，以前每次获奖都要写获奖感言，所以我觉得没必要再重复了，就作了一首诗，叫作"区区砚北一辛农"。"砚北"是砚台的北面，因为我们在书房一般都是朝南坐，"砚北"就是指自己坐的位子，有一个笔记就叫《砚北杂记》。"五十余年情所钟"，我写字写了五十多年，一直没有停下来，等于我一直钟情于此。"抱瓮灌蔬无便巧"，"抱瓮"出典于《庄子》里的一个故事，就是汉阴丈人，一个老头子灌溉园子里的蔬菜，不用机械打水，他认为有了机械就有了机心；"无便巧"，我没有什么简便取巧的方法，我就是一直辛辛苦苦地学书法、写书法。"杖藜老圃看秋容"，我现在是拿着拐杖，在我的菜园子里看看色彩斑斓的秋天景色，这句话也隐含我得了好几个"兰亭奖"。

**鲍**　我不知道理解得对不对，这首诗同时表达了一种自然、恬淡的意境？

**华**　是的，我也是这个意思。获奖的十个人的感言，没有另外人作诗。有人会作诗，曹宝麟会作诗，其他人都不会作诗，我知道的。

# 文字内容"要我认可"

**鲍** 我在读您的《华人德书法作品集》的时候,发现您的书法作品内容有些是您的自作诗,有些是古人的诗词或文章,您创作书法作品时,选择文字内容有哪些考虑?

**华** 如果规定了要是自作诗,我会写自己的。有个展览是"中日自作诗展",每年都要办,都来向我约稿,提倡是最好自作诗文。但是其他展览一般没这个要求。但我的观念是不一定,董其昌就喜欢抄古诗古文,也很好。因为诗要作得好,比写字还要难。诗要有言外之意,看了之后要有回味,纯粹应景的诗没看头,里面没有很深含义。你说要求每个写字的人都会作诗,而且作出来的不是打油诗、顺口溜,得下多大工夫?现在提倡自作诗的那些人,我看他们的诗都作得不好,嘴上叫得很凶的人,往往这方面并不是很擅长。

很俗气的文字内容我不写,我不会哗众取宠、故作惊人地写,有人这样写的。比如曹操的《观沧海》,我觉得气势很大,苍凉、雄壮,很好。当时石开写了一个作品"看看大海",就四个字,在一个展览馆展出。当然他的意思不是《观沧海》的意思,他是提示人们不要看不开,去看看大海,心胸开阔一点。当时大家都觉得写得很好,还有人专门写了文章。我觉得没什么大不了,弄一句俏皮话或者其他什么的,也能让人注目。

**鲍** 您会选择现代文作为书法作品的内容吗?

**华** 也写过一些,有个作家叫荆歌,拿了两篇文章要我写,一篇是他的代表作,写的是同性恋。我说我写了以后人家会产生误解,我不能给你写。我说你拿几篇文章给我看,我可以接受的再给你写。他有篇文章写他小时候,60年代没东西吃,那时候他在幼儿园,老是很馋,老早就把东西吃完了,但是还看着粥桶里面的粥,有一次去抢,手给烫了,他手上有很多疤就是这样来的。后来我给他抄了那一篇,很长很长,写了一个一尺宽,一丈七尺长的手卷,是白话文。其他还有一些人写的墓志,要我写,但是都要我认可,或者我给他改,改了后给他看,给他讲为什么改。他同意了我就给他写,我不认可,他又觉得不能改,那你去请另外的人写,我不给你写。

**鲍** 薄英写了一篇文章《道在瓦甓》,专门论述您的拓片题跋作品,说您的作品,拓片放置上方,下面题写一段文字,上下呼应,相当于和古人对话。这种书法作品形式是什么时候开始的?

**华** 十多年前,徐州的朋友拿了一些汉画像拓片,要我在上面题题字。汉画像我也很喜欢,就给他们题了,从那开始,拓片题跋就比较多。在画上题字,我以前在东台受过训练,所以怎么题,字写多大,什么形式,我比别人要熟悉得多。我的拓片题跋外面评价比较高,我也比较自负,有人说我和谁一南一北,我自认为我题得好,所以润笔也比别人高。

**鲍** 您在选择拓片题跋的文字内容时,有什么样的考虑?

**华** 最好是和那个时代差不多的。比如汉代的画像,我就会拿汉代的诗歌,或者晚一点到魏晋,我很少会拿明清的诗歌往上面题。但是早于这个也可以,我认为好多画像会从更早的一些文化中提取素材,汉画像有"二桃杀三士""荆轲刺秦王""泗水捞鼎",都是春秋、战国、秦朝历史上的一些故事。《诗经》中的一些诗歌,和画像吻合的我也会拿过来题,比如一只白鹭叼着一条鱼,我会题"年年有余""吉庆有余"几个大字,旁边用《诗经》中"南有嘉鱼"的一段文字。

**鲍** 就是说您在选择文句时,会选择与它相应,或说呼应的句子?

**华** 要相应。比如有些画像砖是庄园的图画,有的人就题个名字"收租图"。我觉得还不够,因为收租只是庄园生活的一个方面。画像里还有马,这个马不是拉来粮食车子的马匹;有人挑了担子过来交租;有人坐在那边,旁边还有头上有羽毛的人,是男是女有各种说法;还有一些武士,这也是庄园生活。我就会题张衡《归田赋》里面的句子,它和图像很吻合。还有汉画像"得爵禄",旁边有一只鸟,还有一只鹿。鸟就是爵,"朱雀"的"雀"古代就是写成"爵位"的"爵",鹿和"福禄寿"的"禄"同音。我就写一首汉代的诗:"仙人骑白鹿,发短耳何长!导我上泰华,揽芝获赤幢。"就像给这个汉画像专门作的一首诗,非常吻合,比你自己作诗要好。

**鲍** 您题拓片的时候,会不会自己也写一段文字?

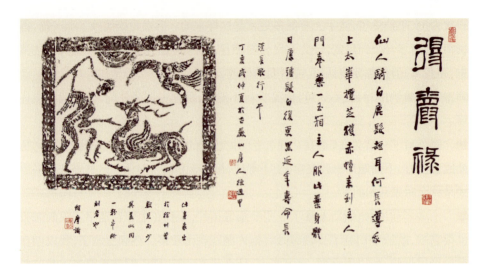

华人德汉画像拓片题跋《得爵禄》。

**华** 也会。前人题拓片往往会写它的出土地点，什么材质，多少尺寸，在什么地方发现，现在收藏在什么地方，或者就是考证上面几个字，考证一段典章制度。如果内容只能这样写的话，我也会这样写。但是我觉得意义不大，题跋作品挂在墙上，你写一个说明的记录，看的人会觉得没味道，他不会产生联想。

**鲍** 您认为应该让人产生联想，韵味绵长？

**华** 要联想。我如果单独抄一篇赋或者抄古代的一段文字，你会觉得也很好。但是有了画像，字和图像配合，人家会觉得更好，更丰富。但是有一个原则，就是关于文字，这牵涉到我们书法的伦理学。

我们的书体本身也是有尊卑的，比如皇帝的诏书，在汉代是用篆书写的，招隐士要用鹤头书。写经的标题一般要用隶书，经文用楷书，不能拿草书写，草书就是你心不诚、心不敬。写经前要南无佛，就是要礼敬佛再动手写。所以你去看古代敦煌的经书，都是楷书。当然里面也有草书，草书都是律、论、疏，就是戒律或经文注解。也有少数用一种特殊字体写，比如《集王圣教序》，集王羲之的字，内容是唐太宗的《圣教序》,《集王圣教序》最后有一篇《心经》，是用行草写的，因为集王羲之的字，行草很多，所以集字就不能有这么多讲究。还有怀素用草书写《四十二章经》，当然这个有争论，有人说不是怀素写的，有人说是怀素写的。禅宗出来以后，写经就摆脱以前的规矩，于是出现多种书体。

汉画像用篆书去题就不大合适,尤其金文、甲骨文,这是不恰当的,因为那些文字比汉画像早。我们题拓片,应该图像为主,文字为辅,字是围绕画像的,不能拿比画像更古的书体来写。当然佛像之类的,拿篆书写"南无阿弥陀佛"也可以,说明你对佛很敬重,我是拿最庄重的书体来写。但是拿来题汉画像,或者一个瓦当,就格格不入,看上去很别扭,因为违背了里面的伦理。

**鲍** 您的拓片题跋,除了注重文字内容与图画的关联,尊重书体的伦理外,还有哪些特点?

**华** 还有文字,比如这份报纸上有一幅是位书法家题的瓦当,瓦当文字是"与华相宜",但是作者认成了"与花相宜"。"山"字头下面一个"花",是"华山"的"华"的专用字,《说文解字》里有的。他因为这个字没看懂,就把它理解成"和花差不多"。

**鲍** 因为一个字理解错误,后面的解释就全错了?

**华** 后面的解释就成笑话了。这个瓦当很常见,"与华相宜""与华无极"两个瓦当都是出自华仓,就是华阴那边一个大的粮仓,专门给京城长安储藏粮食,这个粮仓的瓦当文字就是"与华相宜""与华无极",意思是"和华山合配""和华山一样没有尽头"。

**鲍** 参加展览的作品中,有没有写错字的?

**华** 也有的。现在有些人在作品中往往把"御林军"写成"禦林军","禦"是"抵御"的意思,"御林军"的"御"是"御用"的意思,底下没有"示"字。还有,我最近写的一篇《商颂》,里面有一个"后"字,如果理解为"前后"的"后",那就弄错了,要闹笑话,其实这个"后"是帝王的意思,上古的时候,部族的首领就称"后"。

**鲍** 这些文字知识,您是自学的还是北大学的?

**华** 文字方面的知识我下乡的时候就开始自学了,后来在东台,和王老在一起,经常谈论《说文解字》。《说文解字》了不起,如果没有这本书,汉字能否规范,不敢想象。《说文解字》我是经常翻阅的。

# 文房四宝

**鲍** 您在《中国书法史·两汉卷》一书中专设了一章谈文房四宝,您还写了一篇论文《论长锋羊毫》,您用笔有哪些特点?

**华** 其实我最早用的不是长锋羊毫,但都是用羊毫来写。因为羊毫价廉,狼毫比较贵,一支可以买几支羊毫。羊毫也经用,它不像狼毫,我以前在绢上题字就是用狼毫小楷,一支笔写千把个字就秃掉了;羊毫很难写到秃毛,你写个两年三年都可以。便宜又经用,所以用羊毫写得比较多。后来我去北大读书,有个朋友送给我一支长锋羊毫,叫"鹤颈",我就开始尝试用长锋羊毫。好多前人反对用长锋羊毫,其实他们没有理解长锋羊毫的用意,任何一种工具生产出来肯定要有市场,没人用,他肯定不会生产。

长锋羊毫有它的特点,它含墨比较多,拿生宣纸写的话,不容易写写就枯掉。如果拿硬毫短锋,字还没写完笔就枯了,要不断地蘸墨,就不贯气了。有不少的人喜欢用长锋羊毫,陈介棋是个典型,他说:"没有长锋羊毫,近来我书亦懒作。"长锋羊毫写出来的字比较厚、拙,这是碑学路子的审美观念。我也一直选择长锋羊毫,包括我现在写大的字,都是用长锋羊毫。它写出来有一种特点,写的时候,墨蘸得饱,写起来都是乌黑的,用它的锋写的话,看上去比较韧,有立体感。缺点是枯涩浓淡的过渡很少。

**鲍** 您的作品中,枯笔用得多不多?

**华** 枯笔用得少,但也有,写行书会出现。但是写隶书,本身用笔比较慢,羊毫如果抪开来,写起来的笔画我不喜欢,所以一般都是墨蘸得比较饱的时候写。它有一种味道其他的笔不大表现得出来,就是"如锥画沙"的感觉。但是很多画家不喜欢长锋羊毫,喜欢用短锋。短锋的墨色过渡,枯和湿的对比比较强烈。长锋羊毫比较难写，写到枯了笔没弹性了，所以林散之写长锋羊毫，写到后来锋散开了，要不断地翻动手腕以就笔锋。

**鲍** 您写大的字是用长锋羊毫？

**华** 大字用长锋羊毫，因为非得用大的笔写，没有哪种硬毫会做这么大的笔。也有拿马的鬃毛做的笔写的，那种谈不上写字了，因为没有速度了。浙江的一批书法家都喜欢写很大的字，拿个拖把样的笔在地上写，这是一种表演性质的写。有位朋友是拿巨大的笔写草书，草书照例要有迟、疾、顿、挫，要有速度变化，但他等于是拿了个拖把在地上慢慢地平铺着移，就失掉了原有的草书笔法。

**鲍** 这就成了一种形体表演了。

**华** 但是要有很好的体力，写个篮球场这么大的一张字，要把几十张纸粘起来，然后人在上面舞，一支毛笔蘸了墨有十几斤。还要有助手，助手提着墨汁桶，不断地给他的毛笔注墨水，因为写多了，墨就干了。

**鲍** 落款题识这些小一点的字您用什么笔？

**华** 都是用兼毫，兼毫是兔毫或者狼毫，用羊毫镶起来。它不是把两种毛和起来，兼毫笔中间有个芯，称为柱，硬毫为柱，羊毫为被，中间是比较硬的狼毫，在它周围镶一圈羊毫。但是这种笔现在产量不大，因为中间的芯要用狼毫，狼毫是黄鼠狼尾巴上面的毛，只有尾巴上的毛可以做。兼毫写起来比较轻松，因为它弹性比较强，含墨也比较多，所以写起来，提、按、折、转，比较轻松。羊毫你要不断地调整，用手指捻动，还要看它锋势怎么样。

**鲍** 您现在选用的笔，一般都是多大的，一寸，两寸？

**华** 四寸是最大的，我没有再大的笔。但是有些人可以拿很小的笔，按下去，拿笔根或者横过来扫，可以写较大的字。比如王镛，还有我写过文章的沈子丞先生就是这样写的，他们是用画画的方法写字，枯湿浓淡变化大，墨色比较丰富，看上去笔画比较破碎，笔都是破笔，因为笔按到根部或用笔肚子写就没锋了。

**鲍** 是不是说有的地方很浓，有的地方就很淡？

**华** 也不是浓或淡，就是笔锋散开来，不聚在一起，所以写不出那种立体感很强的字。

**鲍** 我们生活中用得多的是硬笔，日常生活中，您写公文、信件或者其他的，肯定会用到硬笔，您对硬笔有什么要求？

**华** 硬笔我没什么要求，一般碳素墨水笔就可以，我不写硬笔书法。硬笔书法不能写大，观赏性很小，但它是我们对教师要求的"三字一话"的一个内容，就是粉笔字、钢笔字、毛笔字和普通话，因为硬笔实用性强，记录文字又比较快。

鲍　我读初中的时候见过一种书法钢笔，就是把普通钢笔的头掰弯了。

华　那是硬的，还有一种是软的，它可以有点提按，有点粗细，但写不出多少变化。其实古代也有很硬的笔，比如古代的贝叶经，是西藏人或西域人写的佛经，就是用很硬的笔写的。

鲍　那种硬笔写的佛经有书法韵味吗？

华　没有什么书法韵味，它粗细完全一样，因为写的文字是梵文、佉卢文、藏文，和我们不一样。

鲍　"中青展"的参赛作品，有硬笔书法作品吗？

华　全是毛笔。也有人出奇、出新，把一些古代的文字不写在纸上，写在挂着的竹片上。还有少数民族的书法作品投了来。那时候评委们讨论过，说要不要让它们入展，后来这些都去掉了，说这一次把它评了，以后就有人经常这样做，怎么办？每次展览都有一个导向，它会影响到后面几届作品展。

鲍　您用墨和纸有哪些讲究？使用中有哪些心得？

华　墨我不太讲究，一般都是用"中华墨汁"，可以买得到。但也不是"太湖墨汁"之类的文化墨汁，时间长了会发臭，还有在宣纸上不能写，一写就化开来，它的浓度不高。墨里要掺一点胶，古人研墨，墨里面有胶。为什么现在不用墨？一是好墨很少，第二个，磨墨太花精力时间了，以前卖字的人，磨墨要加一成磨墨费，比如100块钱一个平方尺，他要110块，10块钱是磨墨费。

鲍　如果不加那10块，他就不用好的墨？

华　也不是，他总归要用好的东西，等于是一种变相抬价，也体现墨对书法创作的重要性。像齐白石，早晨天一亮，起来吃完早饭，或者就是不吃早饭，先磨墨。他磨墨有两个功用，一是墨磨了以后放在那边，一天的用量。还有一个是练腕，磨墨的时候，手指、手腕及肘关节都活动活动。写字画画之前做其他事情，会不适应，尤其提拿了重东西，手会发抖。磨墨也是一种预备动作，热身运动。

　　但是我对纸比较讲究。有人喜欢用包皮纸，就是槽底纸。制宣纸的时候，最后槽底都是些纸筋、稻草之类的，把这些和在里面做的纸，就是槽底纸。前人不会用这种纸来写字画画，但是现在有些人觉得，它有自然的纤维在里面，裱起来也很好看。用槽底纸写字不是很追求字的美观，而是一些趣味，这种纸有时候墨多了

创作书法时,华人德习用长锋羊毫和生宣纸。

就是一个墨团,有些人喜欢出现这种效果,就拿槽底纸写。

　　我基本上不写这种纸,我要用好的纸,习惯了。因为我在北大的时候就是用宣纸写字,并反复用来练字,以前宣纸也不是很贵。我写惯了宣纸以后,就不愿意写那种差的纸。好的纸它寿命也长,你的作品,如果是差的纸,几年几十年就坏掉了,好的宣纸可以保存千百年,这对自己作品的保存也是一种长远的考虑。好的纸写上去手感不一样,尤其是宣纸,如果放的时间长了,写起来更好。它写上去也有点化,但是不会不规则地、控制不住地往外乱化。现在囤积宣纸,如果生产时间早一年的话,一张纸可以加一块钱。

**鲍**　宣纸是不是时间越长,它的价钱越高?

**华**　是的,比如几十年的宣纸,你可以上拍卖会一张一张地去卖。我也存了一些这样的纸,但是舍不得用。古人也是,特别大的、老的纸都放在那里,舍不得用。传说董其昌拿到一张纸,是从他朋友王锡爵家里拿出来的一张纸,很大,米芾在上面题过字,说要等后世善书者写。后来传到文徵明,文徵明也不敢写,写坏了这张纸非常可惜。董其昌拿来就写了,说这是古人在等我写。但是古代也有大的纸,比如丈二、两丈四,包括三丈五尺的都有。像宋徽宗写的描金云龙笺的《千字文》,那张纸就是一整张的纸,有三丈五那么长,写个《千字文》可以一直写完,那种纸也只是皇宫有。那种大的纸,生产的时候要几十个人,水槽、竹帘要很长。在槽子里面把纸浆注满了以后,荡几下,然后大家在同一时间拿出来,如果有先后,这张纸就厚薄不匀了。怎么办?就由一个人在旁边打鼓,约好,比如我打五下鼓,最后一下同时捞出来,这样击鼓为号,荡了几下,一下子拿出来,纸揭下来厚薄就是均匀的。

**鲍**　这种纸工艺精良,要求也比较高。

**华**　这个纸,我举个例子,比如四尺的一张五块钱,那么六尺的就要二三十块,如果是丈二的,一百二十多块,到二丈四尺那种大纸的话,一张可能要一千多块。因为制作成本很高,人数、水槽的长度、烘干的墙都要算进去,所以它的价格呈几何级数地往上翻。我也有二丈四的纸,但不大写,因为纸越大越厚,不然没这个拉力。纸浆刚从箔子上揭下来,拎起来的时候,如果纸浆不厚,没拉力的话要断掉。我觉得四尺的纸质量最好,到六尺就显得比较厚了,也比较松。

**鲍**　您的书法作品中,印章也是一个重要组成部分,您使用印章时有怎样的特点?您常用的印章有哪些?

**华** 印章分两种，一是闲章，一是姓名印章。闲章刻的不是你的姓名，而是你喜欢的一个句子，或者吉祥语，有些就作为起首章，盖在作品右上角起头的位置。我听王老讲，他说萧退闇先生给我讲，盖的部位最好是在第一个字和第二个字之间，比较得体，也比较好看。有些人盖在第一个字再往上一点，各人不一样，我就是盖在第一二个字之间。但如果是横幅，比如只有四个字，比较短，我一般就盖在第一个字的右上面。如果盖在第一二个字中间好像太下来了，因为要看它的比例部位。姓名图章的盖法，古代和现在的习惯不完全一样，明代人喜欢盖大的图章，比他的签名还要大，像王铎、黄道周，都是这样盖大的印，现在一般不会超过落款的字。

唐代以前，印章主要用于皇帝、官府或者军队。那时候，好多简牍的内容，比如一个公文或者军队里的一道命令，要保密，就把简册卷起来，外面结一根丝绳，打结的地方有个木头的东西，就把封泥填在里面，上面盖一个印，你要拆开，封泥就会坏掉。国外是在火漆上面盖印。盖章的时候，分白文和朱文，就是阴文和阳文，它们是相反的。白文（阴文）盖上去，封泥的字是凸出来的；朱文（阳文）盖上去，封泥的字是凹下去的。秦代用朱文（阳文）比较多，汉代主要用白文（阴文）。印有的是铸的，有的是刻凿的，刻凿的一般是急就章。在军队里面，因为打仗，有些将领死掉了，就要换一个人顶替，他要发号施令，公文印章要马上刻出来，不可能等皇帝铸了印再送到他那边。

东晋以后，文字都写在纸上了，于是就出现盖在纸上的印，这样子一直传下来。但是以前写字的人一般不盖图章，你去看苏东坡的作品，他根本不会盖图章的，如果发现一幅作品有苏东坡的图章盖在签名底下，那肯定是靠不住的事，是后人弄的。

真正开始是在我们苏州，文徵明的儿子文彭是"吴门印派"的创始人，从他开始，文人开始刻图章。当然以前也有，画梅花的王冕就已经拿青田石刻图章了，但是他没有形成流派。那时候图章成为一种防伪手段，文徵明等人的书画上都有自己的印章，因为他们的字画当时都是作为商品在市民阶层流通。明朝以前，宋代和元代，尤其是宋代，很多书画家都是在宫廷里为皇帝、大臣服务，他们的作品不在市民阶层买卖。到了明代，市民成为一个重要的阶层，他们买卖字画，所以那时候就要有这种防伪标记。因为印不大容易模仿，书画家常用的那个印，即使去刻也不会刻得完全一样。但是现在完全可以模仿，在电脑上把你的印章一弄，马上就可以复制一个，一模一样。

**鲍** 现在的印章就成为书法作品的一个组成部分了?

**华** 是一个组成部分。印章一盖上去,作品的效果马上就不一样了,看上去比较舒服,也可以看出一个人的情趣。印章盖得好的话,它可以作为一种补充。这种补充一是它的内容,比如我经常用的起首章,一是"心画",一是"寻梦",还有"长幸""洗耳""金石延年",我汉画像的题跋,就经常盖"金石延年",和题跋内容相合。还有一个是印章可以补救作品构图,比如落款落完了,底下还空一大段,可以盖两个图章,等于把这行字延长了;留得太短了,就盖在落款的边上。还有,你突然感到某个地方空缺太多,可以在边上盖一个图章,但是一般限于第一行,不能无缘无故地在中间盖一个图章,没这种做法。

姓名图章我一般盖"锡山华氏""华氏""华人德印""人德私印",还有"武陵世家",一看到"武陵世家",别人就知道你姓华,因为"武陵"是华姓的郡望。其他还有"人德无恙""人德过眼""人德题跋"。我落款有的是"人德",有的是"华人德","人德"我就要盖"锡山华氏",说明我姓华,也可以根据大小,盖个"华人德印"。我的作品落款不大写姓,就是写个名字,有些古代书法家就是这样落款。比如董其昌,他写字用"其昌",有时候写"董其昌";他画画落款"玄宰",不用"其昌",所以能看出来。倪元璐就是"元璐",他不写"倪"。黄道周落"黄道周"。各人不一样。

**鲍** 您的印章好多!

**华** 是有好多,但我印不是太讲究。有些人要把印章擦得干干净净,然后拿好的印泥,在玻璃桌子上面,底下垫一两层纸,这样盖上去最能反映印面的精度。如果底下垫了一本书,那就稍微受点影响,因为太软了。我一般垫本薄的杂志,封面比较光滑比较厚的那种。

**鲍** 虽说用印章可以有个人的风格,但是也有一定的规矩?

**华** 要有一定的规矩,一般约定俗成,根据一定的美观要求,盖在相应地方。图章不能盖在落款的右面,比如:某某人,因为都是竖写的,只能盖在左面或下面,不能盖在右面,因为以右为上。怎么盖章书上一般不大讲,跟老师在一起,他会给你谈谈怎样盖,或者你就看老师怎么做。

**鲍** 关于图章的用法,您有没有写过专门的论文?

**华** 没有,因为各人习惯不一样。

# 书卷气

**鲍** 您也提到,您现在的书法风格和第二届"中青展"时候的已经不一样了,这种风格的转变是怎样的?

**华** 第二届"中青展"获奖以后,我写过一段时间像那件获奖作品一样风格的字,后来慢慢地往我现在的书风发展了。我隶书作品的个人风格比较明显,以前年轻,书写气比较旺,有点张扬,还有点变形,看来也不大像书卷气。现在变形少了,追求美观的、书卷气的格调。这种发展是自然而然的,我也没有有意地去改变,或者创造出一种书风来。我的隶书也不完全是汉代的东西,看起来风格是在隶书范畴,但不是传统碑刻中的某一种,比如《张迁碑》《石门颂》《礼器碑》《曹全碑》,而是各取一点因素,变成我自己的东西。

我很喜欢自己的行书,我倒认为,我的字,写对联,大的行书应该排第一位,然后是隶书。我的行书采用魏碑和隶书的结体,慢慢地形成自己的风格。行书要写出自己的风格很不容易,因为它是日用的一种书体。

**鲍** 您能不能给我们解释一下"书卷气"?

**华** 从清代到现代有好多"气",比如"枣木气""金石气""书卷气"。"枣木气"主要指走帖学一路的,就是写古代的刻帖,真迹他学不起,没这个收藏条件,古代人大部分学《淳化阁帖》,往往就把这种看上去比较呆板生硬,木头刻的味道不自觉地弄进去。"金石气"就是刀刻的味道比较浓重。我走碑学的路子,尽量把刀刻的味道去掉,但也不是全部去掉,有些笔画有意放一些刀刻的味道在里面,所以我的字看上去有棱有角,有些人的字他没什么棱角,比较软。如果比较肥,看上去比较俗气的就叫"酒肉气"。比较粗犷的叫"毡裘气"。太甜太秀美,娘娘腔的叫"脂粉气"。这些都是讲一个人书法的气息。"书卷气"应该讲比较好,它是一种学者文

华人德评自己的字,大字行书居首,其次隶书。

人追求的形态。老早王老就给我讲，你学魏碑，不要刻意写出那种刀刻的味道，不要有面貌狰狞的感觉，要稍微柔和点，毕竟写字是用软的毛笔写。

**鲍** 我特别喜欢您书法作品集里的行书作品《滕王阁序》，可能我是江西人的缘故，那么长，每个字都写得那么美观，整体又严谨、古雅。

**华** 那幅作品我也很满意，作品很长，但是我没有失手，里面没有写错字，也没有写得特别不满意的字，是一气写成的。

**鲍** 每个字都保持相同的水准确实很难，要是一幅作品中某几个字失手了，怎么处理？

**华** 这也经常会有，比如现在去看文徵明的一些大作品，很长的手卷，里面总有个把字不应该出现，或者是在他的平均水平之下，但是他也不去掉，就一手写下去。我往往追求完美，如果出现失手的字的话，会把那个地方裁掉，底下再接下去写，裱的时候放在一起。

**鲍** 现在有些书法家的字做成了电脑体，比如启功、毛泽东，您愿意您的字变成电脑体吗？

**华** 我不是很喜欢，我不要我的字变成电脑体，虽然做成电脑体会让你的知名度扩大，但作品程式化以后没有意思。电脑字体是大家公认的一些书体，其实近代也有这种情况，比如新魏体，风行过好长时间，五六十年代称它是"银幕魏碑"，电影上面打字幕就是用这种新魏体。"文革"的时候，刷大标语、写大字报，好多都是用新魏体。那时候有好多人模仿新魏体，所以也出了几本新魏体的书。新魏体开头出现的时候，大家觉得这个字很好，写标语也有力，一撇一捺都像伸长的脚一样，后来看多了就觉得不要看了，倒胃口。电脑里面的隶书也是这样，每一个都很酒肉气，看多了会有一种厌恶感。

**鲍** 您现在每天都会写书法吗？

**华** 基本上每天都写。很多作品是写了去参加展览，或者一些社会活动，都是来约稿的。这两天，"中国书画院"要一件作品，"书法名城展"要一件作品，"书法报社"成立三十年要一件作品，北大到马来西亚去展览要一件作品，当然他们都给稿费，不给稿费也不给他们写。像北大，我本来不给他们写，北大一会儿纪念蔡元培多少年，一会儿建校多少年，还有一些捐赠活动，都是作品拿了过去没还过来，答应还的也不还。而且发来的书面通知也没提到给多少报酬，或者作品怎么样归还，都是一种居高临下的口气，好像北大要东西，不愁没人来。我说如果你们不把润笔费先汇过来,我就不给你们写。

**鲍** 您每天要写很多作品了。

**华** 有些展览作品不是说写一张就能成功,有时候会写几张。这几天我写一副六尺的对联,后天要交到书协,已经写了两三天,写写不满意就反复地写。

**鲍** 现在向您求字的,会不会通过您的友人或一些关系?

**华** 也有的。我也不是完全不讲交情,不讲关系,也不可能,因为你是个社会的人。有时候就索性不收钱了,比如同事、朋友,他儿子结婚,或者他本人买了房子,找你要张字,那么就写了送过去。但是也就一两次,人家也不大会平白无故地向你开口。领导有的时候开了口,我也会送给他,但是不开口,我不会主动送给他。有些领导反复地问你要字,而且是去拍上面的马屁,我就会拒绝他。这样子得罪人还很多,我举个例子,省文联原来的一个副书记,他开头给我讲了以后,我认认真真地写了个四屏条给他,说你拿个镜框装起来比较别致,比较好看。后来他又打电话说:"哎呀,华老师,我这边有个领导,省里面组织部的,名字我就不讲了,他点名要你的字。"一般来要字的也都是这样子。"来点名有什么用?我为什么要给他写?我也不是当官的,要去巴结组织部干什么?我不写。"后来,他把电话一甩,挂掉了。

我平时也不去要求什么,也没有什么欲望。我无欲,就能挺住自己的腰背;我有什么欲望,或者有求于人,就得低三下四。我觉得一个人自由自在很好,所以我没官运,我也不需要做官,我始终能保持自己独立的人格,这也不是我自吹自擂,从事艺术能保持自己独立人格的人,也不多。

**鲍** 现在有些书画家和商家合作,在一定材料上题字题画,比如扇子、席子之类的,您有过类似合作吗?

**华** 没有。也有人说,我把你一年两年的字包下来,出几十万,我没同意。

**鲍** 您不喜欢这种束缚。

**华** 一个是束缚。另一个是大家有了协议以后,你得按照协议执行,比如,有人向你买字,你说我的字别人已经包走了,我不能再写了卖给你,你要去找那个人。你如果二年不和其他人交易,市场也就没了。当然你也可以做到这样子,你会写很多字,把自己最满意的留下来,把一些可以拿出去的作品给人家,就是按照协议,完成你那点任务。这对你创作是有好处的,但对你的市场不会有太大的好处。

**鲍** 您会不会同样的作品写两幅?

**华** 有些有好的内容,或者我自己觉得写下来也挺好,就会多写一份。还有一种

2013年,华人德为普陀山佛学院藏书阁所书匾额。

是我写得不太满意,再另外写一份,会有双份的留下来。一般都是拿好的给人家,不好的自己留着。

**鲍** 我觉得你很爱惜自己的声誉。

**华** 我现在给书协(苏州市书法家协会)讲明了,笔会我不参加。两个原因,一是不了解你的人,以为你在搞笔会拿外快。其实我不愿意在外面瞎写,不要因为我是书协主席,就到处去办笔会弄外快,这个情况一般的书协里都有。我说,如果别人要去办笔会,我也不反对,但我不去,有什么人指名请我去,你们给我回掉好了。还有一个是笔会没好东西,因为场合不适宜于创作,你静不下心来,书法不是表演艺术。第四届"兰亭奖"也请我到台上写字,他们请了六七个书法家,当时在台上写,写了后立时挂起来,我说我不参与。他们问你为什么不参与?我说,书法不是表演艺术,在我看来,有辱斯文。我写字的时候要静下心来,有一种敬畏的感情在里面,不是一边抽烟,一边挥毫泼墨,好多人都是这样子,好像这个书法家很有大家风范,但是我不喜欢。

**鲍** 是不是说也许有这样天纵奇才的人存在,但是您不会这样去作?

**华** 是。有这样的古人,张旭拿头发蘸了墨写字,有这个记载,但是真的假的不知道。

**鲍** 您这种创作方式是对自己的尊重,也是对书法艺术的尊重。

**华** 尤其是写佛经,像《心经》,我都是手要洗干净,落款的时候也要写"沐手敬写"。我不是落款这样,写的时候并不去洗手。

**鲍** 您写《心经》,是一直以来都喜欢,还是现在年纪大了,就写得多了点?

**华** 　以前也写,我不是因为信佛教才去写经,佛经里面有很多内容确实讲得非常好,《心经》是写得非常精深的哲学经典。一个人总要有敬畏之心,不能自以为了不起,什么都无所顾忌,不能这样子。我们的书法本身就有很多和伦理有关。

**鲍** 　我在您的一篇文章中读到您写祁连山,也提到对书法要有敬畏之心。

**华** 　那时候是5月份,白杨树都长了新叶子,在白杨树中间看祁连山,白雪皑皑,洁白无瑕,你的心境马上清静下来,感到体内的五脏六腑就像洗过了一样。有人说,写字和大自然没有什么关系,画画和大自然关系比较大。但是老一辈的人总讲,学问和写字是有关系的。学问怎么来呢?读万卷书,行万里路。我说,看看大自然,感受到大自然的宏伟,对大自然敬畏以后,写字就不会随便乱写。还有一个是写的时候会丢开杂念,名利的东西和大自然的宏伟相比,就都不算什么了,心思就会全部抛开,在这个境界下写,对创作肯定有益。所以,我觉得应该经常出去走走,开阔自己的心胸。

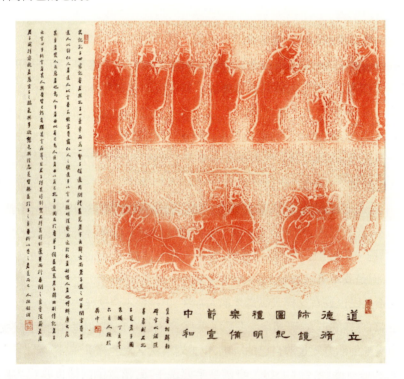

汉画像拓片题跋《孔子见老子》。美国艺术家薄英评价:"(华人德)建构了一个虽未言明却实际有效的想象空间。这一空间中,制造视觉图像的古代工匠与古代诗人、历史学家互相对话。呈现了对于过去的沉思冥想和赞美。"

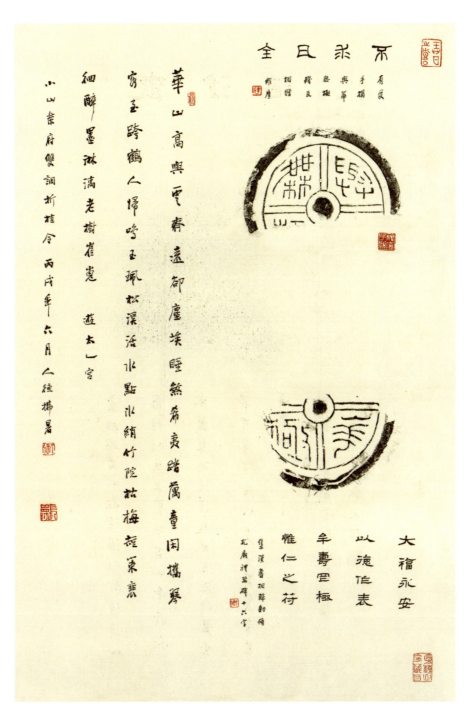

华人德题汉残瓦当拓片"与华无极"。

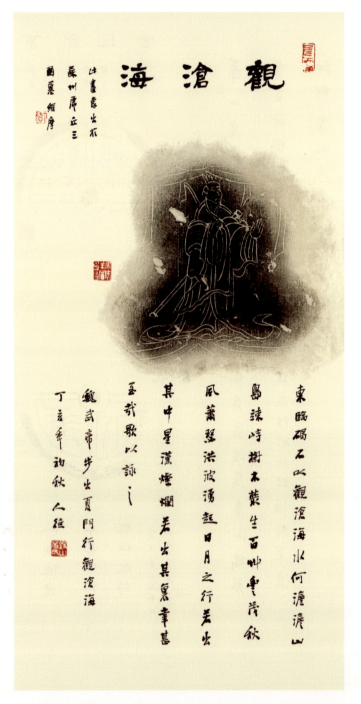

华人德汉画像拓片题跋《观沧海》，画像拓片出于苏州虎丘南一座三国时期的墓。

华人德金文作品《汉镜铭吉语》。

# 书学研究（上）

- 看他做大量的卡片，后来我知道了，以前的老先生都是记笔记，但是没卡片好，卡片随时可以记录，有什么心得体会，马上就可以写在上面，然后分类保存，检索也方便。
- 后来我就跑到南京博物院，照《毕沅墓志》专门画了一张草图，回来再慢慢地描。
- 每到一个地方，我都要问这个地方有哪些碑刻、名胜，我要去看。
- 前面两个理由都没有太大的说服力，因为刻得粗，刻得细，可能是刻的风格不同，或技艺的高低。底下有铁证，有横裂纹。
- 我为了这个事情，把《梁任公年谱长编》从头翻到尾，发现梁启超自从做了清华的导师，就没来过北大。

**鲍** 您在北大的时候,没有选择图书馆学专业,也没有选择您擅长的古文字学作为研究方向,而是有意无意地选择了书法,这种选择是基于怎样的考虑?

**华** 有这么一件事,我曾拜访过一位老师,叫裘锡圭,我知道他在北大做老师。有一次在西校门劳动,挖沟,那时我刚进学校,就问辅导员,裘锡圭在不在这个学校?在哪个系?教什么?辅导员说在中文系,他年纪比你大不了几岁,大概四十出头。我说这么年轻!我那时看了他文字学的文章,以为他是老先生。据说郭沫若对他也很赏识。辅导员说,他现在还不是副教授,因为到现在没评职称,他也是调过来的。我说,有机会我要去见见他。

后来国政系的系主任赵宝煦先生介绍我去了。他住在楼梯底上的一个小房间,就一张床,一张小桌子,一张靠背椅,桌子、椅子上堆满了卡片,也没有地方坐,他把桌子、椅子上的书和卡片搬到床上,招呼我坐,并倒了一杯开水,自己就坐在床沿上。一会儿对面房间传来婴儿的哭声,他夫人喊他过去,顷刻间他又跑回来,说他太太刚养了小孩,拿了样东西又跑了过去。等回过来坐定,问我:"你今天来有什么事情?"我说:"也没什么事情,我很景仰您,您是古文字学家,我很喜欢古文字,我看了《说文解字》之类的书。"他说:"《说文解字》只能算文字学,不是古文字。"我说我插队的几年里在文字学方面下了点功夫,以后的途径怎么走?他说古文字现在最大的拦路虎就是见不到资料。我说你这种条件还见不到资料?他说,在我们国内,有这些资料的地方他不让你看,你能看的都是公开出版的或者人家已经研究过了的,国外我们没机会去。《说文解字》你不要去研究,清代人已经研究得差不多了。那时候许学很盛行,这我倒是知道。他说不是说《说文解字》不要看,我们研究了甲骨文、金文,回过头再看《说文解字》,觉得《说文解字》真是伟大,它是一个梯子,没有这个梯子,没办法研究先秦的文字。

　　高考填报志愿的时候,图书馆学是我的第一志愿,历史系考古专业是第二志愿,文字学是我的兴趣所在。文字学给他这样一讲,我后来就抛开了。《说文解字》读了以后,只要我看得懂篆书,对我写隶书有帮助就可以了,我就不把它作为一门学问钻研了。

**鲍**　大概是什么时候?

**华**　大概是大学二年级。看他做大量的卡片,后来我知道了,以前的老先生都是记笔记,但是没卡片好,卡片随时可以记录,有什么心得体会,马上就可以写在上面,然后分类保存,检索也方便。我读的是图书馆学,学过图书分类,从那以后,我也做卡片。看到书,觉得有好的就抄下来,有时想到一些东西,也记在卡片上,或者记下材料和论文的出处。我的卡片都是图书馆的那种硬卡片,裘锡圭用的是白纸。

# 《谈墓志》

**鲍** 白谦慎老师说,您读大学的时候,就开始酝酿那篇经典的书学论文《谈墓志》[1],当时您怎么想到写墓志?

**华** 大学三四年级的时候,我有空就往图书馆跑,看了好多金石拓片。碑刻里面东西多得很,我为什么单写墓志?是因为看了叶昌炽《语石》中关于东晋墓志的一则文字,叶昌炽讲,东晋出土的墓志,砖头比较多,也有石头的,上面仅记岁月、姓名等,并且墓志形制简单,书风草率,这是因为东南风气未开。这也是讲其然,而没讲其所以然。

但是我觉得不对,后来就去查出土的东晋墓志,发现基本上都是北方乔迁来的世家大族,而且都有"刻砖(石)为识"这一句话,意思是把这个记录在砖头或石头上,都是离开某个亲戚的墓几丈几步。有的墓里会埋几个相同文字内容的墓志。我说东晋墓志怎么会比西晋的退步了呢?西晋的墓志是做成碑立在墓里面。我在北京首都博物馆看到一块墓志,是北京八宝山出土的,很大,全称叫《幽州刺史王浚妻华芳墓志》,这块墓志立于永嘉元年,正值西晋八王之乱,墓志中大段文字记载祖、父、姻亲以及墓葬的所在地,其中有段文字是"先公旧墓在洛北邙。文、卫二夫人亦附葬焉。今岁荒民饥,未得南还,辄权假葬于燕国蓟城西廿里"等。华芳是王浚的继配,文、卫二夫人是前面的二位夫人。我到南京后,在南京市博物院看到《谢鲲墓志》,这是一块东晋早期的墓志,上面也刻有"假葬建康县石子冈,在阳大家墓东北若干丈",然后是妻、子、女、弟等的名字,最后是"旧墓在荥阳"。王氏

---

[1] 华人德. 谈墓志 // 华人德. 华人德书学文集[C]. 北京:荣宝斋出版社,2008.

《谈墓志》1983年发表于香港《书谱》杂志,被誉为华人德书学研究的"奠基之作",他以后的大部分书学论著都或直接、或间接地与这篇文章关联。

家族的许多块墓志所记录的内容也大同小异。这些都反映了南渡的一些世家大族引颈北望,一旦克复中原,骸骨能归葬故土的心情。东晋的墓志或砖或石,大多是长方或扁方形的,没有纹饰,书刻简率,而且都是北方乔迁来的世族士女,我想这些墓志的主要用途是作为记识,是给子孙迁葬时辨认棺木骸骨用的,这个规律找到了。只有一块《张镇墓志》,在苏州发现的,是碑的形状。张镇是士族,他是南方"顾陆朱张"四大名门之一,他的墓志做成碑的形状,和西晋时一样,是作为碑记性质放在墓里给后人看的。东晋墓志因为是记识用的东西,就不会请书法家来写,都刻得很草率,它和碑铭的性质是两样的,一个是传久的,一个是临时的。我找到这个规律以后,就在《谈墓志》里把这归为墓志中的一个类型。

后来在常熟开"中国书法史国际学术讨论会"的时候,我提交了一篇论文《论东晋墓志兼及"兰亭论辨"》[2]。郭沫若认为东晋时候只可能像王谢墓志那样的的字,所以《兰亭序》不是王羲之写的,他还找了一些同时期的写本作为证据。其实这是两个体系,不能进行类比。后来我又写了一篇《论六朝写经体兼及"兰亭论辨"》[3],把他两方面的重要例证推翻。我觉得这个比《兰亭论辨》的其他文章都有

②华人德. 论东晋墓志兼及"兰亭论辨"[J]. 书法研究, 1997(6).

力,这是釜底抽薪。高二适从书法风格上和郭沫若进行论辩,打蛇没有打到七寸,打在尾巴上了。讲风格的话,说它像能找到例子,说它不像也能找到例子。王羲之是东晋时期书法群体中最杰出的一个,他的字如果和工匠刻的一样,就不成为王羲之了。而且有记载,王献之对父亲王羲之讲"大人宜改体",就是您应该改体了,要把书体创新,所以王羲之后来有新体。王羲之不光是字写得好,而且正好处于隶书书体走向行楷的过渡阶段,在这个转折点上他有所成就,所以能在书法史上影响到后世许多代的书法家。其他书法家不在这个关键时候,你写得好,也不会有那么大的影响。蔡邕是汉代书法家,他写的隶书就没有影响到楷书、行书。

**鲍** 王羲之有隶书作品吗?

**华** 记载上面有"善草隶",但是这个"隶"指的是正楷。这个"隶"字不能刻舟求剑地根据字面去推论,"隶"不是指隶书、汉隶。当时就是把新出的书体叫作"隶",等于老的书体里分化出来的一种新的体,就像仆从、仆人一样的,所以称为"隶"。篆书出来的新体就叫隶书,在秦代就叫"秦隶",到汉代就变"汉隶"。魏晋南北朝以后,到唐代,被称为隶书的,其实就是真书、正书。"真书"名称是从"章程书"来的,唐兰认为,"章程"两个字,念得快就反切成"真"字,后来又称为"正书"。"楷书"的"楷"本来是"楷模"的意思,它不是一个书体的名字,"可以为楷"就是可以为初学的人临摹作范本。当时的"楷书"和我们现在的正楷概念不一样。王羲之的"善草隶"的"隶"其实是正书,就是楷书。这个词一直弄不清,到宋代就弄不清楚了。一想到隶书就汉隶,但是汉代人的隶书的概念是另外的,后来被叫作"八分书"。我们的词汇有时代性,比如欣赏古代的书法,它有专用词,"劲媚""雄逸"都是形容王羲之的书法,都是唐代以前的修辞和观念。"朴茂""厚重"这些词以前没有的,到了清代,碑学出来以后,就出现了这些新的审美标准。还有"古拙",魏晋时代,称为"古拙"就是丑,写得不好的意思,许谧"正书古拙,故不写经"。我们对语言的理解要看时代、语境。

**鲍** 那篇《谈墓志》您前前后后写了一年。

**华** 写了一年。我写文章写得慢,受顾炎武的影响,他写《日知录》,要很长时间才能写一篇,不是说每天能写一篇。《谈墓志》论证的比较少,概述的比较多,但是我

---

③华人德. 论六朝写经体兼及"兰亭论辨" // 华人德,白谦慎. 兰亭论集[C]. 苏州:苏州大学出版社,2000.

把它归纳了，分了类，说明是什么原因才形成的。因为要谈得全面，涉及的资料很多，所以写的时间较长。

写好以后投到《书法杂志》，一万多字的文章还配有图版，他们不要，太长了。后来白谦慎说，你拿到香港去。那时候上海书画出版社有个黄简移居香港，在香港编《书谱》杂志。给了他以后，他说这种题材以前没人写过，我要做一个专题，你单独一篇文章作为一个专题单薄了点。问我能不能再去找两篇文章，配一下。后来我就去北大找了孙兰风，写了一篇关于墓志的短文，还有一个张海玉，后来就在《书谱》上向发表出来。那时候拿到大概150块港币的稿费。

**鲍** 当时为了《谈墓志》里的一张典型示意图，您特意跑到南京博物院，那个事情的经过是怎样的？

**华** 当时黄简说，你要画一个示意图，什么叫墓志，什么叫志盖，什么叫斜杀，你要给人家一个形象的说明。后来我就跑到南京博物院，照《毕沅墓志》专门画了一张草图，回来再慢慢地描。尺寸也没办法量，因为它放在玻璃橱里面。当时在江南很难看到墓志实物，要跑到西安或者其他地方才有。

黄简也提出来，墓志放在墓的什么地方？我就去翻考古的资料，后来翻到一本书，里面有隋朝的一个墓志平放在墓室中的照片。我宿舍的一个朋友说："老华，你还要那么规矩，你缺什么，来，我帮你弄。"他拿个刀片一下子就划下来了。他说你把这个剪剪整齐给他寄去就行了。所以那张墓志的图，是他给我弄下来的。

**鲍** 您是准备对着描下来？

**华** 没有，我是准备去找人翻拍一个，但那时照相什么的不太方便，不像现在。

**鲍** 我读《谈墓志》的时候，发现里面有好多材料，包括各朝代的墓志，典章制度，风俗习惯。这些材料您当时是怎样收集的？

**华** 一个是看考古报告，还有就是看北大的一些拓片。那时候考古杂志也不多，就《考古》和《文物》两种，"文化大革命"期间也照出，没有断过。王谢的墓志是在《兰亭论辨》那本书里看到的。

关于《兰亭论辨》，我再说一说。后来把高二适捧得不得了，其实高二适根本不在郭沫若眼皮底下，郭沫若有意地把高二适的原文抄出来，其实那篇文章文句都没写通。高二适古文功底还可以，那篇文章要用白话文写，白话文他写不好，半文半白，还有语法错误，郭沫若也是丢丢他丑。郭沫若也去找救兵，叫徐森玉、启功帮他助威，这些人也拼命想办法。"文革"以后，这些人都不认账了，说这都是应酬。

其实这些人也没有太大的学术良心,你可以沉默不响。当时有想法的人也很多,包括沈尹默都有看法,但是不能讲这个话,讲了后怕要挨整。其实,拿字体去比来推翻王羲之的《兰亭序》也很软,没有说服力。后来我编《兰亭论集》的时候,把当时香港、台湾的一些学者的文章选进去了,比如徐复观,黄君实。黄君实那时候才三十多岁,现在是老先生了,我也见过他。他们的文章都是实事求是地讲,但是没有谈到东晋的墓志和写经体,他们谈论王羲之写没写《兰亭序》这篇文章,书体当时怎么样,是从书法到书法来谈,没有从战乱、习俗、宗教、制度等大文化角度来讲。

**鲍** 您现在比较注重游历,我读您的论著时候发现,墓志、碑碣、摩崖、写经、买地券等,您都很关注。除了看金石拓片,从杂志、书上了解外,您是怎样实地考察的?

**华** 我其实走了很多的地方,山东有大的刻石,比如碑碣、摩崖的地方我都去过。那时候大概是1993、1994年,山东有人来找我写字,是吴振立介绍的。吴振立是南京的一位书法家,也是我们"沧浪书社"的社员。山东有人请他出去写字,写一副对联300块钱,他说要找个伙伴一起去,就想到我,于明泉就是那时候在山东认识的。去了以后,每到一个地方,我都要问这个地方有哪些碑刻、名胜,我要去看。我来的目的不完全是写字,不完全是挣一点钱。但是每次出去,个把星期三五万块钱是能挣的,那时候我正好要买房子、家具。

**鲍** 那时候,华老师的生活慢慢好起来了吧?

**华** 那时候生活好起来了。有一次,一个台湾人买我的字,一万多块钱。他是做装修设计的,到我家来,他说:"我去十全街卖字画古董的店里走了一圈,一幅东西都没看中。后来看见你的字,挂在苏州大学开的一个店里,我就侧面打听,打听到你。"我就拿一些作品给他看,他说都要。我说你要去干什么?他说我给人家装修,有些是笔大生意,装修好了,我要给东家送一些礼品,你的字最适合作礼品。他就买了去。那时候大概是1986、1987年,他给我1500块美金,合到一万多一点人民币,那时候美元还没有涨价,以后就涨了。一万块钱,当时我可以买一套家具了。

**鲍** 那很早了。

**华** 最早还不是这桩事情,最早的是我图书馆里的一位老先生夏淡人,他是古籍版本专家,常熟人。有次他给我讲:"华老师,我们街道的双塔幼儿园,要请你题个招牌。"我很高兴。他说你要多少钱?我说不要钱,幼儿园题还要钱?我写了你拿去给他们。那时候凤凰街还没拆了改造,就在现在明楼的那个地方,那时候有块木头的匾"双塔幼儿园",是我题的第一块匾。

# 于细节处发问

**鲍** 您好像没有一篇文章专论刻工与书法的关系,但您在论著中又经常提到这一点。

**华** 刻工会影响书法,尤其是山崖上的摩崖刻石,都是花岗岩,字都很大,是拿凿子凿的,所以笔画都是圆的。古人将一些摩崖书法说成有篆书笔意,其实是凿刻的效果。好多魏碑都是刀刻的,我有一本《龙门一百品》拓本,收的都是北朝时期刻的造像记小品,龙门一带的山体是石灰岩,适宜用刀刻,这些造像小品刻得都很粗率,棱角凛厉,笔画都没有毛笔的味道了。

古阳洞里的《郑长猷造像记》是一个很典型的作品①,它刻得比较草率,有漏刻的字,也有字笔画漏刻的,这在二十品中是较突出的一品。这是什么原因呢?前人都没分析出来。我看过日本人伊藤伸绘制的一张龙门古阳洞造像记配置图。我曾先后到古阳洞三次,都因洞口封着而未能进去。这张图标出郑长猷造像在石窟顶部。顶上的字都要仰身写、刻,操作很困难,有好多字都走形了。康有为不是从这个角度,他看到拓本就凭想象,认为它沉着劲重,为方笔之极轨。沙孟海则特别指出《郑长猷造像记》写刻都不好,认为北魏、北齐造像中有一部分乱写乱凿,甚至不写而凿,字迹拙劣。宫大中先生也推测《郑长猷造像记》和《侯太妃造像记》《慈香碑》很可能是未经书丹,由刻工直接执刀向石刊刻的。但是我把这两个说法都推翻了。原因一个是仰身操作,还有一个是书丹了以后,一些字被工匠擦掉或擦模糊了,那些地方就漏字或笔画漏刻了。所以《郑长猷造像记》开头一个"前"字

---

①华人德.分析《郑长猷造像记》的刊刻以及北魏龙门造像记的先书后刻问题[J].中国书法,2002年(8).

1996年5月，华人德于陕西省周至县祖庵访元代碑刻。

刻了一半，第二三两个字是"南阳"漏刻了。第二行的首字"郑"和第三行的首字"躯"也漏刻了。工匠要能"不书而刻"的先决条件是必须识字。"百工"自从周秦两汉以来，一直是一个有特殊身份的社会群体，他们掌握特定的技艺，世传其业，地位低下，不得改行，不得进入仕途。到北魏，对"百工"的管制更为严厉。百工技巧和奴仆的子弟只能继承父兄的行当，不能读书，违纪者，教师和主人不是处死就是灭门。所以工匠不可能去读书识字，也不可能"不书而刻"。像《郑长猷造像记》书刻拙劣，漏字漏刻，因为在石窟顶部，功德主与和尚也不会去检验，刻了以后，少了就少了。功德主与和尚的心态是什么呢？他们都只在乎捐的钱多还是少，至于题记书法的好坏并不关心。就像功德簿上写的字，写好写丑无所谓，多捐就好。

龙门造像记还有一个特点，开头刻得好，后来越刻越差，也就是北魏孝文帝太和十八年（494）迁都洛阳后的十多年里，刻得很讲究，以后就越刻越草率。这和一般的艺术规律是相反的，艺术规律总是早期的比较粗糙古朴，以后会越来越精致。而造像记却越刻越草率，为什么？因为设计营造石窟的时候，出钱比较多的都是王公、大臣、贵戚、高级僧侣和宗教团体，所以这些造像记书刻都很认真，这样也可以吸引信众们来捐钱。等石窟造好后，当然还会不断有人捐钱，和尚于是会找一些佛龛周围的空隙和边缘地方，刻上捐钱者的姓名以及发愿文，所占面积都很小，且不规则，书刻都十分草率，漏字漏刻很多，完全是一副应付的心态。所以这些造像记小品的年代都偏晚。我想这些解释是言之成理的。

**鲍** 因为这是符合生活规律的。

**华** 所以最早的"龙门二十品"里面，很多都是刻成碑的形式，在石龛的边上，有些在佛像的边上，专门刻一块碑的形式，这是比较严肃的，而且是打好书写的格子的。书丹后刻起来很方便，每个字的横画可以一次刻完，然后再刻竖画，如果是不书而刻得话，就要按照笔画笔顺来，这样反而慢。比如"馮"字右边的"馬"，两个横画刻好了，中间一竖没有刻，缺了一笔，这可能就是先刻横画，都刻好了，竖画忘记了。刻工不识字，所以一定要照着笔画刻，如果有不小心擦掉的笔画，他不认识字，也不问书写的人，就漏刻了，到最后没有检核，一千多年就一直留下来了。

古代工匠是父兄的技术、技艺传给他，但是他不能学文化，学文化以后，他就可以去参加考试，就不做这个手艺了，可以改走仕途了。北魏时候法律非常严格，奴仆、工匠不能识字，谁教他识字，教师要杀头，主人一家要门诛。这些工匠是很宝贵的，如果俘虏，抓住一批人后，有手艺的会把他专门放在一边，这种人不会去做重的苦力活，而是专门做他的手艺活。太武帝灭掉北凉以后，把武威一带的工匠、僧侣，有十万人，都迁到平城去了，这是有记载的，去了以后帮他建佛寺什么的。汉代也是这样子，汉代的刑徒，犯了罪的，就去做苦役。刑徒的身份有分类，有手艺的叫"五任"，"五任"就是这些做木工、泥瓦工等手艺的人，他们不做太苦的活。没有手艺的有"完城旦"，就是去筑城墙，还有"鬼薪"，去烧饭，做伙夫。

**鲍** 他们分得很清楚！

**华** 汉代的铜器上都有某某人书，某某人检核，多少重量，多少容量。为什么铜器的表面要刻写这些？一是保证质量，因为大量的铜器是皇宫或贵族家用的。还有一个是怕盗铜，铜比较贵，铜屑磨下来以后可以私自去铸钱。汉武帝以前，私人都是可以铸钱的，但后来私自铸钱是犯罪的。汉文帝时有个邓通，相面的人说他会饿死，汉文帝很宠幸邓通，就赐了铜山给他，可以自己铸钱，说："能富通者在我，何说贫？"汉文帝时候铸的钱无内外边廓，奸民往往磨取铜屑用来铸钱，而磨过的钱不易觉察，仍在流通。但到了汉武帝时候，五铢钱有特殊的形制，一个孔是方的，四周还有边，没法磨铜屑，磨掉了边廓就不能用了。

**鲍** 您刚刚分析的造像记，还有您其他文章里谈论的墓志、砖文瓦当，当时是看拓

北大读书期间,华人德出入图书馆,阅读了大量的金石拓片。

本,还是去实地看?

**华** 主要是拓本,造像记的拓本也容易找,都是乾隆以后的。我当时去过几次古阳洞,但是进不去,它外面有栏杆。古阳洞是全国重点文物保护单位,游客不能进洞观看,所以每次去我都没有进去。我看到日本人绘的一张古阳洞图,它是用数字标了以后,在旁边注明,比如"郑长猷造像"在什么位置,"始平公造像"在什么位置。我一看,"郑长猷造像"和"马振拜造像""侯太妃造像"都是在洞顶上面,最高的地方。"龙门二十品"中的十九品都在古阳洞,这三品的字写得特别拙劣,说明和位置有关系。

**鲍** 我还在您的另外一些文章中看到,比如《〈淳化阁帖〉②祖本为刻于枣木版辨》,

---

②《淳化阁帖》:宋淳化三年(992),太宗赵炅令出内府所藏历代墨迹,命翰林侍书王著编次刊刻,名《淳化阁帖》。是中国最早的一部汇集各家书法墨迹的法帖。所谓法帖,就是将古代著名书法家的墨迹描摹后,刻在石板或木板上,再拓印装订成帖。《淳化阁帖》共10卷,收录了中国先秦至隋唐一千多年的书法墨迹,包括帝王、臣子和著名书法家等103人的420篇作品,被后世誉为中国法帖之冠和"丛帖始祖"。

您非常注重生活经验和艺术经验,然后从此出发对所论问题进行阐述、证明。您是怎样形成这种研究方法的?

**华** 有好多呢。其实只要动脑筋,或者根据常识来判定,人家往往不注意的时候,你注意了,就发现问题了。我最近准备写一篇文章,很长,关于汉画像"孔子见老子",其实可以推测很多很多问题,比如上面的鸟代表什么?都没有人解释。但是我现在比较慎重,我要把拓片收集起来,现在留下来的"孔子见老子"汉画像有几十幅,并且解释和我现在的解释完全不一样,我要考证、对比、分析。我这次去美国波特兰,波特兰的一个博物馆里有一个局部刻有"孔子见老子"的画像石,很大很完整。馆长就问我们:"里面有孔子和老子的像,你们能不能看出哪一位是孔子,哪一位是老子?"我就在一个角落里,找到说这位就是孔子。她说:"啊,你怎么会知道那么快!"我就说,拿拐杖的是老子,孔子手里是提了两只鸟,旁边还有个小孩。然后我就讲"孔子见老子"的故事,她就在那边听。

**鲍** 这是对生活细节的关注和思考,也是您作研究的时候,注重的"知其然,知其所以然"。

**华** 古人不大谈所以然,他有些也知道,但是不会写一篇学术论文证明,他只会把结果写出来。有时候古人也很有眼光,比如《淳化阁帖》上面有横裂纹,有好多古人就专门提出,说上面有横裂纹,说明祖本是木刻本,不是石刻本。但他们没有分析。

那个上海博物馆高价买进的几册《淳化阁帖》是美国一个文物商人安思远收藏的,他曾经拿到北京来展出,《淳化阁帖》本来在展出后要留下来。他说我送给你们,还给你们中国。但是他又说,我是一个商人,我不能无代价地送给你们,你们能不能弄几串朝珠,作为回报给我?你们一个月之内给我个回应。其实故宫博物院里面朝珠多得不得了。这个事情给启功讲了以后,启功说故宫里面朝珠成千上万,皇帝皇后嫔妃宫女都有,而且一人有好几串,在不同的场合戴不同的朝珠,去里面挑几串,也不要很珍贵的,但是也不能是太差的,太差我们没面子。就打了一个简单的报告。后来过了一个月,上面没有任何回复。安思远就说我还是带回去吧,就放在香港,你们真的想起来要我这个东西,拿起来也方便一点。后来也一直没有回应,没人敢作这个主,肯担当责任。

《淳化阁帖》一共有十册,安思远其实只有四册,大概就是王羲之两册,王献之一册。还有一册是历代帝王君臣的,那一册是原拓,王羲之两册中只有一册里有些是初拓,还有一些是其他本子移过来的。四册东西,其实只有一册半是祖本原拓。

后来上海博物馆提出要买这个《淳化阁帖》，就派汪庆正，也是我们苏州人，上海博物馆的副馆长，还有我们国家文物局的一个处长王立梅到美国去。安思远住在大都会博物馆对面，到他家以后，安思远把《淳化阁帖》捧出来，他们也如临至尊，戴了手套翻看。然后就谈交易，安思远很精明，觉得你们一本正经地来买，我也不会贱卖。他当时是30万美金买的。他说："日本人来买，他们肯出1000万美金，我不卖给他们，我要给中国。"这话是真是假也不知道。他说："你们真的要买，我来去花的费用，交的税要很多，我开价450万美金。"就讲定了450万美金。当时安思远也表态说："这个450万，我去掉税、车旅费，多下来的钱，全部捐给你们去修复皖南的古建筑，我一个钱都不要。"成交以后，给了大概200多万美金修复皖南的徽派建筑。但是450万美金就花出去了，本来只说要几串朝珠，这个值多少钱？但那时候没有人敢担当责任。

买回来以后开了一个会议③。上午开会的时候，王立梅就给我们讲了这个购买过程。讲了这段故事后，大家就一本正经地问《淳化阁帖》是木刻的还是石刻的。开头我听了以后，觉得怎么会提这个问题呢？《淳化阁帖》一直说是枣木版的。但是后来发现，有些著作确实在讨论这个问题，最后变成大问题了。会议中间的时候，有人问汪庆正究竟是木刻本还是石刻本，他当时讲："你说是木刻本就是木刻本，你说是石刻本就是石刻本，可以在喝咖啡时各说各的，可能以后永远都弄不清，照我看，应该是石刻本。"我当时已经在脑里想，你可能讲错了。后来水赉佑先生做演讲，水赉佑专门做宋代人的资料研究。他演讲后，有人就提问："水先生，根据你的材料，《淳化阁帖》是石刻本还是木刻本？"他说："早的记载都说是木刻本，后来有人说是石刻本了。我倾向于木刻本，因为早的比较接近于现实，有些人可能看过祖本。"

后来我想不能这样弄不清。因为木刻本的版是先把一段木头锯下来，裁成板，刻帖的木板都是横向长，竖向短，如果产生裂纹的话，只会横裂，不会竖裂，我们平时看木板都是这样的。真的拿石头刻，如果裂开，它不会朝一个方向裂，会朝四处裂，而且断裂了以后要修好的话，要么拿铁箍箍，要么拿铁搭子，搭得很多，就像江

---

③ 2003年9月23日至10月31日举办"北宋祖刻《淳化阁帖》最善本特展"，并在正式展出前两天举行了"《淳化阁帖》与'二王'书法艺术学术鉴赏会"。详见华人德.《淳化阁帖》祖本为刻于枣木版辨[J].中国书法,2003(11).

西人钉碗，上面蚂蟥襻会很多很多，不可能用一个银锭纹就把它拴住。银锭纹其实是一个栓，两头大，中间细，像个银锭的形状，所以称它是银锭纹。它和刻帖的板一样，也是枣木的，因为要考虑到受潮或干燥以后的伸缩，不让它再裂开。横裂纹往往都不会裂到底，都是裂了一半或者多一点少一点。大的裂纹有两个银锭纹，小的裂纹一个银锭纹就扣住。我想到这些以后，就在下午专门去看了拓本，确实有好几条裂纹是一个银锭纹，或者两个银锭纹，后来我确证祖本是木刻本，不是石刻本。

下午参观的时候，我和台北"故宫博物院"的何传馨先生谈了一下。我说："何先生，我马上要发言，我确定是木刻。"

下午会议的提问环节，我就举手。当时故宫博物院的副馆长杨新在主持。我说："我想发个言，我不是提问，我借上午汪馆长讲的那个事情，我认为是木刻本。"我说我有几个理由。第一个理由，《淳化阁帖》刻得比较粗，它上面的枯笔都是锯齿形的，因为木头有纹理，不会刻得像石头这样细。石头一般是拿石灰岩，也就是青石刻的，笔法很细，刻的方法和木刻也不一样。第二个，南宋国子监本《阁帖》复制的是先朝文物。刚才有人发言说是木刻的，因为版心里面有刻宋版书的几个刻工的名字。我同事瞿冠群[④]先生出过一本《中国古籍版刻辞典》，记录了很多宋代刻工的名字。这几个刻工在他的辞典里面，可以找到三个是刻宋版书的，还有一个找不到。国子监本为什么不刻石刻的，要刻木刻的？宋高宗是非常懂书法的一个皇帝，他每天都写字，写五经，写了以后就拿到国子监去刻成石经，所以宋高宗时候刻的石经就叫"高宗御书石经"。国子监有的是石头，为什么要拿木头刻？因为宋高宗要在国子监给读书人做一个复制品，证明先朝刻《淳化阁帖》也是一种文治，因为宋代值得称道的强盛时期就是宋太祖、宋太宗两朝。这是旁证。

我说，前面两个理由都没有太大的说服力，因为刻得粗，刻得细，可能是刻的风格不同或技艺的高低。底下有铁证，有横裂纹。北宋时候，就有人在题跋上说有横裂纹多少条，去查今天展出的拓本，上面也有。木头把它锯成段后，裁成木板，刻帖都是横的，横的那面长，竖的那面短，裂开来只会顺着它的纹理裂，所以都是横裂纹。如果是石头的，会朝各个方向裂，而且一裂就要断掉。因为不断拓的话，

---

[④] 瞿冠群（1924—2012），江苏常熟人，版本目录学家，曾为苏州大学图书馆古籍特藏部研究馆员。

震动后会断掉。但是木头只会裂开来,口子慢慢大起来,不是受了大的力气不会断掉。还有一个,这上面的银锭纹,就是一个栓,把它拴住以后让它不再裂开。汪馆长是做瓷器研究的,你知道一个碗破掉,要十几个蚂蟥襻才能把它弄好,碑石断掉,要么拿铁箍箍住,要么用许多个铁搭襻住,一个栓子不可能把石头箍住。

当时杨新在台上,一面听我讲,一面笑,因为上海博物馆和故宫博物院有矛盾。故宫博物院买了索靖的《出师颂》,上海博物馆说你买了假的,这是隋朝人写的,不是索靖写的。他们也没适当的理由反驳,只能给上海博物馆骂。后来故宫博物院就反过来回敬上海博物馆,说你们花了450万美金买了个复制品,这个复制品当然是指它的拓本,不是真的原物了。其实这也是强词夺理的话,上海博物馆买的本来就是帖而不是木版。

我提出《淳化阁帖》祖本为枣木版后,汪庆正那时候很尴尬,说我再去做做实验吧。后来记者也来问我。我说汪馆长讲是石刻的,如果刻薄一点的话,就要责

2005年,华人德(右)于美国佛利尔美术馆库房观看南宋国子监本《淳化阁帖》,左为该馆东方部主任张子宁先生。

问你了,你说真的是石刻的,但是买回来的是木刻的,怎么交代?花了450万美金啊。还有一个就是你眼光不行。所以正过来讲,反过来讲他都受不了。你搞了几十年文物,石头的和木头的都分不清,你怎么下手去买的?宋高宗他知道,石刻本比木刻本要好,因为他父亲宋徽宗手里刻的《大观帖》,就是石头的,而且《大观帖》里面很多帖是翻刻《淳化阁帖》的。国子监有的是石料,他拿石头刻更逼真。但他为了弘扬先朝的文物,就特意做了个复制品。

## 质疑传说

**鲍** 读那篇文章,感觉华老师您从艺术经验和生活经验出发,解决了书法史上一个有争议的问题。您研究墓志、魏碑、造像记,还有《淳化阁帖》,经常提到拓本,这个拓本是怎样拓的?还有您会去拓碑吗?

**华** 其实我只研究碑,帖我不研究的。这也是我突然发现的一个问题,《淳化阁帖》我一直没有兴趣研究,包括这个帖的体系,因为我书法创作走的是碑学的路子,我一直研究的是碑。

碑比较大,有些拓起来比较粗,它有擦拓,还有扑拓。擦拓比较快,一般大的碑刻就是那样拓的。帖拓起来就要很细致,因为帖本身就很小,字也很小。它有蝉翼拓,有乌金拓,淡淡的是蝉翼拓,黑的颜色发亮的叫乌金拓。我只拓过印章的边款,是拿小拓包拓的,大的我没有实验过,我只看过人家拓,拓起来很快。

有的时候,尤其碑在荒山野岭,拓之前要把碑洗干净,把青苔、泥土、灰尘擦一遍再拓,有时来不及干,拓起来就有水的痕迹,比较湿,湿的效果就不大好。还有蒙在碑刻上的纸干后风会吹掉,因为有些摩崖石刻在海边,比如连云港东西连岛的界域刻石,就在海边,又是湿又是风大。有时候纸刷在上面,一阵风来就鼓走了,又不能在里面镶胶水样的东西。就是把它潮的蒙在上面,然后拿木头锤子垫了毡在上面敲打,打了以后纸吃到字口里,一面这样打,一面让它干,吃到里面以后,一般不是大风也吹不了。但是那个纸很厚,厚就不容易吃进去,容易鼓掉,因为摩崖之类的石头比较粗糙,薄的宣纸没办法贴上去,一弄就破掉,不是在家里,所以去拓的时候,一般效果不会像小的东西这样精。如果碰到青铜器,拓起来就更要注意了,用力拓会裂开来,或者上面的铜锈之类的东西掉下来,会对文物有所损坏。古人也有拓了拓片拿出来卖钱的。

**鲍** 您也在文章里提到,有些人担心古物损坏,或不愿示人而不让别人拓。

**华** 有的,比如说清代金石家武亿弄到一块刘韬墓志,他自己偷偷地拓了以后,就把原石包好放到橱里面,去翻刻一块石头应付别人拓。还有一些做碑帖生意的,买到一块墓志或者其他碑刻,先拓头二十张,拓得很精。往往开头几张拿朱砂拓,朱砂里调蛋清,调好以后拓在上面,也是讨个吉利。拓了头二十张以后,他会有意地敲坏一两个字。这样头二十张就是初拓本,以后再去拓就没他那些值钱。

**鲍** 这是一种商业头脑,但也损坏了一些古物。您现在收藏的拓片,是收购回来的,还是别人送的?

**华** 有少数是我买的,大部分是他们上门来送给我的,比如送两三张给我,让我给他题一张。还有些是给他们写两张字换来的。大部分是朋友拿来的,都是熟人,不熟悉的人我也不接受,现在拓片做假也多得很。

**鲍** 假的拓片怎么做?

**华** 就是先弄石膏翻,翻了以后再拿硅胶做。现在卖出来的一些汉画像拓片,大部分来自一些汉画像博物馆,一些人去复制,复制以后,大量拿出来卖,这种情况各个博物馆都有。原始的汉画像在馆里面一般是不准拓的,真本不断地拓,拓多了会损坏。尤其有些人,不管什么季节,就是来问你要。"北大书法研究社"成立了以后,蔡元培校长写信给陕西教育厅长,要拓一套西安碑林拓片,送到北大,给"书法社"作为资料。但东西太多,人手不够,花的代价太大,还有是冬天,不适于拓,因为冬天石头受了冻以后是脆的,容易损坏。但后来他们还是送了几十种拓片给北大。

**鲍** 您写"北大书法研究社"的那篇文章[①],实际上是写蔡元培先生在北大时候的书法社的一段历史?

**华** 是的。那篇是我在上海纪念沈尹默先生的一个研讨会上面,有个发言。因为我看所有纪念沈尹默的材料和文章,包括沈尹默自己写的回忆录,都没有谈到"北京大学书法研究社"。现在要把它当作一桩大事来叙述,但是沈尹默自己都回忆不出来,也没有提到,这事情变成一个怪事情了。所以我就专门写了这样一篇文章。我把那段时间的《北京大学日志》,从头翻到尾,发现"五四"运动以后,书法

---

[①] 华人德. 北京大学书法研究社[J]. 书法研究, 2001(4).

社就停止活动,自动取消了。蔡元培也辞职不在学校,学生也要毕业的。北大一直这样传说,沈尹默是"北大书法研究社"的社长,后来以讹传讹,写了很多文章。其实他是三位导师之一,马衡排第一,然后是沈尹默、刘三。刘三就是刘季平,邹容的遗骨就是他埋葬的,他写《曹全碑》,字也写得好,行书尤其好,我看过他的信札。三位是导师,其他只有执事,没有社长,是学生社团。我想沈尹默当时作为一个教授,学生有个课外社团,也就是去指点指点,时间也不长。他也觉得这是老师的本分,就没有提到。

**鲍** 这正是一个老师的高风亮节,他觉得做这样的事情是应当的,现在想起来着实令人敬佩。

**华** 我还专门去看了"北大书法研究社"所在的地方,他们当时问图书馆主任李大钊要了一个房间,在沙滩红楼,图书馆东南角,现在开放的。图书馆也非常小,一个阅览室就是我这样的房间两个那么大。在纪念沈尹默先生的会议上,我当时只有五分钟讲,限制五分钟。后来上海书画出版社的老朋友沈培方[②]给我讲,就你的讲话精彩,其他人都是泛泛而谈,应该要让你讲完,因为这是个大事情,这是民国时期最早的大学生的书法社团。

后来有些做书法史研究的,像姜澄清[③]老先生,听了北大的一位老师讲了以后,就写文章说梁启超到"北大书法研究社"来演讲,他将梁启超《饮冰室合集》里给清华职工讲书法的稿子,说是在北大演讲的稿子。我为了这个事情,把《梁任公年谱长编》从头翻到尾,发现梁启超自从做了清华的导师,就没来过北大。清华和北大,一个在城外,一个在城内,路也比较远,相差三四十里。他这种身份又不会随便跑,北大不请,他也不会随便来,这可想而知。后来我写了一篇文章[③],是对姜澄清先生关于"北大书法研究社"的一段事情的纠正,在《书法研究》上发表的,比《谈墓志》还要早,在南大写的。

**鲍** 姜澄清先生看到这篇文章了吗?

**华** 后来,姜澄清看到我还感谢我,说:"华老师,你纠正了我的一个说法,我也糊里糊涂,听了北大的老师这么讲,就随便写到文章里,想不到弄了个笑话。"

---

②沈培方,1949年生,上海人,书法家。现为上海书画出版社编审。
③姜澄清,1935年生,云南昭通人,当代书画艺术理论家。现任贵州省书协名誉主席。
④华人德.读《论书法艺术美感的起源与发展》[J].书法研究,1983(4).

# 注重原始资料

**鲍** 您在南大待了一年,除了上面提到的以外,还有哪些事情?

**华** 有一次,一个博士生来借书,叫阮荣春,他现在在华师大,任一个艺术研究所的所长。他来借书法方面的书,我说你研究书法啊?他说是啊,你也懂书法啊?后来我就和他谈了。谈了后他说你不得了,南大马上要成立"书画研究会"了,我来做介绍,你至少要当个理事。后来他一介绍,会长是侯镜昶①,也是无锡人,他们当然力量越强越好,马上叫我作理事,提供作品。成立会那天,字都挂起来,亚明来了,宋文治也来了,他们在我那张字前看的时间很长,我也没去问他们对我的字怎么评价。后来我拿白谦慎的字给宋文治看,说听听您的意见,这是我的一个朋友写的。他说了一个字,"藏",这个字很藏,含而不露。后来我和白谦慎通信的时候,就把这话告诉了他。

**鲍** 白老师听了也很开心?

**华** 是的。我在南京的时候就加入了江苏省书协,介绍人是侯镜昶先生。我到苏大以后,他也来了几趟,也把我请到南京,和他一起编一本书。当时有个学者吴调公,他在编一套资料性的《中国美学史资料类编》,侯镜昶主编其中的《书法美学卷》,主要是我在做,因为里面的作者小传,主要是我在写。找书法理论资料的时候,其他编写人员,有些就是拿孙过庭的《书谱》抄一点,还有刘熙载的《书概》里找一点,都是现成的书学论著,但是我是去笔记里找。

**鲍** 您当时是有意识地拾遗补缺。

---

① 侯镜昶(1934—1986),江苏无锡人。曾任南京大学副教授,后调任浙江大学教授,筹办文学院时去世。

**华** 全是现成的,大家都熟悉的资料里去找一些,没意思。后来再把它分类,我出的力也比较多,所以书出版的时候,编写人里面我也是排在最前面。后来,侯镜昶51岁的时候,为了评职称什么的和系里闹僵了,浙江大学引进他,他就到浙大去了。浙大去了以后,有一次他从杭州到苏州来找我,一个晚上没睡着,他觉得很累,其实那时候身体就不大好了。那时候已经深秋了,他盖了大衣就在我办公室的躺椅上睡了一觉。本来过了年以后,把家属都接到杭州,后来突然得到消息,他去世了。

我介绍了一个叫朱则杰的北大校友到浙大,他是苏大中文系钱仲联先生的一个博士生,那时候他要调到浙江,我就介绍给侯镜昶,侯先生当时在筹办中文系,就把他名字报上去了,后来他告诉我侯先生去世了。我说怎么会去世啊?一问是这样的,他一月三号要去北京开个会,但是会务人员去北京机场却没接到人,就打电话到浙江大学,说侯镜昶没到。浙大说他坐飞机已经走了,说会不会出事?后来就去他宿舍,宿舍只有一张床,门卫要开门进去,就找了他也在浙大工作的弟弟,一起打开窗户进去,发现侯先生僵硬地躺在水泥地上,死了已经两天了。他本来买好了机票,也和司机讲了,但是司机没接到他电话,所以也没来接他。他晚上大概是身体不好,爬起来要吐或者什么的,床上下来就跌在地上了。他一直高血压,他自己也不讲,所以编那本书的时候他也不参与什么事情,就是组织大家开个会,挂个主编的名,稿子也不看。家里也买了血压计,太太经常帮他量血压。

他去世以后不到一年,太太也去世了。他生了一个女儿一个儿子,儿子读书还不好,他想弄到溧水乡下去读书,因为在南京学校读书老是要留级。妻子也没什么文化,一直照应侯先生。他那时候在书坛上也蛮有名。他死了以后,那本书倒出版了,编写人员问我稿费怎么分,我说也不要分了,侯先生是主编,我说我来做个主,我也编得最多,里面的小传全是我写的,编排也是我做的,分也就一人分个两三百块钱,这个钱就给他儿子吧。当时还有人反对,说为什么要把我们的稿费这样处理,后来我说让他来找我,他要多少我给他。

**鲍** 确实令人唏嘘感慨。

**华** 在南大其他也没有什么,我一个月回家一次。

**鲍** 其实您人在南大,心在苏州?

**华** 其实也不是,那时候如果我在南大教书,也不一定会调过来。当时在南大住的还是三个人的宿舍,有一个人不大来住,我和同宿舍的小陈两个人蛮要好的,有时候还和北大一起分过去的人聚聚餐,我们还去看了郭罗基。郭罗基是邓小平指定要赶出北京城的,他写过一篇大文章《谁之罪》,就是写把张志新迫害致死是谁的罪,写了好几篇文章。他写文章非常厉害,原来是北大校长的秘书,和我们差不多时间来南京大学的。那时候我在南大也有点小名气,大家认为我字写得好。

**鲍** 您的名气从北大一直影响到南大,他们肯定知道您。

**华** 当时他们也没有用我,后来我下决心调到苏大来。我就去找馆长,我说我要回去,我女儿要上学了,我丈人家住在郊区,离要去读书的小学很远,要接送,还要分房子。他说你是真的要走还是假的要走?我说真的要走,不是我来和你们提条件,我真的要回去了,图书馆也干不出什么惊天动地的大事。

我在专业上没花多大的功夫,因为图书馆学系读下来以后,我觉得我们的图书馆太落后了,你再怎么钻研就这样子,要么你去研究古籍,所以我去整理古籍。你要弄现代的,人家走在我们前面几十年,只要去学他们的就行了。我们读书的时候就讲到俄罗斯的光碟,只要一张光盘,就可以把列宁格勒图书馆的全部资料都输进去,那才80年代初,我们都觉得是天方夜谭。那时候一台计算机要占一整间房,就在李大钊铜像前面的两个阁,司徒雷登的两个女儿,一人住一个阁,南阁、北阁,都放着一台计算机,我们都要脱了鞋子进去参观。我觉得我的专业没什么钻研的,就没花什么心思。我一直在古籍部整理整理书之类的,后来编了一部图像的书。

**鲍** 您有好几篇论文是写图像的。

**华** 有好多我是应付写的,在《中国图书馆学报》上发的一篇论文《中国石刻文献的种类及其演变》,是为了评图书馆职称,因为全拿书法方面的东西去评,人家也不买账。

**鲍** 那篇文章是2004年发表的,您在2002年已经是博导了,已经不需要评了。

**华** 不是2004年的时候,是1990年代末,我正好在评正高,研究馆员。2004年在《大学图书馆学报》上发表的是《中国历代人物图像概述》,是一篇分两期发的。

**鲍** 您还在《江苏图书馆学报》上发表了一篇《苏州古版画概述》。

**华** 本来是做一本书的,王稼句当古吴轩出版社总编的时候,他来约稿,然后我们就在做。做的时候我也没信心,因为图版弄的都是复印件,没有古版画的真正图稿,我主编的那三本图像集中原始图像也很少。1999年我去美国普林斯顿大学,有个瑞典学者艾思仁,他在做我们中国善本古籍的总目录,做得很详细,他的著录方法就是我们图书馆著录善本书的方法。譬如有哪个藏书章,有哪个批语也要写

华人德的大部分书学代表论文收录于《华人德书学文集》,该书由荣宝斋出版社 2008 年出版,为"当代书法理论文集系列"之一。

在上面,不是很简单地只著录一个版本。后来我和他谈到我们在做古版画,他说你们怎么弄?我说我们只能做复印件。他说这种书应该销毁,不能做,太差了,你要高清晰的,要拿原版去拍照。我当时听了就不想做了。他对我们的东西非常熟悉,他说你们苏州最早的一幅古版画是什么?我说是《碛砂藏》的扉画,在陈湖刻的。他说这个还不是你们苏州的,《碛砂藏》扉页的这些画都是在嘉兴刻的,《碛砂藏》前期是在陈湖,后期搬到嘉兴去刻了。我听了以后更不想做了。后来古吴轩出版社总编换了,把很多项目、约稿砍掉,我们这本书他们也不准备出了,就赔了三分之一的稿费。我就写了一篇文章《苏州古版画概述》,发表在《江苏图书馆学报》。

**鲍** 您发在香港《书谱》杂志的文章,除了《谈墓志》外,还有两篇。

**华** 还有《清代的碑学》与《现存〈唐贞义女碑〉为明代翻刻》[2],后一篇是与我前任的书协主席李大鹏商榷的。他在《书谱》上发了一篇文章,说溧阳的一块碑《唐

---

[2] 华人德.现存《唐贞义女碑》为明代翻刻 // 华人德.华人德书学文集[C].北京:荣宝斋出版社,2008.

贞义女碑》是李阳冰用楷书写的真迹,原刻在天宝年间,重刻在宋朝。我说这是明代人翻刻的,不是李阳冰写的。他说李阳冰擅长篆书,但是从来不用篆书写碑。我说这说法不对,李阳冰留下来的一些碑全是篆书的。还有,碑上只写"李阳冰书"四个字,这和唐代立碑的体例完全不一样,唐代哪个撰哪个书会详细写上职衔爵位的,比如颜真卿写的《李玄靖碑》的结衔,就是"金紫光禄大夫、行湖州刺史、上柱国、鲁郡开国公颜真卿书",都要有官衔和爵位刻在上面。而且这里面有避讳的问题,"镜"没避,"照"都避掉了,"镜"是宋代的讳,"照"是明代的讳。宋代的避讳非常严,如果是宋代重刻的,这个碑不可能不避"镜"字。

**鲍** 您以后就没在《书谱》上面发文章了?

**华** 黄简,就是发我文章的那个人后来调走了,他和老板梁披云关系闹僵了,就被开走了。后来因为没有很好的编辑,杂志越做越差,就停刊了。过了几年,又复刊了。

# 书学研究（下）

- 我们年龄也不小了，都五十岁左右了，钻研各自的领域至少二十年，也成熟了，不一定要找个主编。
- 我觉得这些资料对于一个初学的人没多大用处，不像名家的书帖或是经典的东西，但是对一位从事创作好多年的书法家来讲，都是很宝贵的材料。
- 但是我一直觉得，在书法风格上要格调比较高，或者有一些修养、气质，这和个人的心情、心境有关系，平时要修炼这些。
- 还有《字学臆参》，照例我是不收的，但是现在能看到的都是《美术丛书》中的《字学臆参》，不是真正的姚孟起本人出版的，里面有很多被删节了。
- 我也不主张再出这些工具书，工具书是给初学的人用的，做得不准确，往往会误导一些人，适得其反。

**鲍** 您的《中国书法史·两汉卷》在一些艺术院校是必读书目,获得很多奖项,比如2002年的第一届"兰亭奖",2003年的"国家图书奖",这本书的创作缘由是什么?

**华** 《中国书法史》(七卷本)原来是江苏教育出版社定的题目,约我来主编。我当时讲,中国书法史要分很多阶段,我分分大概有七八个阶段。他们当时约我写,我说我写起来比较慢,你们图书出版是有限期的,几年中间就要完成,书法史的研究有各个阶段比我写得好的人,因为他们研究了很长时间,比我更合适。我就推荐丛文俊①、曹宝麟、朱关田②、刘恒③等,他们都是专门攻一个朝代。比如朱关田专门研究唐代,他当时读研究生的时候,沙孟海就给他讲,你研究唐代,叫陈振濂研究宋代,明代可能是邱振中,清代是王冬龄。曹宝麟一直研究米芾,米芾扩大起来就是北宋那些书家,他研究两宋最好。丛文俊是古文字专业的,他研究先秦。黄惇④研究赵孟頫和董其昌,他熟悉元明。刘恒是北大历史系毕业的,研究近代史,他就写清代。

---

①丛文俊,1949年生于吉林市,书法家、考古学家。现为吉林大学教授、博士生导师,吉林省书协副主席。
②朱关田,1944年生,浙江绍兴人,书法家、篆刻家。现为浙江省书协主席。
③刘恒,1959年生于北京,书法家。现为中国书法家协会研究部主任。
④黄惇,1947年生,江苏大仓人,书法家、篆刻家。现为南京艺术学院教授、博士生导师。

# 《中国书法史》

**鲍** 这部书没有主编?

**华** 最早朱关田也来组织过一次,和江苏教育出版社的选题不是一样的。那时沙孟海先生还在世,请沙孟海作主编,老先生只是把他的观念、大要讲了一下,后来沙先生去世了,这事情就停了。他组织的一批人,我也在里面,但组成人员和现在完全不一样。刘涛[5]研究二王,分派他写魏晋南北朝时期的书法史,他对北朝部分不熟悉,当时叫我写北朝的书法史,南朝和东晋的刘涛写。我写好《两汉卷》以后,觉得花费的时间太多了,如果集中精力写北朝,又要花费两三年的时间。我写一部书起码要三年。

编《中国书法史》的时候,我提出我的一些看法,我说不设主编,主编你请一个老先生,比如沙孟海先生,他也不会来参加编写,就是挂个名。他后来去世了也就算了。出版社也提出找谁谁来做主编,我给他们讲,他们的学术水平,不见得比我们这些专门研究一个时代的人深,我们年龄也不小了,都五十岁左右了,钻研各自的领域至少二十年,也成熟了,不一定要找个主编。他们也听取了我的建议,就不设主编。书编好后,请了沈鹏做顾问,顾问其实也就是挂个名。

最后交稿的是刘涛,因为北朝他花了好多年,他大概到2003年才交稿。我交得最早,1999年交的,这本书我写得比较薄。整个书的体例商讨后,不规定死,大家可以自己发挥。语言要简练,不能像论文那样谈得过细,或者作一些论证。即使要作论证,也只能是很简单的,因为写的是史。我们可以把一些人的结论,你认

[5]刘涛,1953年生,湖北武汉人。现为中央美术学院副教授。

《中国书法史·两汉卷》为《中国书法史》七卷本中的一本,是一些高校书法艺术专业的必读书。

为对的借过来,标明出处,尊重人家的成果。我在后面设列了一些表,包括文献、碑刻、简牍,这些放在正文里面概括不全,设列了表,读者可以查看、参考,也节省版面。

  写这本书的时候,我觉得书写工具要写,以前书写工具都是另外写书来叙述、研究的。以前的书法史写作就是谈书体的发展、书法家、一些书学著作,没有立体地写。我觉得书法史的发展和一些大的社会变革、经济发展、工具改良都有关系,不光是几个书法家的事情,要把一些现象写进去。有好多当时都是我的主意,包括教育,以前的书法史不写教育。

**鲍** 他们的著作中有没有写到教育?

**华** 教育是大家都写的。书法史不能只写书法的创作、书体的变化、书法上的造诣成就。其实教育对一个时代的书法发展作用很大,教育与仕途挂钩以后,那个时代书法会特别发达。汉代一些字写得好的,就可以做文吏,汉代一些大官,有些也是文吏出身,就是俗称"刀笔吏"。你字写得好,就可以改变你的身份,比如农家子弟,只要去读书,识得字多,字写得好,就有希望走上仕途。汉初的时候,丞相萧何制定汉律九章,其中有《尉律》就是针对以通文字、精书法来选拔各级文吏的。后来当然是靠通五经取仕,但书法一直很受重视。

**鲍** 虽然您说《中国书法史·两汉卷》很薄,但我阅读时发现内容非常丰富,您写到当时的教育、文字学、具体的书法类别、书法家、书法理论、书法用具,这么多的资料您是怎么收集的,又是如何组织的?

**华** 里面有些内容我已经写了论文,比较熟悉,比如汉碑。再如隶书的创作部分,我隶书写了很多年,所以对碑刻、隶书比较熟悉。关于汉代的制度,我也比较熟悉,不写这本书的时候,写论文,还有以前插队农村的时候,农闲时我就看《汉书》《三国志》,后来进了厂,我又通读了《史记》。

**鲍** 这和您谈及论文写作时类似,就是说您的论文、论著的资料都是您长期以来的学术积累。

**华** 积累是有的。但也新读了不少资料,比如简牍,一百多年来,它不断地在出土,和这有关的文物考古方面的期刊,我一般会从头至尾地翻一遍。还有书法教育,我要去读当时人的一些文章,包括碑刻的兴起,它和当时的风俗、经学有关,这些都需要重新阅读。

我的观点是写文学史、书法史要简练。当时出版社发给我们每人三木复旦大学编的《中国文学史》,让我们参考如何写作。它们只有三本,我们的书法史比这体量大一倍,我觉得我们写得比较长了。有些人写得比较厚,我也不好去干涉,也许,他写得厚自有他的理由。

**鲍** 您说的书法史的简练,是不是一是遣词用句的精炼,二是内容的简洁?

**华** 是的,内容的简洁就是把水分去掉。我的文风就是这样,当时出版社的编辑,和我很熟,他对我说,华老师,看到您的稿子,我们不用改,不用删。

**鲍** 您那本书,在叙述具体的书法时,除了铜器、印章等以外,还提到砖文、瓦当、买地券;叙述书法家时,您除了提及备受时人瞩目的士大夫书家、西州书家外,还提及古代不为人称赞的鸿都门学书家。您在写作时,对史料是如何选择的?

**华** 我觉得,两汉时有什么,不能漏掉,不像明清,明清的东西太多了,你很难每个人都照顾到。两汉时候能保存下来的,我们能发现的资料都是非常宝贵的。为什么像买地券、砖文瓦当都要写进去?金石学没放过这些东西,他们都研究了,我也研究一些金石学。我觉得这些资料对于一个初学的人没多大用处,不像名家的书帖或是经典的东西,但是对一位从事创作好多年的书法家来讲,都是很宝贵的材料,所以我觉得不能丢掉,都要写进去。

我在写砖文瓦当的时候,也讲到当时社会出现哪些事情,从而会出现这些文字的瓦当或者砖文,我都把它写出来。比如瓦当,以前的都是花纹、一些动物图案的瓦当。文字瓦当,我们现在能看到的一般都是汉武帝时候的,这是科学考古发掘时的发现,这些不是秦代的瓦当。古人认为秦代有文字瓦当,因为有很多瓦当文字是秦代宫殿的名字,"兰池宫当""橐泉宫当",这些都是秦始皇时候的一些行宫。后来我发现,汉武帝的时候,对七八十年以前的宫殿都加以修缮,作为离宫,修缮的时候把这些瓦当再补上去。

我充分利用考古的一些成果,我觉得现在一些考古研究所的专家说得很有道理。地层是堆积的,时代晚的地层在上面,早的在下面。一些秦代宫殿名称的瓦当都出现在西汉中期以后的地层上,所以确定不是秦代的东西。我觉得很有道理。

**鲍** 鸿都门学受时人贬抑,认为他们不学无术、阿谀奉承。您在书中列出时人对鸿都门学的批评,但还从另一方面肯定了这一派对文学、书法艺术的追求,您当时是怎样思考的?

**华** 其实鸿都门学那时是一个政治派别,他们一是与宦官结合在一起,与太学对垒。另一是与非旧贵族、非旧士大夫的新兴人士关系比较深。比如曹腾,他是曹操的祖先,是一个宦官。曹操当权时出现了"建安七子","建安七子"的文学成就非常高,在当时也是非常突出的。他们其实与鸿都门学有关联,就是作辞赋的那批人,还有书法家师宜官、梁鹄等。批评鸿都门学的都是些清流的人,譬如蔡邕、杨赐这些人,包括后来我还提到的黄道周,他们都对鸿都门学持批评观点。为什么对书法、文学都有所贡献的鸿都门学,文人一直瞧不起?这和他们根深蒂固的"重经轻艺"观念有关。

**鲍** 我看到您写的黄道周的例子,他一方面认为书法是小技,批评"重艺轻经";另一方面,在他快杀头时,他又用书法来表现自己内心的情感。

**华** 说明他内心非常喜欢书法。这类事情书法史、艺术史上都有不少,社会腐败了,它需要一些文化的东西。比如明末的时候也是这样的,万历以后,宦官专权,社会逐渐腐败,但那时候的文化非常灿烂。这次台湾"何创时基金会"在苏州办了一个展览,展出他们收藏的明代的一些艺术品,名字叫作"万历万象",就是去世或出生在万历年间的这些人的作品,各种类型的都有。万历皇帝几十年不坐朝,不管事情,但是行政各方面还在运转。那时候宦官慢慢掌权了。其实明代的宦官一直在干预朝政,握有很大的权力,到天启年间最严重,那时候他们和知识分子、清流,如东林党的斗争是非常激烈的,但那个时代的艺术很灿烂。康熙年间,汤斌在苏州做江苏巡抚,出了告示,妇女不准上庙烧香,和尚也不许勾引妇女,妇女如果硬要去寺里烧香,就要和尚把她背出来。还有淫词小说也反对,戏曲小说的插图都不准刻,你要刻这些东西,就罚刻《十三经》一部。苏州的文化在明末清初很发达,汤斌下了这些命令后,而且写奏章给康熙皇帝,康熙在全国推广他这一套,艺术一下子就沉寂下来。所以,从事文艺的和社会腐败有关系。但是,不能因为社会腐败而否认文艺的价值。

还有走向市民阶层。书画以前不是在市场流通的,明代市民阶层的地位慢慢提高,也有经济能力购买字画,收藏的人很多,模仿和造假也多,引起了书画家在作品上盖图章的现象,这就是一种防伪的手段。因为那时候,粉本上午刚打好,下午在山塘街、阊门就有名家的字画在店里出售。当然这是一种夸张的说法,说明模仿作假的人太多了。那时候吴门画派、吴门书派有那么大的阵容,和当时书画的销路有关。因为销路好,学的人也多,以此谋生的、赚钱的就很多了。

**鲍** 您在一些论文、书籍中还对"书如其人"的提法作了自己的解释。

**华** 是的。我觉得苏东坡讲的一段书论⑥非常透彻,这和欣赏的人的心理状态有关系,根源于伦理思想、忠君思想,奸臣的字不值钱,人品不好的人没人收藏他的字。

**鲍** 傅山说赵孟頫的字有"贱态"。

**华** 但是在某些场合,董其昌和傅山也很钦佩赵孟頫的字。

**鲍** 听您的讲座,看您的论文,包括您教育学书法的年轻人,也会提"书如其人"。您自己也一直在践行"书如其人"的理念。

**华** 我也觉得是。也不是说一个人品格好,人们就认为他的字好。但是我一直觉得,在书法风格上要格调比较高,或者有一些修养、气质,这和个人的心情、心境是有关系的,平时要修炼这些。本身心思不是这方面的人,不一定能写出这种格调、气息的字。我也看到历史上的一些人,比如蔡京的字,我也非常钦佩,非常喜欢,但是这个人在历史上是新党的人,人品不好。还有秦桧。这些人的文化修养肯定

---

⑥苏轼原文为"古之论书者,兼及其平生;苟非其人,虽工不贵也"。见《书唐氏六家书后》。

很好，皇帝也不是呆子，宋高宗的文化根底就很深。这个事也非常复杂，你要说和金国真正去打，某些时期，根本打不过他的，辽国人都打不过他，还有蒙古人也打不过。冷兵器时代，蒙古人身边都有奶酪的，你三更造饭四更攻城，或者四更造饭五更攻城，攻完城肚子饿了，再打下去就没精力了。他们拿出一块奶酪，含在嘴里，就有精力打。他们的马也很厉害，品种虽不是最好的，个子小，但耐力强，每个人都有两匹马，轮流骑。他们打到欧洲去的时候，欧洲都怕他们，前方探子还没到或刚到，他们军队就到了，来不及抵挡，所以一个城一个城地攻下来。

**鲍** 我们后人对宋高宗、秦桧的批评，实际放到当时，他们可能是无奈之举，是不是这意思？

**华** 他们那时候求和也是想缓和喘息的一种方式，我们签一个和约，给你很多金银财物。真的给他们打下来，老百姓遭殃，有钱人可以不断地逃。从当时的国力看，宋朝刚南渡而来，没有足够的力量和他们打。当然也有一些名将，比如岳飞、刘锜、张俊、韩世忠，都很厉害，打金兵也打了很多胜仗。宋高宗很忌岳飞，岳飞既不要钱财，又不要美女，而且很得人心，功劳越来越大，功高震主。宋代的皇帝一直有这个心理，北宋赵匡胤黄袍加身，篡位做了皇帝，改朝换代，所以他一直提防底下的大臣。如果岳飞真有夺取皇位的野心，宋高宗也没办法抵抗，所以找个借口把他杀掉。我们老百姓传统的都怪在秦桧头上，其实宋高宗是主谋。

**鲍** 是不是说，他们的人品不好，其实是历史观不同，假如我们和他们一个时代，与他们交往的话，有可能觉得他的人品不一定差？

**华** 我们看古代的人是脸谱化的，他是奸臣就什么都坏了。比如张俊，他是中兴四将之一，四将的顺序是张俊、韩世忠、刘锜、岳飞，他功劳最大，但是他依附于秦桧，一起陷害了岳飞，所以也铸成铁像，跪在岳坟旁边。他把受贿的银子铸成大球，大到贼都偷不动，叫"莫奈何"，意思是拿它没办法，皇帝放心他。还有韩世忠，他喜欢抢别人的女人，部下的女人他都要霸占。你不贪财就贪色，这样子皇帝放心你，觉得你也不会有什么异志，因为你贪图享受。他最怕的是女色也不要，钱财也不要。因为岳飞讲过"文臣不爱钱，武将不惜死"，皇帝就觉得你什么都不要，肯定是胸有大志，所以就找个"莫须有"的罪名把他处死了。

**鲍** 您这个分析我们以前都不知道，包括韩世忠，我们都不知道原来他那么爱女人！

**华** 韩世忠有两把剑：大青、小青。话本小说《碾玉观音》里的一个王爷，就是影射韩世忠,韩世忠有好几个妻子。

**鲍** 我们只记得他和梁红玉成为美眷的故事。

**华** 梁夫人原来是个妓女,只是他夫人中的一个。那个美眷的故事是演义出来的,但是韩世忠在镇江大战金兀术,梁夫人亲自擂鼓的事,在《宋史·韩世忠传》里有记载。苏州灵岩山南麓韩世忠墓合葬了他的两位夫人,其中一位是梁夫人。还有岳飞也不是在风波亭勒死的,是在监狱里被处死的。张宪、岳云是押到市曹杀掉的,匆匆忙忙的,先杀他们,再杀岳飞。

# 证其"无"

**鲍** 我在您的书中注意到一个细节,您在叙述汉简书法中"命""年"等字末笔比较长的现象时,别人说是为祈求长命、长年,您说这可能是书写者兴致所来,以求笔姿优美。我在想,您为什么不兼取两者的意见,既祈福又优美?我知道您当时肯定有自己的思考,我进一步问的是您在书中立论时,会怎样审慎地下一论断?

**华** 我在下论断的时候,要证明它"无"。"证其有易,证其无难",陈寅恪先生说的这句话很有道理。譬如像"命""年",正好是《石门颂》里面有这样两个长笔画的字,其实还有其他长笔画的字,譬如汉碑中间有个"府",最后一笔也有很长的,它没有"长命"或"长年"的意思,而且"命""年"在《石门颂》里面,有人发现那个地方正好有裂缝,刻在山崖上的,底下不能刻字了,所以一笔刻下来,可以很长,我觉得也都有道理。因为这个道理成立了以后,如果成为规律,那么凡是"命""年"都得长,但是在有些碑、简册里并不是这样,所以这个例子是偶然的,它不一定成立。也有可能有这样一种情况,也不能说它肯定不成立,不是这个意思。如果非要证明不成立,得举出很多例子来证明它没有这样的规律。

确实在简牍里有这样一种情况,而且"年""命"在很多简册里最后一笔大部分是长笔。后来我发现有好多简牍最后一个字的末一笔长的很多,我就想,这是不让在后面再添加字了,作为一个句号或什么来表示的,因为古代没有标点。80年代后期,在甘肃武威出土了17支木简,其中有《王杖十简》,内容是古代养老接受王杖的制度和关于王杖接受的律令。《十简》出土的时候是散乱的,没编在一起,简的先后排列要有个依据,郭沫若定依据的时候,他认为长笔往往会在一个段落终结的时候出现,他就根据这个排了顺序,意思能解释得通,也比较有说服力。他这个有道理,我也想到古人写信,写到最后结束了,纸后面还有空白,往往会写上一到两个字,"冲"或"冲",一般写"左冲","冲"是虚的意思,意思是左面以下是空白,不要让人添写一些字来冒充我信件的正文。我们开发票的时候,也会"整"或"元"字最后一笔打个很长的勾,表示后面加不了了,结束了。古代写简牍的时候,也会有这样一种情况。

**鲍** 在您的书中,像刚刚谈到的鸿都门学、简牍中的长笔画等既述又论的例子还有不少,您是怎样处理述和论的关系?

**华** 史是肯定要述的,我们看史主要是看叙述,看事件、人物等,有些是无须论的。我们现在写史和古代还不一样,古代主要是把事件记叙下来,我们现在研究史,作为研究的话,就需要论。其实古代的历史也有一些论,比如论一个人、一件事、一种现象。但是古代不会像我们后来这样科学地论证,他往往讲其然,而不讲其所以然。他把现象发现后,就会指出来,这就是一种"识","论史不外才、学、识",或者"论古不外才、学、识"。"识"很重要,一个人有史识,就能发现问题,发现问题后,你要提出你的观点,就得论证,不论证就没有说服力。论证要证其无。有些有特殊情况,你要指出来,比如,我认为东晋墓志都是北方乔迁过来的世家大族,但也有特例,苏州有个张镇墓志,作成像西晋时代的碑的形式,他是个土族,"顾、陆、朱、张"是江南世族的大姓。他墓志的形制、文字还是沿袭西晋的样式,与北方乔迁过来的王谢家族的墓志不一样,他们的墓志是扁方或长方形的,张镇的墓志顶部是圆弧形的。论要"证其有""证其无"。

**鲍** 这本书出版后,既有人写过赞颂的书评,也有人写过"献疑"的文章。我们注意到,陆昱华写过一篇献疑的论文,您还做了回复。

**华** 陆昱华是昆山的一个青年,他写了这篇文章以后,拿给顾工去发表,顾工把稿子给我看,因为他是《中国书画》的编辑,杂志社希望引起争论。后来我和顾工讲,他年纪轻,自己可能觉得论证成立,如果真的发表,我肯定有文章回应的。因为我很在乎我的《两汉卷》,如果提出的是我书里面真正的问题,我也欢迎;如果不是这么回事,我要反驳。

我的文章就是针对他所提出的四点逐一回复。[①]他讲"纸"在汉朝是一种缣帛类的东西。我说纸老早就有人提出了,西汉的简牍里面就有记载,称为"氏",而

---

[①] 华人德. 对《读〈中国书法史·两汉卷〉献疑》一文的答复[J]. 中国书画,2003(3).

且还有出土的西汉的植物纤维的纸。《说文解字》解释纸：絮一苫也。就是漂丝的时候，在箔子上结成薄薄的一层东西，就是纸。但是这个纸当时还没确定是不是可以用来书写，因为它是动物纤维，不是植物纤维，我们现在的纸是植物纤维。古人借用"纸"这个字，因为它和纸的生成方式是一样。纸最早不是用于书写的，而是用于包东西。比如汉武帝的儿子卫太子，有个大鼻子，他去看汉武帝的时候，江充是个坏蛋，说你的父亲不愿意看到你的大鼻子，你去见他时，和他说话把你的大鼻子遮一下。江充就拿了纸给他去遮大鼻子。他走了以后，汉武帝就问为什么他老要遮住鼻子？江允讲，他嫌你口臭，你年纪大了，又有病。还有赵飞燕包一种药给人，也是拿纸来包的。西汉时也有发现用来写字的纸，或者出土的绘有地图的纸，都是植物纤维纸，说明纸是很早就有的。

他还提到当时佩戴的刚卯和严卯，不能称为"印"，只能称为玉佩饰。其实汉代的印不一定是我们现在"印"的概念，它也有用正文铸刻的，刻铸后用黄金把阴文填满，印面是平的，不能用来盖封泥，就是作为一种荣誉性的东西给你，你可以佩戴着表明身份、荣誉。

**鲍** 您这篇回复的文章陆昱华看到了吧？

**华** 看到了，他本来还想写文章，后来陆家衡②劝他，你这种无谓的争论没有意义。我把问题解释清楚了，你再要讲，我就不会回答了。还有一个王元军。我说北朝碑刻中篆隶真书、古文鸟迹杂糅，在一块碑上同时出现，这是受到道教的影响。他认为道教为了显示其神秘，必定用凡人不能辨识的字来写，因此不是用篆隶真书杂糅的形式来写，而是模仿道符，将古文篆书取其蜿蜒曲折的形式，而提到的隶书，只是部分的笔意而已，因此寇谦之假托仙人所授的《录图真经》应该是篆势隶意，却非篆非隶，不可识读的。这是不对的。③我提出的那个是非常明确的，《魏书》记载，当时道士寇谦之，说一个仙人李谱文口授《录图真经》，由正真书曹赵道覆所书，"古文鸟迹、篆隶杂体，辞义约辩，婉而成章，大自与世礼相准"。他拿这个经给太武帝看，当时朝中的人也都在看，有些人相信，有些人怀疑，后来崔浩讲，这里面"辞旨深妙"。说明大家能看得懂，不是道教的符。道教的符

---

②陆家衡，1947年生，江苏昆山人。现为苏州市书法家协会副主席。
③华人德. 论北朝碑刻中的篆隶真书杂糅现象[J]. 中国书法, 1997(1).

是没人看得懂的,它是秘密传授的,这种东西在道教中是存在的,比如天书、云篆之类,少数人能看得懂。如果是用秘篆文写的,拿到朝廷里面,其他人是看不懂的。而且当时我讲的《三体石经》就在洛阳,靠近嵩山百把里路。寇谦之肯定看到过这个石经,他就模仿里面的篆、隶、古文字,道士的文化水平不是很高,他弄这个来糊弄皇帝。而且,现在发现的,用这种篆隶真书杂糅的文字来写碑刻的,最早就是寇家后代的两块墓志。寇家世代信道教,我的推测是有证据的,而王元军推测的那种"融篆隶真书于一体"如道符或秘篆文那样不可识读的文字是与《魏书》记载不相符合的。

**鲍** 华老师怎么看他人与您论著的争论?

**华** 刚才两位都是年轻人。王元军有点不厚道,他先拿论文中的一些问题请教你,然后给你通电话,我也有信回复给他。我在信中提到,这些问题当面谈谈就好,不必要刊登文章反复讨论这些事情。

他还认为六朝士人不屑于写墓志,碑刻是给人家看的,墓志是埋在墓里的,墓志不必要请名人书丹,何况名人也不屑于为此,并说直到唐代如欧阳询、虞世南、褚遂良、薛稷、颜真卿、柳公权等都没写过墓志。我专门写了一篇文章④,举了很多例证来反驳他。我讲过初唐开始书家的名字出现在碑刻中,唐代以前这种情况很少,唐玄宗以后这种现象很普遍,而且书写人的名字刻在碑刻中成为一个惯例了。他在文中也使用我上述说法,其实他对碑刻不熟悉。后来我举了很多例子,赵明诚的《金石录》里记载了很多名家书写的墓志,欧阳询写过《窦抗墓志》,颜真卿写过《杜济墓志》,柳公权写过多少多少墓志,这些都有署名,只要翻翻《金石录》和郑樵的《金石略》,记载非常多,一大串,而且出土存世的这些名家写的墓志也不少。

他那篇《从六朝士人不屑碑志看"兰亭论辨"的失误》发表于《光明日报》,后来我也写了一篇文章投到《光明日报》,但是当时没发表,后来我这篇文章在《中国书法》杂志上登了。

**鲍** 我是不是可以这样理解,您非常爱惜您的每一篇文章?

**华** 这当然。薛龙春和我讲,你写了这篇文章,一定要发到网络上,网络上的人很多,看的人也多,如果只看他的文章,没看到你的文章,就好像你被他驳倒了。他

---

④华人德.《从六朝士人不屑碑志看"兰亭论辨"的失误》一文商榷[J].中国书法,2000(1).

说我帮你把这篇文章发到网络。我说也可以。我自己不弄网络,在刊物上发表了就可以了,立此存照。

# 坐冷板凳

**鲍** 2002年,您除了《中国书法史》获得"兰亭奖·理论奖"外,还有一本和白谦慎老师合编的《兰亭论集》获得"兰亭奖·编辑出版奖",您出版的书中,有一些属于编辑类,您在编辑图书时,对书的选题、结构、体例等有哪些考虑?

**华** 《兰亭论集》基本上是我在编,序言是白谦慎写的,海外的论文也都是他组织的,包括帮李慧闻翻译,署的是我们两个人的名字。这本书我花了不少的工夫。我们两个是"兰亭会议"的主要组织者,那时候我已经不做"沧浪书社"的总执事了,总执事由言恭达担任,所以场面上都是言恭达、何国庆主持。《兰亭论辨》这本书出版的时候,关于《兰亭序》讨论的论文没有收全,郭沫若当时利用自己的地位和影响力,把不同于自己观点的文章缩到大概只有三篇,其实海内外当时有好多人写了好文章。我们编的《兰亭论集》分上、下两编,上编选的是从开这个会之前,到60年代"兰亭论辨"提出来讨论的阶段,和《兰亭序》有关的,有些不是直接参与"兰亭论辨"的,我认为好的文章。这些文章只要我能找到,都收进去,按照年代先后编排,真实地反映那时候学术界是怎样看待《兰亭序》的争论。我选的这些文章都是《兰亭论辨》没选的,这工作当时没人做。下编是我们"兰亭会议"的论文,没有全收,是选出来的,因为会议上有些论文不在这个议题范畴。最后还有一个附录,关于这些书和文章的索引,上编的很多论文,我就是从这些索引当中选出来的。

**鲍** 您在写书、编书时都会在书后附上年表、索引之类的,这种方法是您大学的时候学的?

**华** 我学的是图书馆学,这是基本的工作。意思是您想要在这方面做更深入或延展的研究,可以从这些方面着手。

2002年,《兰亭论集》获第一届"兰亭奖·编辑出版奖"(与白谦慎合得)。第一届"兰亭奖"上,华人德同时获两个"兰亭奖"。

  日本部分是托祁小春①在日本找的。评"兰亭奖·编辑出版奖"的时候,我提交了这本书。当时获"兰亭奖·编辑出版奖"的都是豪华的、大部头的书籍,比如上海书画出版社出的一百本经典性的碑刻,印得很好。这本书是单本,连图版仅60余万字,但是我觉得够资格获"兰亭奖·编辑出版奖"。评委是有眼光的,一般的论文集照例不会评上。"兰亭奖·编辑出版奖"只在第一、第二届"兰亭奖"中有专设,后来就取消了。

**鲍** 您还编过一本《历代笔记书论汇编》,这本书是1996年出版的。2012年您又出版了《历代笔记书论续篇》,您为什么编这样的两本书?

**华** 这套书是我业余积累的成果。我在读一些书的时候,发现有意思的地方,就夹张纸条。后来,有一次学术会议,我提出建议说,要做资料性的工作,现在人们关注的是学术著作和书法创作,有很多基础性的工作没人做。我是图书馆学出身,我觉得基础性的工作很重要,基础性工作做扎实了,东西多了,从事创作、做理论

---

①祁小春,1961年生,江苏南京人,广州美术学院中国画学院教授,书法系主任,"王学"专家。

研究找材料就很容易。但是稿费很低，时间很长，要坐冷板凳，而且评职称，尤其是评教授的时候可能不算学术成果。我在图书馆工作，编辑图书是本职工作之一，可以作为工作成果，我来带头做做这方面的事情。那次会议开得比较早，是1990年代初开的。其实会议之前我已经做了一些类似的编辑工作，如《中国历代名人图鉴》《中国历代人物图像索引》，于是，那次会议我就提出这个建议。

**鲍** 除了您之外，还有哪些人在做类似的编辑工作？

**华** 现在开始有了，有些研究生、博士生毕业以后做资料编辑工作。有个叫张小庄的年轻人，我对他有点看法，他说我编的《历代笔记书论汇编》漏掉了书法史部分。其实书法史部分不是漏掉，那时候江苏美术出版社邀请我主编《历代笔记书论汇编》，我当时编了一些给他们看，但是书法史资料他们不要，只要书论资料，于是把书法史资料去掉了。所以，我看古代笔记的时候，只搜集书论部分。后来我觉得古代笔记中书论的资料没多少，而且相互抄袭的不少，尤其在明代，明代人抄宋代的，有些书论他们看到了，记在脑子里，然后就当成自己的。明代人喜欢做这种事情，抄袭前代人的东西。

张小庄就根据我在《历代笔记书论汇编》中列出的书目，再添加几本他看的书，找出其中的书法史部分，一股脑地放进他的书里。他在书的序言中提到我编过《汇编》这本书，但是里面有很多材料遗漏了。其实不是遗漏，只是当时应出版社的要求没把书法史的部分收进去。后来我编《历代笔记书论续编》的时候，就把书论、书法史等资料都放进去了。张小庄后来给我打过电话，并寄了一套他编的资料集给我。他在电话中说："你看看我的资料集，有什么意见？"我说："我没什么意见，你做这个事情挺好。我在做《汇编》的时候，书法史部分不是遗漏了，是出版社的编辑不让我们收集那部分，后续我也没对其进行补充。我现在又编了一本《历代笔记书论续编》。"这本是新材料，其中的笔记他可能一本都没看过，《续篇》里的资料他一篇都没收进去。他做的是取巧的工作，按照你的书目，然后找原书翻一翻，补充一些东西，移花接木变成自己的一部分。

**鲍** 您在编辑这两本笔记书论的时候，怎样选择笔记的范围？

**华** 我就是从头到尾地看。笔记有很多种类，如志怪小说类的，像《阅微草堂笔记》，里面没有学术性的东西。有一些是史料考证类的，里面有书论、书法史的材料。还有一些本身就是资料汇编类的，比如《清嘉录》《丹铅录》，凡是称"录"的，一般都是对前人资料的抄录或者再加工。它里面有一些引用、抄录的材料，现在找不到原著了,但是它给保存下来了,我就从这儿收录。

笔记的范围浩如烟海,现在出过大部的《笔记小说大观》,几百本,里面有小说类的,其实也是笔记类的,把所见所闻记录下来。《汇编》里已经收过的笔记,《续编》里我就不再收。还有一些全是论书的,或者记载书法、书法史的事迹的笔记,我都不收,如果是零星的材料,我就把它收起来。比如刘熙载的《书概》,它全是论书法的,我就不收。还有《字学臆参》,照例我是不收的,但是现在能看到的都是《美术丛书》中的《字学臆参》,不是真正的姚孟起本人出版的,里面有很多被删节了。我就找到姚孟起自己刻的那个版本,标点并收集了,因为原刻本与现在流行的版本出入比较多,我要起到保存文献的作用。

# 但求完美

**鲍** 您还有一类书籍是关于书法作品的,比如《六体书法字典》《中国书法全集·三国两晋南北朝墓志卷》《中国书法全集·两晋南北朝写经写本卷》。

**华** 《中国书法全集·三国两晋南北朝墓志卷》出了一点问题,是考释部分。这本书的总主编是刘正成,我是分卷主编,刘正成先生原来是中国书协副主席兼秘书长。编辑过程中,我收了很多图版,加了考释,他后来又找了一些他认为应该放进去的图版。但是他没和我商量,我是分卷主编,照理应该是相互讨论后,决定该不该放进去。新加了图版后,考释他也没来找我,另外找他在北京的秘书,那些帮他整理资料的人来写。写的人里面有个周祥林,他看的是一些胶卷,写考释的时候他凭墓志的胶卷,将胶卷放大来看,胶卷有不少的地方字看不清,所以有些考释的文字就错掉了,包括释错和抄错。

　　书出版后,我发现几十个错误。我就给刘正成先生打电话,我说你做总主编的,犯了两个错误,一是没和我商量,这些人没得到我的同意,他们的水平我也不知道,我不认可照例你是不能拉进去的。还有一个,清样你没给我看,我交稿以后,排版的清样你要交给编者或者撰写的人看,你没让我看。要是和我商量或者让我看到清样,这些问题或许都可以避免的。根据现在出版总署的规定,超过万分之五的错误,书是要销毁的,这本书出了几十个错误,应该要销毁。他说销毁肯定不可能了,我投资了很多钱,花了很多精力,以后修订的时候再照你的意见重新做。我说好的,你这样讲定,我这个人很认真,做过的事情我要负责。如果报纸或者刊物上有人批评我这本书出了很多错误,我要辩白的,我要把这个真相写出来。如果没人讲,我就等到再版的时候更正。我说等于我煮了一锅饭,给人撒了一把灰尘。好在你都注明是某某人考释,但是我的责任始终脱不了。

**鲍** 这两本书法集的名称有点小差异,第一本叫"三国两晋南北朝",另一本叫"两晋南北朝",这是什么缘故?

**华** 我们说魏晋,魏其实是没有纸质的写经写本流传至今,或者也可以说目前尚未发现,三国时的吴、蜀也没有。现在能见到的写经写本是从西晋开始的。我在编书的时候,一要实事求是,二要认真,无意中出的差错肯定会有,但要尽量地不出差错。

**鲍** 您在选择墓志、写经写本时,是根据怎样的标准?

**华** 我是根据我的标准,有些很丑怪的字,我要看是不是真的有天趣,如果是,我才放进去。我不是随便收录的,我有我的审美标准,我做书的主编,书肯定要体现我的审美标准。

刘正成先生有个特点,他想出版的时候,就尽量快地出版,出版后资金回笼,再去运作其他。所以有些工作粗糙了一些,出现一些问题也在所难免。刘正成有他的个性和特点,在他当权的时期,做了许多对书法发展有益的事,也得罪了不少人。

**鲍** 您比较早编写的一本书《六体书法字典》卖得比较好。

**华** 这本书是我主编的,我去找了几个我熟悉的朋友,和他们商量,每人负责一种书体。我写隶书,言恭达[①]小篆,楷书穆棣[②],行书吴振立[③],草书潘良桢[④],章草储云[⑤]。字表是我编的,我根据《辞源》列了张三千字左右的字表。

我在篆书部分花的精力比较多。篆书言恭达写好以后,我根据我的了解,对其中一些字的写法提出建议,与他商量,他也很接受我的意见。后面还有一行是篆书的注释,有些篆字《说文解字》中是没有的,是后起字,但是是常用的字,就根据部首偏旁拼凑而成,为了明示,就在这些字后面加一个星号。比如"暮"字,傍晚的意思,它的本字是"莫",上面是个草字,下面也是个草字,中间是个"日",意思是太阳落到草堆里了,天黑了,再加了一个"日"字,就多余了。后来,"莫"字的意思就转化了,成了另外的意思了,于是再造出个"暮"字。再如"其"字,最早是簸箕

---

[①] 言恭达,1948 年生,江苏常熟人,书法家。现为中国书法家协会副主席。
[②] 穆棣,1947 年生,江苏无锡人,书法家。现为无锡书协副主席。
[③] 吴振立,1944 年生于重庆,书法家。现为江苏省书法艺术研究会副会长。
[④] 潘良桢,1947 年生于上海,书法家。现任职于复旦大学古籍整理研究所。
[⑤] 储云,1948 年生,江苏宜兴人,书法家。现为无锡市书协副主席。

的象形，后来也转化成其他意思了，于是又造了个"箕"字。楷书部分最容易，只要照字表书写就可以了。

这些字写好后，然后剪贴在印好的方格纸上面。剪贴是我做的，也花了不少工夫。人多了以后，做事到了后头会乱掉，要检查会花很多时间，所以我一个人慢慢地做，这样最好，不会弄错。但书出版后，发现还有上下字贴错的，再版的时候就修正了。

我也不主张再出这些工具书，工具书是给初学的人用的，做得不准确，往往会误导一些人，适得其反。但是这本书重版了五次，卖得很好。后来也有人编《六体书法字典》，隶书部分就拿我的一套字去用了，和我说过的，我也同意了，大家都是熟人。

**鲍** 我发现您还关注"人物图像"的主题，也出了不少的书，《中国历代名人图鉴》《中国历代人物图像索引》《中国历代人物图像集》，书法研究和人物图像研究您是怎样交融的？

**华** 我编过一些人物图像方面的书，也写过几篇这方面的论文。这些书也发挥过不小的作用，编《中国书法全集》的时候，有些人物图像就是直接从我的书里面取来的。人物图像是我提出来的一个选题，当时上海书画出版社征集选题，开了一个座谈会。

1984年3月至5月受国家教委全国高校图工委委托，苏州大学图书馆举办了全国高校图书馆首届社会科学文献检索师资培训班。我是培训班的学员兼辅导员，我北大的老师朱天俊先生当时是导师，还有苏大的潘树广老师，也是导师之一，领头的是南师大的赵国璋先生，还有一位王长恭，年纪比我大，也是学员兼辅导员。那个班结束后，我们就可以在图书馆开课了，教中文工具书的使用、资料书的查找。当时我们编一本《社会科学文献检索》的教材，好像是二十二章，我写其中的三章，一是地名资料的查找，一是典章制度和图录的查考，还有一个是法规、条约和统计资料的查找。我在编图像资料的时候，发现没有查找人物图像的工具书，只有一些资料集，比如画像集、照片集，但都不是专门用来查找图像资料的。

上海书画出版社征集选题的时候，我就提出来，能不能编一本人物图像集。我说这方面没有工具书，而且人物的图像资料很丰富，用处也很多，比如要出古人的文集、研究集，或者传记、论文、图册中要提到这个人，都可以把图像配到书里；还有画画的人，画历史人物时有个依据；此外，演电视剧、拍电影都可以当作参考。

他们觉得这个选题很好。我的同事瞿冠群提议,古代的书画家或名人的印章也可以编一本图鉴。当时这两个选题都获得采纳,后来瞿冠群负责人物图像查找,查人物图像的事情他做得比我多,我负责印章索引,因为我认识印章的篆书。

我当时选择人物图像方面的选题,和我所学、所从事的图书馆学专业有关,这些人物图像、印章方面的资料编好后,只要出了书,都可以作为我的研究成果。我当时觉得这样也不错,有个事情做做,也就不停地做。等到图书馆建设数字资料库的时候,我们马上就为人物图像建设了一个特色数据库。省里也很重视,他们觉得苏大能这样做,很好。后来想把人物资料库做成综合的数据库,把这个人的简介、图像、墨迹、他们生活或游历的名胜古迹、诗文集等的图版资料汇集一起,比如查颜真卿,他的出生地、墓地、碑帖,都马上可以反映出来。但是这个综合数据库是个编不完的事情,它永远做不完。后来人家接了去,王国平馆长就把这个申报了"清史工程"国家项目的一个子项目,他排名第一,我排名第二。李峰副馆长将馆藏图书中的清代人物图像编了一本《耆献写真》的书。

瞿冠群提议的印章那本书后来没有做下去,但是人物图像,我们两个倒是一

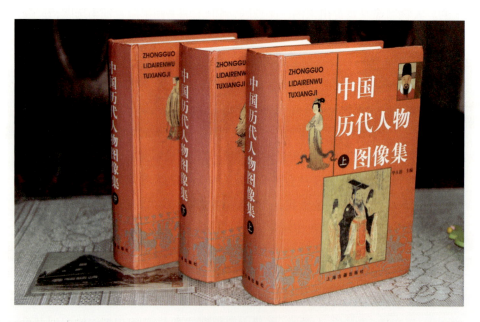

《中国历代人物图像集》分上、中、下三册,收录自上古至清末3000多位人物的图像资料,人各一幅,并附人物姓名、生卒年或时代、字号、籍贯、身份以及简要事迹、图像出处。

直在做。我在人物图像上面花了头二十年功夫，从 80 年代中期开始做，我和瞿冠群编了一本《中国历代名人图鉴》，一本《中国历代人物图像索引》，后来瞿冠群年纪大了，我编了一本《中国历代人物图像集》，上、中、下三本，收了三千多个人。然后再做点数据库资料收集的事，我在图书馆的主要工作就是这些。

**鲍** 您最早出的一本书是点校阮元的《南北书派论》和《北碑南帖论》，当时怎么想到点校这本书？

**华** 那本书比较薄，我在做点校的时候认识了一些朋友，比如上海书画出版社的沈培方，他就是这本书的编辑。他们当时写信给我，邀请我点校那本书，我觉得蛮好，虽然有一些难度，里面有些词语，工具书里找不到，我就根据自己的经验、理解来解读。这本书也奠定了我研究清代碑学的基础。后来还有包世臣的《艺舟双楫》，康有为的《广艺舟双楫》，因为有人在做，我就没有做下去。

# 「沧浪书社」和书学论坛

- 我说这些都不要,我们独立,要有独立的创作思想,要有学术尊严,不受任何的指使左右,我们愿意做什么就做什么。
- 我们也不管职务高低,或者国内国外,待遇都是一样的,都是尽量地用卧铺送他们回去,所以他们都很感动。
- 中国书协是主动和我们联系,要挂一个主办的名字。按惯例,地方社团要办什么活动,比如展览、学术研讨会,要挂中国书协的名,它要收40万块钱的挂名费。

**鲍** 您在1987年12月21日发起成立了"沧浪书社",这一书社发起的原因,或说初衷是什么?

**华** 原因呢,我和白谦慎,还有上海的两个朋友,包括苏州的一些朋友,说我们最好要成立一个书社。关于书社,我有我的一些想法,现在官方有"中国书协",但是一定要有民间的沙龙形式的组织,或者就是大家能经常地互相交流的,能提供方便的组织。我说,层次要高,要不同流俗。和大家讲了以后,有些人觉得很好,大家可以在一起办这样的组织。也有一些人以为你是不是和某个书法协会领导过不去,要另立山头。尤其是有些书协里的负责人,他觉得你要另立一个山头,和他们抗衡,省书协也有这样的想法,上海也有人这样认为,包括苏州本地也有。我说他们如果这样子看,是小看了我们,我们的志向不在此,不是要争一个职务,或者其他的,而是要实实在在地做一个榜样。按照国际惯例,艺术上的组织,没什么官方来给你经费、布置任务,要你们参与写作、创作,只有中国是这样的。以后肯定会国际化,肯定会以民间为主。好多人都觉得这样子很好,我看到有一部分人和我的看法差不多,觉得这事情能办起来,就起草了一封信。有些人你碰不到,但他愿意参加"沧浪书社",水准上面也是够的,也把这信寄给他们。有些人回信过来很赞成,有些人不回信,去问他的时候,他说我不适合参加,那么也就算了,一切以自愿为原则。

# 群英荟萃

**鲍** 当时选择人的范围是怎样的?

**华** 我和白谦慎事先都商量过,要成立"沧浪书社",加入人员的条件是什么。范围就是三类人,当时是以我为中心,选择的都是我了解的人。一是北大的,北大有好几个,曹宝麟、白谦慎、我,还有周持,这些人我都很熟悉,水平也很好,书法气息也不错,我就去邀请他们。还有一部分来自苏州,因为那时候我在苏州已经四五年了,我1983年到苏州的,成立的时候在1987年,好多朋友都是新结交的,我觉得水平也都可以,总的来讲,比全国水平还要稍微高些。我觉得周围应该有这样一批人,而且具体办事,或者通讯什么的,要以苏州为基点或基地的话,就要有一些苏州人。还有一批是第二届"中青展"获奖的人,比如吴振立、穆棣,后来的孙晓云[①]。

**鲍** 您的"沧浪书社"并不局限在苏州、江苏,而是放眼全国,甚至国外,白谦慎老师那时在美国。

**华** 我当时就觉得要放眼全国。白谦慎那时候好像还没去美国,他是1987年夏天去的美国。其中也有一些是他人介绍的,比如徐州的王冰石[②],就是潘振元[③]说王冰石书法水平很不错,人也很好,就邀请他了。还有上海,我接触的是沈培方,潘良桢是白谦慎介绍的,我觉得也很好,后来都是"沧浪书社"的第一批社员。

**鲍** 比如一个青年,热爱书法,渴望加入"沧浪书社",当时有没有针对这批人的加

---

[①]孙晓云,1955年生,江苏南京人,书法家。现为江苏省书协主席,南京市书协主席。

[②]王冰石,1947年生,江苏常州人,书画篆刻家。现为江苏省书法家协会副主席,徐州市政协副秘书长。

[③]潘振元,1944年生,江苏苏州人,书法家。现为苏州市书协副主席。

入条件？

**华** 要有一定的水平，不一定获得多少奖项，但需要他的作品获得大家的认可，这是到后来的规定。当时我起草了一个简单的章程，后来稍微有点修订，但是基本的几条都是我设列的。第一，人品要比较好，第二，要有比较强的创作能力，或者是研究能力，有些人可能创作上面薄弱一点，但是文章写得很好。

我当时也提出来，就是不找拐棍不找靠山。我说我们都是四十岁上下的人，完全有这个独立的能力，不要去找一个单位作为我们的挂靠单位。还有就是也不去聘请所谓的顾问，或者名誉职务什么的。因为有好多老先生对我们很支持，也做了事，或者其他方面给予帮助。那时候改革开放不久，一些老干部都起用了，而且有"扶上马送一程"之类的说法。我说这些都不要，我们独立，要有独立的创作思想，要有学术的尊严，不受任何的指使左右，我们愿意做什么就做什么。

**鲍** 《华人德书学文集》里收录了这个章程。

**华** 这篇文章，当时荣宝斋出版社的编辑去请示编辑室主任，说这篇文章不是学

1987年12月21日，"沧浪书社"成立会于苏州颜文樑纪念馆召开。

术论文,不要放进去。后来主任就打电话给我,说这个负责的同志要求这几篇不要放进去。我说一定要放进去,这是一种学术的规范,你现在看好像不是一篇理论文章,但里面的思想是很好的,能起到示范作用,它在历史上应该存在,应该有个记录,如果你觉得字数多了,我宁可拿掉两篇学术论文。后来还有一些我为他人写的序、跋也放进去了,我说古人的文集,都收序、跋的,我也把我的序、跋作为一种带有某些学术性的东西放进去了。

**鲍** 你们成立时是什么情形?

**华** 我们第一次聚会的地点在沧浪亭边上的原苏州美术馆,就是颜义樑纪念馆。成立那天是12月21日,日子是我挑的,正好是冬至的前一天,苏州叫冬至夜。那时候还缺钱,不像现在,我们拿出几万块不成问题,那时候大家都没钱,工资也低,要去拉赞助。白谦慎把我们的想法告诉他熟悉的一些美国朋友讲了以后,有人当场就开一张支票,说捐赠一千美金,这个就作为我们的经费。也有一些苏州的社员去找了个单位,解决我们的住宿问题,弄辆车,到太湖边上玩一下。苏州好多社员来自苏州工人文化宫的职工书协,职工书协是总工会下属的文艺团体,总工会很支持我们,"沧浪书社"成立会那天,总工会有个副主席叫吴金龙,专门来了,还帮我们解决了一些问题。后来,所有民间组织都要登记。我们也去登记,因为要合法,就在民政局登记,他们说你们要有一个挂靠单位,我们和总工会商量了以后,挂靠单位就是总工会。我一直是"沧浪书社"的法定代表人,有一张证的。直到现在,我不是"沧浪书社"的总执事了,言恭达现在是总执事,但法定代表人一直没有换。

**鲍** 您是"沧浪书社"第一二届总执事。

**华** 成立之前,我也讲,我们不设社长、副社长,社长、副社长讲起来总归是个官,我们就叫执事,为大家做做事情。因为"五四"时期,"北大书法研究社"的负责人就称执事。"沧浪书社"要推一个总的负责人,就推我,因为我是发起人和召集人。

**鲍** 1986年您获得第二届"中青展"的最高奖,声望、功劳都是第一的,您作总执事是众望所归。

**华** 呵呵。这样子就成立了"沧浪书社"。关于"沧浪书社",我也写了一些文章,作了一些宣传,比如《书法报》上的《沧浪书社500天》,写的就是过了一年多一点,我们举办了哪些活动。我们也要让社会了解。

我一直有这种想法,搞一个团体或组织,一定要把它搞好,搞好后有一种示范的作用。不搞终身制,也是为了做一个示范。我做了两届总执事以后,就给白谦慎写信,我说我想退下来,不是不想干下去了,不是这个原因,任何组织,一个健全的制度,要比一个能干的负责人起的正面作用大得多。现在有些团体刚成立,马上印了名片到处发,但是没过多久就垮掉了,这是为了要一个职务,或者什么名义才成立的。我们不能这样子,我们要做一个好的示范,办起活动来要和国际接轨,社团里面人人平等。

# 接轨国际

**鲍** "沧浪书社"举办了很多活动,比如1994年和常熟书协举办了"中国书法史国际学术研讨会",1999年举办了"《兰亭序》国际学术研讨会"(简称"兰亭会议")。

**华** 常熟那次会议当时是有特色的,我们邀请了海内外一些有名望的学者,包括台湾和香港,还有美国、法国,法国是李慧闻女士。会议是言恭达拉的赞助,由隆力奇公司赞助。常熟的文联和书协也作为参与的单位,在水月山庄、尚湖边上一个很漂亮的会所开了三天会。专家来的时候,我们都用车子接。接的时候一视同仁,海内海外同样的待遇,也不分职务高低。这和中国书协办的活动完全不一样,他们根据职务,来自国内还是海外,还有知名度把人分成三六九等。那时候在青岛正好有一个啤酒节,中国书协在青岛办一个研讨会,与啤酒节是同一个时候。有好多人参加,会议结束后中国书协就不管了。开会的时候分等级,开完会又鸟兽散。他们好多人回去买的都是站票,因为啤酒节,去青岛的人很多,票难买,书协也不帮他们解决。我们在九月份开这个会议,那时车票也很难买,言恭达请了他们常熟政府负责买票的人,带了礼品,跑到苏州站找站长,都买到了卧铺票,所以来的人都很满意。来的一些人,比如《书法报》《书法导报》的一些记者,我们也不管职务高低,或者国内国外,待遇都是一样的,都是尽量地用卧铺送他们回去,所以他们都很感动。但是开会还是没有按照国际的规范操作,那时候大家轮流发言,也没有时间限制,当然有些人讲得长了,我们也会提醒他们时间有限,但究竟每人多少时间没做统一安排。

到了"兰亭会议",就严格地按国际规范操作。来的人如果和会议无关,要来旁听,完全自费,会务组不负责。会议经费是"何创时基金会"提供的三万美金。我们当时写了一个计划书,比较详细,何国庆先生拿计划书请他的五个学术顾问

"沧浪书社"不定期出版内部刊物《沧浪书社通讯》,封面由华人德和部分社员题署。

一起开会讨论,说"沧浪书社"办过活动,有办会经验,也比较规范,是个民间社团。正好"何创时基金会"也是民间的,作为两岸的交流是对等的。他们觉得很合适,就批准了三万美金。当时我们就严格按照计划书操作。会议对来的人的待遇和常熟那次一样,不分职务高低,一律平等,都是住标准间。因为当时条件慢慢好转了,双人房互相影响,尤其是国际会议,用双人房不是太妥当,都是每人一个标准间。你要换套间就自己去账台补差价,反正来的都是标准间待遇。何国庆①先生也来了,换了一个套间,自己去柜台补的差价。他也很高兴,你没有瞎用他的钱,每一个铜板都是掰成两半来用的。包括傅申②先生,他带了太太来,也去换了套房,也是自己出的钱。傅申是作为学术主持人来参加的,他说我没带个铃,因为每个人发言都有时间限制,他就去找了个碗和汤匙,当铃使用。

---

①何国庆,1947年生,中国台湾人,收藏家,台湾地区"何创时书法艺术基金会"董事长。
②傅申,1937年生,1948年随父母迁居台湾地区,毕业于台湾师范大学美术系。1968年入美国普林斯顿大学艺术与考古系,攻读中国历史专业,获硕士及博士学位。1979年出任美国国立佛利尔美术馆中国艺术部主任。

**鲍** 到时间了就敲一下。

**华** 这是我去美国普林斯顿大学以后学来的。我给白谦慎讲,我们办研讨会一定要守时。"兰亭会议"的时候,轮到国内一位知名教授发言,我们事先都讲好了,二十分钟,到了十五分钟就提醒你,然后五分钟之内你一定要结束。他上去以后讲了很多客套话,从怎么构思论文讲起,还没涉及正题,台下敲铃了。提醒了他,他再讲,讲了一点,时间到了,"你下来吧,下来吧,如果有人有问题,会后再和你交流。"这样就请下来了。

**鲍** 他就真的下来了?

**华** 真的下来,不然很难堪,不断地敲铃,他也没办法讲下去。这对他也是一个经历,这不是你的一言堂,你在国内是名家,但是在国际上一定要按照规则来做。

**鲍** 这位教授现在发言会不会简练多了?

**华** 有时候控制不住还是会讲多了,我们都有这样的毛病,讲讲往其他地方去了,这样对大家也是一个经历。一位旅美的台湾学者,她丈夫是美国人。她谈了一个女性书法的问题,就是南宋时候的皇后杨妹子。但是她对引用的材料理解错了,她认为古代"书"字就是书法,其实这个"书"的含义很多。后来我有一个发言,我给她讲,你文献里"诗书"的"书"指的不一定是书法,有的时候,在某种场合指的是作的诗和书法,但是古代的词,运用的场合、语境不一样,它就有不同的理解。有人私下里讲,这样的话,她这篇论文就完全错误了。后来她也承认:"我疏忽了,可能理解错了。"其实我们那时大家学术讨论,理解错了,讨论的时候就可纠正,不是写成文章发表出来。如果发表了,那么人家要写文章来商榷或反驳了。

**鲍** 这对她也是一个好事。

**华** 所以她当时也觉得很好,我们都是熟悉的好朋友,纠正了她的一个观点。那时候沃兴华也来,沃兴华我们事先约他稿,他因为和我有意见,就玩猫鼠的游戏,一会儿答应你,一会儿又说没空。打电话催稿,他太太说不是老早就回掉了吗,怎么又来催稿子?那么就算了,他不参加,我们就不把他作为邀请人。但他知道何国庆也来。因为他在台湾的时候,何先生接待过他,那时沃兴华和我住一个房间。还有一位麦凤秋女士,她曾经委托沃兴华买一些大陆的书法作品集,买一本,比如500块,给500块的劳务费。

**鲍** 1:1的劳务费啊!

**华** 沃兴华当时为她做这个事情。他知道麦凤秋也来旁听,就赶过来,不请而到。

1999年6月,言恭达、华人德(发言者)、白谦慎策划组织的"《兰亭序》国际学术研讨会"于苏州太湖之滨的明珠大酒店召开。

人家说沃兴华来了,怎么办呢？他是上海书协的秘书长,也是"沧浪书社"的社员。我说,我们按照规定办,他愿意承担一组讨论的学术主持人也可以,或者担任特约评论人也可以。我们有主持人,比如一场是三个人或者四个人,有一个主持人,有一个特约评论人。给他讲了以后,他说我没有空,我不参与,我要提前回去。后来我就给毛秋瑾讲,毛秋瑾是我的一个学生,负责会务,你去给他讲,一切费用自理。他后来一个晚上没睡着,他想我和何先生是朋友,也是"沧浪书社"的社员,又是上海书协的秘书长,这个身份人家请都请不到,你还要收我钱？我说要收钱,因为你没按照我们的规定,我们规定什么都不参加,只是来旁听的,不能白吃白住。但他一个钱都没带,他认为来了以后,我们会招待他,后来他问沈培方借了四百块钱才回去。他也去和何先生谈了一次话,好像他来怎么要收他的费。何先生也找到我,我说我们有这个约定,我们按照契约来做,不搞特殊。当时"沧浪书社"里也不是他一个人这样,还有恽建新,带了他们溧水政府的几个人,听说这边开学术研讨会,也要来听听。我就给他们讲,你们要听的话,吃住都要自理,不能以为是"沧浪书社"社员就可免费吃住,"沧浪书社"社员也只有提交论文的才能参与这次会议。"兰亭会议"是围绕一个专题——《兰亭序》开的一个学术会议,我刚才讲的是当时的一些花絮。

**鲍**　这些花絮说明了你的性格、做事的风格。

**华**　我是很婉转地给沃兴华讲明,我说你不担任主持人或评论人的话,费用你要全部自理的,这是规定,不是针对你一个人,他说没关系。没关系我就照规定做。

**鲍**　常熟那次会议后,您写了一篇文章《注重时代特征并研究其形成原因》,是丛文俊老师邀请您写的?

**华**　不是他邀请我的。我当时在常熟的会议上提交了一篇文章,是《论东晋墓志兼及"兰亭论辨"》,当时丛文俊听了以后,觉得这篇文章写得很好,也有很多人认为这篇文章写得很好。当时也有台湾的朋友来参加,其中一位女士叫朱惠良,在台北故宫博物院工作,还有何传馨,也在台北故宫博物院工作。后来我把这篇文章给了朱惠良,我说你能不能带到台北故宫博物院,看在院刊上能不能登。她说院刊不是以文字为主,主要是图片,你这篇文章可以在《故宫学术季刊》上发表。我当时不知道还有《故宫学术季刊》,后来去图书馆查,确实有这样一本期刊,它以论文为主,一期一般只出三五篇文章,比较严肃,质量也比较高,它和《故宫博物院院刊》不一样,院刊是普及性的。我说最好能在《故宫学术季刊》上发表。文章拿去后,编辑叫冯明珠,现在台北故宫博物院的院长,是位女士,她当时做这篇文章的编辑。《故宫学术季刊》有一批评委,都是匿名评审,评审下来觉得这篇文章可以用,但是说还要补充一些材料,就是当时的文献。比如我写墓志,提到东晋墓志和南北朝墓志的时候,我用的都是出土的一些材料。南北朝庾信的文集里有他为时人写的一些墓志,我没有引用。她提醒了以后,我就补充了一些当时人的文集里收录的墓志资料。文章登出来以后,白谦慎又把它投到美国的一本杂志,叫《中世纪早期研究季刊》,主要刊登东方艺术史的文章,它不是一本纯粹的艺术史杂志,其他关于政治的文章也登,比较有名,这篇文章他们译成英文转载了,所以当时在国外有影响。因为在大陆比较难看到这两本期刊,后来我又把这篇文章给了《书法研究》,但是《书法研究》上面没有图版。

我们开那个会议,刘正成也来参加的,他觉得会议质量很好,比中国书协举办的学术研讨会的质量要高,而且高得多,因为邀请来的人都是业内的专家,后来他叫丛文俊主持一个栏目,关于书法史研究方法的问题。丛文俊就和我说,《中国书法》杂志要我做这个栏目的主持人,你这篇《论东晋墓志兼及"兰亭论辨"》是个很好的例子,你把它写一下,发到我这边来。那个栏目登的最早的文章就是我那篇。

**鲍** "兰亭会议"后,您和白谦慎老师合编了一本《兰亭论集》,这本书获得了第一届"兰亭奖"的"编辑出版奖"。

**华** 是的。"兰亭会议"的花费也没有超出"何创时基金会"给我们的三万美金,每一笔账都给他们结清了,他们那边也结项了。但是我这边还有一千多本《兰亭论集》,也在不断地卖,后来卖掉书,钱都放在我这边,都是准备给"何创时基金会"的。后来何国庆先生给我讲,我们已经结掉了,你不要给我了,书嘛,你们弄两百本到台湾来,我们可以卖卖或者送送,所以我们运了一些书过去。文物出版社也想要这本书,因为好多人以为是他们那边出的,其实是苏州大学出版社出的。这本书编辑下来,得了一个"兰亭奖·编辑出版奖"。"兰亭会议"的结尾非常好,我们什么都能交代过去,钱没有超出预算,结余的都还给他们,还出了一本书,书还获得了一个奖,台湾的报纸上面宣传得也很多,所以何先生很满意。现在还有大约

2007年,华人德(左二)策划组织的"明清书法史国际研讨会"在张家港举行,期间与会者于沈周墓观看王鏊书写的墓志。

两千块卖书的钱,"沧浪书社"有些来往,有些人的接待,我就放在那边派这个用场。

关于"兰亭会议",我再讲一讲。这是一个封闭的会议,我们觉得有缺陷,这种学术会议应该是旁听的人、参与的人越多越好。所以后来在张家港办的"明清书法史国际研讨会"就是开放式的,而且对一些外地的博士生、硕士生,他们愿意来听,经济上有困难的,我们主要是对那些不带薪的人,带薪的就不去管他了,我们就资助他200到400元的路费,你再远,比如坐飞机或什么的,也最多给400元钱。我说这点钱也解决不了他多大的问题,他自己还是要拿钱出来,但是,你补贴给他呢,他就愿意来,那么我们的会议就有一些基本的听众。而且,对他们今后的研究道路会有很好的影响,他们能和书法圈子里的一些国内外知名学者面对面地交流,或者提问,或者会后讨教。另外,让他们看看我们苏州市书协作为一个地方性的书协办的学术会议这么规范,他们以后参加一些会议,就可以比较。

# 中国书法史讲坛

**鲍** 除了常熟那次研讨会和"兰亭会议"之外,"沧浪书社"还举办了哪些活动?

**华** 其他就是拿作品到美国、台湾地区去展览。后来,"沧浪书社"的名气渐渐大起来,香港有个"甲子书学会",它是甲子年成立的,也是香港最大的民间书法组织,他们邀请"沧浪书社"去香港办联展。他们第一次和大陆办展览是和中国书协合作的,当时,中国书协找了一些人写了一些作品拿到他们那边展览;和"沧浪书社"合作是他们第二次和大陆办联展。他们认为这两次联展,一次代表官方,一次代表民间。联展是2005年举办的,名称叫"沧海连波",我和曹宝麟、黄惇、潘振元、薛龙春等几个人去了。

**鲍** 我把"中国(苏州)书法史讲坛"也当成是"沧浪书社"主办的,但看《中国(苏州)书法史讲坛文集》的署名,是中国书协主办的。

**华** 其实中国书协是主动和我们联系,要挂一个主办的名字。按惯例,地方社团要办什么活动,比如展览、学术研讨会,要挂中国书协的名,它要收40万块钱的挂名费。它要挂名,我们觉得也很好,把我们地方上的一个活动变成中国书协的活动,对我们的宣传、影响只会产生好的作用,我们就同意了。当时我和他们讲明,一个钱的挂名费都没有,他们也不要。所以我们由中国书协挂名的、苏州书协承办的一些活动都没给任何的挂名费。我们的"中国(苏州)书法史讲坛",中国书协都把它作为每年的工作计划之一。

**鲍** 是不是可以说"中国(苏州)书法史讲坛"是由"沧浪书社"的一些活动延伸而产生的?

**华** 应该说有关系,至少我在里面。当时江苏省文联也来挂名,省文联挂名主要是因为言恭达的关系。言恭达提出让省文联作为主办单位,所以我们这些活动都

2005年,"沧浪书社"与香港"甲子书学会"联合举办"沧海连波"展览,期间现场书法交流,左一为华人德。

由中国书协、省文联挂名作为主办单位。

**鲍** "沧浪书社"会不会也作为主办或承办单位?

**华** "沧浪书社"是民间组织,不和官方的掺和在一起。1994年在常熟举办"中国书法史国际学术讨论会"的时候,虽然刘正成他们都来了,但是没有挂中国书协的名字。我们是纯民间的,书协或文联的人可以来参加。

**鲍** 现在的"中国(苏州)书法史讲坛"为什么加个括弧?

**华** 原来不叫"中国(苏州)",叫"中国苏州(相城)",为什么加个"中国"呢?因为是中国书协主办的,它是在大陆举办的一个国际性的讲坛。

**鲍** 这个讲坛是从哪一年开始?

**华** 从2008年开始,到现在举办了四届,2008年,2009年,2010年,这三届我都是主持人。2011,2012,2013年都停掉了,今年(2014年)又恢复了。

今年在平望镇,又是吴江。中间停了三年主要是因为经费、落实地方等很烦,一时也没精力去办,后来我说,停一段时间再说吧。去年(2013年),中国书协的刘恒,他原来负责学术委员会的工作,是研究部的主任,也是北大毕业的,是"沧浪书社"的社员。他和我讲,老华,你们的讲坛办得这么好,为什么要停掉? 我说,我们的精力有限,经费每次都要30万,筹集经费,落实地方,都要花很大的人力,所以暂时停一下,过些时候再办。他说,中国书协已经把这个会议作为每年的工作计划。包括2011年和2012年,他们还列在工作计划里面,其实已经停办了。我说,既然你讲这个话,我们来办。他也承诺,说你有什么困难,我和中国书协再给你想办法,贴补你们一些费用。我们出《中国(苏州)书法史讲坛文集》,刘恒给我们立了项,给10万元的经费。其实我们在中国书协不给资助时,每次会议都从经费中提取5万元,留作最后出版这本书。那笔钱进来很好,我们的经费就可以派到好多用处了,比如多资助一些人,书也出得好一点,本数印得多一点等。但是发票要给他们,他们要去财政部结项。

他是去年给我讲这个事。我说,当年我办不起来,我要提前一年准备,今年就在吴江继续办。这届办了以后也要换届了,我肯定不当苏州书协主席了,我要退下来,以后就让他们年轻人去办。

**鲍** 您为什么不准备做苏州书协主席了?

**华** 我已经连任两届,十年了。我总是有这样的想法,作为一个协会或者团体的主要负责人,不能超过两任。超过两任以后,年龄也慢慢地大了,应该换一个负责人,说不定他会比你做得好,当然,也有相反的可能。但这是一个常规制度,不能搞终身制。我曾经看过一幅漫画,叫《终身制》,就是一群老太太在打排球,因为那时中国女排在国际上很吃香,我看了以后很有感触,像女排这么好,也不能终身制。

**鲍** 这是一幅比较早的漫画吧?

**华** 是的,它是在讽刺终身制。你再能干,比如美国的总统也只能两届,特殊时期才连任三届。我们现在的党政领导,一般两任就换下来了。作为一个书协主席,你还要终身制,根本讲不过去。我始终这样认为,一个好的制度,比一个能干的人起的促进作用大。这里面要衔接好,你可以推荐一个优秀的人来接替你,说不定他会比你干得好。

**鲍** 或者他有不同的领导风格。

**华** 还有就是换一种思路。一般的做工作,年轻人精力旺盛,干劲也足,想干事情,年纪大了以后有一种惰性,还有精力各方面都比较差了,就是要让年轻的人来。

**鲍** "沧浪书社"现在的情况怎么样?

华　"兰亭会议"是言恭达作为总执事时开的,他是我推荐的,但是他因为是省书协的副主席,后来又是文联的书记处书记,所以他主要精力都用在书协、文联的工作上。

鲍　言恭达老师做"沧浪书社"的总执事后,书社很多的活动就在书协、文联里了?

华　他也参与各种学术活动。这些年活动、年会办得少了,慢慢地冷下来了。我觉得这和我们这些人年龄渐渐都大了,都进入老年了,参加活动不像四五十岁时起劲了有一定的关系。一些"沧浪书社"的社员现在常想着,怎么恢复到以前的状态。"兰亭会议"是言恭达做总执事时办的,也由他出面和何国庆先生接洽,并代表双方在会议上致辞、讲话。我就作为一个普通社员参加。我退下来的时候说,我也不作总执事下面的执事,但我仍是社员,也会关心书社的发展。因为我不是选下来的,我是主动退下的,言恭达也是我推荐的。我一直很关心"沧浪书社"的事情,我虽然是一个普通社员,但讲话还是有分量的。我退下来的时候,在泉州办了一次年会。

鲍　那大概是 1997 年?

2008 年 7 月,华人德(右)主持"中国苏州(相城)书法史讲坛",左为来自美国的傅申先生。

1990年"沧浪书社"社员于安徽淮南召开第三次年会,会后于黄山采风。图为与会部分社员合影,戴帽者为华人德。

**华** 差不多。我退下来后,"沧浪书社"办了几次大的活动,太湖边上的"兰亭会议",泉州年会,还有一个"沧浪书社"20周年的活动,出了一本集子、一本纪念册。

**鲍** 年会主要的事情是不是展出大家的作品、研究成果?

**华** 是的。20周年纪念活动是在江苏美术馆展出社员的作品,还吸收了一些年轻社员,现在有40多个社员。有两个已经去世了,一个是乐心龙,因车祸去世的,一个是卞雪松,因脑溢血去世了。20周年纪念活动是在2007年办的,这以后就没办什么活动了。

# 教书育人

- 我当时不想去评,因为我第一届「兰亭奖」得了两个奖,第二届又去评,我那时已经六十岁了。
- 上了一次课后,我就说,你再来学我就不收费了。因为我对他感觉很好,他很聪明,大家在一起接触,也有了感情。
- 我倒觉得这样最理想,比做不感兴趣的东西出的成果多得多,能这样也是福分。

**鲍** 2006年,您获得第二届"兰亭奖 · 教育奖"一等奖,这是您获得的第三个"兰亭奖",这个奖的评选标准、机制是怎样的?

**华** 我当时不想去评,因为第一届"兰亭奖"我得了两个奖,第二届又去评,我那时已经六十岁了。当时有学生和我讲:"华老师,你可以去评教育奖,报纸上列出的九个条件,你都符合。比如,培养有成就的学生,你有一个学生羊晓君是第一届'兰亭奖'的得主,还有很多学生现在已经是教授、副教授。你也出版了很多书,这些材料拿上去,肯定可以评上奖。"我说:"我就是够条件,年龄也大了,还要去做材料。"他说:"华老师,你不要动手,你只要给我们讲,哪些材料去哪儿收集,去找谁要一些依据、凭证等,剩下的我们去办。"我说:"既然你们这么讲了,我就去申报。"把材料交上去以后,得了个"兰亭奖 · 教育奖"的一等奖。

# "华门"立雪

**鲍** "教育奖"是不是主要看您培养了多少学生,学生取得了怎样的成就?

**华** 还有教师本人的一些著作,出的教材,产生了怎样的影响。因为当时我有一本《中国书法史·两汉卷》,《中国书法史》(七卷本)还获评"国家图书奖",是高校书法专业的参考书,包括在台湾,读艺术史的,书法方向就是这一部书作为参考资料。一直以来,都没有任何的书法史著作超过我们的《中国书法史》(七卷本)。

评"教育奖"的时候,当时也有争论。参评的都是年纪比较轻的,我学生一辈的人,也有年纪大的,他们还提出一位老先生王玉池,比我年纪大,北京人,也是北京的评委提出来的,说:"王玉池老先生拿了这么一捧书,也不容易,人也勤勤恳恳的,一直研究王羲之,他就评个一等奖吧。"但是很多评委不同意,有些人提我,还有王冬龄。王冬龄大家没什么意见,他有一本教材,增订本都印了五次,量也很大。有人说:"王玉池书虽然有好几本,但都不是正式出版物,'兰亭奖'是最高奖,这次又要分一等、二等,他没有一本书是正式出版物,这说不过去,把他评了一等奖,会让大家认为'教育奖'的标准太低。"后来又论及书法圈内的影响,学术研究、书法创作、声望等,说华人德在海外的影响比王冬龄要大。因为一般的书法爱好者的标准和书法圈子内的标准不一样。还有学生,我有很多学生现在都有成就了,像薛龙春[1]、羊晓君、陈道义[2]、张平[3],等等。

---

[1] 薛龙春,1971年生,江苏高邮人,博士,现为南京艺术学院艺术学研究所教授。主要研究明清书法篆刻史,亦擅长书法。

[2] 陈道义,1959年生,博士,现为苏州大学艺术学院教授。精于书法、篆刻。

[3] 张平,博士,现为苏州职业大学艺术学院副教授。主要研究装裱艺术,精于书法。

2006年,华人德获第二届"兰亭奖·教育奖"一等奖。

**鲍** 羊晓君是第一届"兰亭奖"的得主,他是怎样成为您的学生的?

**华** 羊晓君是个农家子弟,患有侏儒症。富阳有两个侏儒症患者成为艺术家,还有一个叫蔡乐群,比羊晓君年纪还要大一点。他们当时在为残疾人办的福利厂工作,一个画画,一个写字。大概1987年三四月份,那时"沧浪书社"刚要成立,我和"沧浪书社"的一些朋友,潘振元、朱大霖、张士东等好多人结伴去富阳采风,住在富春江边上。我去富阳之前,羊晓君给我写了一封信,说我得了第二届"中青展"大奖以后,他很喜欢我的字,等等。一个星期后,我们到了富阳,我就问当地县委的人,你们这边有没有一个叫羊晓君的?他说有啊有啊,明天就叫他来。来了一看,两个矮个子。蔡乐群很活泼,嘴也蛮会讲,他画画也画得蛮好的,羊晓君不大会讲话,大家就把羊晓君冷落了,就围着蔡乐群,看他画画。隔一天,我们坐车从富阳去绍兴兰亭,车子是他们县委安排的,就带了蔡乐群,羊晓君也有点失落。

1988年的冬天,羊晓君来拜师了。那时候从富阳到苏州的路况不好,一直到半夜两点多,他才到苏州。他就喊了辆三轮车把他从火车站送到苏州大学传达室,他在传达室外面等天亮,天很冷。传达室的人问他,他说找图书馆的华人德。传达室值班人告诉他,要等到早上八点钟他们上班时才能见到,还有几个小时呢!

就让他坐在传达室等,一直到天亮。我上班的时候,他就到图书馆来了。看他那样子,很寒怯,因为冬天,早饭也没吃。我一问这个情况,也很感动,我说你这样诚恳,我也不好拒绝你。然后他就拿他的字给我看。

**鲍** 在富阳的时候,他有没有给您看他的字?

**华** 看也看了,但当时不会在意。因为这种情况很多,有人拿字给你看,让你指点指点,这种情况经常有,他当时也没提出要拜师。后来他提出来拜师,我说拜师也是一种形式,你以后有机会,就把你的书法作品寄给我,我帮你看看,或者你有机会来苏州跑跑,就带作品来给我看看。

后来他就常来,每年都来,过年的时候都来拜年。他也很能干,在富阳参加一些书法展览,经常得奖,包括全国展也得奖。他投稿之前,都会把他写的字给我看,我就给他讲,哪个字写得不对,怎么写比较好看,采取什么形式,给他指点一下。他文言文不大会写,有时候我就帮他拟好,他再写。羊晓君得了"兰亭奖"以后,名声在地方上也慢慢地大起来,省里面也知道他,省书协主席朱关田也对他蛮关心的。他后来作了富阳书协的主席,举办了一些活动,也在北京办过展览,在劳动文化宫展出的。他们富阳两个,羊晓君,蔡乐群,一个书,一个画,在太庙里办了个联展。展标是沙孟海和启功两位老前辈题的。

**鲍** 大家早期比较看好蔡乐群,后来他的成就反没羊晓君大?

**华** 因为蔡乐群是画画的,他也写写字,人很聪明。羊晓君深度近视,他现在一个眼睛基本上看不见了,还有一个眼睛大概一千八百度的近视,有时候写小字要戴两个眼镜。有段时间也很危险,蛛网膜出血。2008年,《书法》杂志和《书法报》联合评选的"十大年度人物"中,我排名第一,他也榜上有名,排名第五。2010年左右,他还在中国美术馆办过个展,由中国残联和中国文联联合举办,我还特意去北京参加了开幕式,字都写得很大,笔力也很好。那次展览办得很成功。他也擅长写隶书,大部分作品都是隶书,小行书都是用于落款。

**鲍** 您在浙江有好多学生吧?

**华** 我在浙江有三个学生。我那本《华人德书法作品集》,是我60岁生日的时候,他们和我说,老师,我们帮你出一个集子,你把你认为好的作品积聚起来,你也不需要费力,费用我们出。我后来给他们每人写了一卷心经、几幅字,让他们留作纪念。

这三个学生是羊晓君、李辛甫,还有一个叫傅红章。他们到我家来,都是缘分。李辛甫来的时候,他是在一所小学里工作,这所小学在一个穷山里面,叫儒岙小

90年代早期,华人德(左一)、羊晓君(左二)与"沧浪书社"部分社员于严子陵钓台采风。

学,离城很远。他在绍兴师专毕业以后,主动要求分到最苦的地方。当时他带了一个比较差的班级,二年后,这个班级的成绩在小学里排名第二,说明他有一套教育方法。后来就让他做教务主任,后来又调到好的学校,因为他的业绩慢慢地传出来了,后来就到新昌中学作副校长,又到澄潭中学当校长。他后来一直在澄潭中学做校长兼书记,有十年左右了。那所学校建设得很漂亮,像大学一样,占地面积两百多亩。他要求老师都要有敬畏心、宽容心、感恩心、平常心、审美心、欢喜心,对艺术教育、美学很重视。他现在是浙江省的名校长。

**鲍** 他们到您这儿,是一起来的吗?

**华** 不是,有先后的。李辛甫来,是学校放暑假,来苏州旅游,他没有和其他老师一起去拙政园,就来我家看我。我那时候不在家,去吴江参加一个政协的活动。他就留了一封信和一张照片。我觉得这个人很朴实,个子也很高,后来我就和他通信,说以后有机会你来苏州玩。他到我这边,坐车也要八九个小时,比富阳还要远一点,要翻过一座山。他后来也经常来。

**鲍** 那时候他还没做校长吧,您记得大概是哪一年?

**华** 没做校长,那时候大概是1990年。

2007年,华人德(左)与李辛甫(右)于浙南泰顺采风。

　　傅红章是从浦江过来的,浦江在富阳再过去两个县,他到我这儿也是坐八个小时的车。到我这儿是夏天,他在做代课教师,穿了一件汗衫,很破,也没带替换的衣服,在我家住了一个晚上,走的时候就穿了我的汗衫回去。这三个学生对我也都很有感情。

**鲍**　您是怎样指导他们书法的?

**华**　他们也是拿字给我看,看了以后我就指点指点,也不是说,我要一笔一笔地写给他们看,就是谈谈书法,要追求什么格调,要写什么字体。他们有什么问题问我,我也有问必答,毫无保留。江苏这边的学生也很多,有好多学生都是字写得很好了,因为慕我名,来拜我作老师。有些是从小就跟我学。

**鲍**　江苏这边您有一个比较早的学生叫王学雷④吧?

---

④王学雷,江苏苏州人,青年书法家。

**华** 是的。他今天还给我打了电话,他比我女儿大两岁左右,他小时候就跟我学书法。他还不是最早的,第一个拜我作老师的学生现在的字写得不如他们,写字还是要靠悟性的。

**鲍** 王学雷写得怎样?

**华** 他写得好,而且研究也做得好。他曾祖父是章太炎的学生,很有学问。他父母都是北大毕业的,都在苏州大学作老师。那时,他祖父带他来。他祖父是外语系的教授,但是他外语天赋不好,否则老早就去考博士了。他父母都是学化学的,可能外语也不是很好。他可能遗传了曾祖父的基因,文史方面特别好,写的文章也挺好。他来学的时候,也是拿着字来,我给他看看,谈谈讲讲。

**鲍** 他现在怎么样了?

**华** 他后来去了博物馆,因为年纪轻,又没结婚,所以有什么墓葬发现,都派他去一线监督民工发掘那些墓葬。他觉得没意思,工资又拿得少,奖金也不高,因为博物馆很清贫。那时候他参加了"中青展"。"中青展""全国展"这些展览只要参加过一次,就可以申请"中国书协"会员,所以他后来是中国书协会员。有了中国书协会员的身份,他的知识面也广,跟他学写字的人就很多,他就索性辞掉了博物馆的工作,专门做中小学生的书法培训。

# 洋学生问学

**鲍** 羊晓君、李辛甫、王学雷等,是您以传统师徒方式带的学生,其他方式的学生还有哪一些?

**华** 还有国外的学生。上世纪八九十年代,那时候我在苏州大学,外办的汉语培训中心有短期班,一些日本学生来学汉语,他们请我去帮他们上上课。我就去给他们讲书法,我用两节课介绍中国书法和笔墨纸砚,作为文化来讲,然后发点纸,让他们课堂写,指点指点。

**鲍** 这些学生中,有没有后来和您建立长期师生友谊的?

**华** 很少,日本人几乎没有。那些学生中也有字写得蛮好的,他们是中学生,以后也不一定要在书法上再深造。但是同样是外国学生,薄英①就和我关系很好。

**鲍** 薄英是1995年到您这儿的吧?

**华** 是的。他不是学写书法的,主要是书法和碑刻研究。他是一个艺术家,创作的很多作品吸收了我们中国画、中国书法的一些元素。他也会做陶瓷、青铜器,他还研究中国的墨,也会作诗。他太太的文学造诣很高,曾经得了一个"普利策奖"提名奖,还得了一个美国的"国家图书奖"。

**鲍** 薄英他是怎么跟您学习的?

**华** 他来了后,外办和我讲,有个外国人指定要跟你学习书法,我觉得也蛮好。当时和薄英见了面,他也会讲些汉语,但不一定都听得懂。后来,他说,他想跟我学中国书法史和中国书法。我说,这样吧,我业余教你,但我要收你费,因为你是外国人,交流起来不方便,我要备课,要花时间。他说怎么收费?我说一个小时10

---

① 薄英(Ian Boyden),1971年生于美国,从事绘画、雕塑、书籍、策展等艺术活动。

美元,他说好的。因为他有经费资助,他得了一个奖,这个奖规定他可以去任何一个国家进修一年。上了一次课后,我就说,你再来学我就不收费了。因为我对他感觉很好,他很聪明,大家在一起接触,也有了感情。他如果每次拿出10美金,总的下来是一笔不小的支出。当时美元和人民币的汇率大概是1∶8,算下来一个小时也要八九十元人民币。我说,你在这边,经济也不是很宽裕,你有点钱,在中国可以旅游旅游。

后来,过年的时候他也没回美国,因为他也无所谓过年,但是学校放假,冬天出去玩他也觉得没意思。从大年夜到正月初五,他就吃在我家。临毕业的一个多月,1996年,我和外办讲,我要带他出去考察,外办就给了我一点经费。我先带他去徐州看汉画像,徐州我认识的人比较多,有人接待我,他们用车子陪我们到处参观。然后我们就从徐州坐火车到西安,票也是他们买的。我们在西安看了兵马俑,到耀县药王山看了北朝的造像碑,再到周至的楼观台,临潼,咸阳,去了很多地方。

后来他父母也到了西安,说要来看"石头",就是石头雕刻的石兽、碑之类,他们称之为"石头"。我们就和他父母四人租了车去昭陵,就是唐太宗的陵墓。但是

1995年,华人德(左)带美国学生薄英(右)于无锡寄畅园体验中国园林文化。

等到我们登上祭坛，祭坛在九嵕山后半山，以前有名的昭陵六骏石雕就在那里，坐车子下山时，车子坏掉了，无论如何开不动。司机说我找朋友来修，就租了辆摩托车到西安，一直到半夜，接了个朋友把那辆车修好了，其实后来发现是钥匙有点毛病。我们从祭坛到昭陵博物馆，看起来没多少路，走起来要四个小时。我们就不走盘山公路，抄近路走下来。昭陵地方太大了，三十平方公里，很多王公大臣都陪葬在那儿。

**鲍** 是不是殉葬了？

**华** 不是殉葬。比如魏徵，死在唐太宗去世之前，也是葬在昭陵的一个地方。魏徵因为感情和他比较深，经常进谏他，所以他的墓葬在大臣中离昭陵的陵寝最近。唐太宗昭陵的山上有好几个墓，都比较重要。一是韦贵妃的，韦贵妃是唐太宗弟弟齐王李元吉的妃子，后来他弟弟给他杀掉以后，韦妃就作了他的妃子。韦贵妃很能干，唐太宗也很喜欢她，长孙皇后去世后，唐太宗也没立皇后，整个后宫的事情，就让韦贵妃主管。还有一个新城公主的，唐太宗的小女儿，葬得也最靠近他的陵寝。新城公主去世时唐太宗已经去世了，她是唐高宗同母的一个妹妹，结婚没多久就死了。去世后，唐高宗知道父亲最喜欢这个最小的女儿，就把她葬在靠唐太宗陵寝最近的地方，叫驸马自杀殉葬。

当时新城公主的墓还没挖开，我第二次到昭陵的时候，因为发现盗墓了，国家于是抢救性地挖掘。我去那个墓里面了，看见两个人在清理，将近五月了，还穿着棉衣棉裤。我看到一堆骨头在那儿，就拿了个脊椎骨，我说做个留念，有可能是新城公主的，我回去做个盒子装起来。他们说你不能拿，这是我们考古队的规矩，东西都要拿回去，不能随便拿走。我说这么热的天，你们怎么穿着棉裤？他们说没办法，这里面太阴冷了，我们工作十五分钟，就要出去晒晒太阳，透透空气。

**鲍** 是不是物理因素和心理因素交互作用？

**华** 也可能，因为里面比较潮湿。还有一个墓，比较远的，是长乐公主的墓，我和薄英他们去的那次，已经可以进去了。

**鲍** 您和薄英他们那次旅行走了很多地方。

**华** 后来，因为这辆车子一耽搁，我们茂陵、乾陵就没去。乾陵我去过两次，昭陵去过三次。后来我们就坐着车子每天一站，到天水麦积山，麦积山管理员不让他们进去，因为他们是外国人。那时候有些洞窟刚刚修复，一般游客不让进去，外国人也不让，据说是内部开放。那时麦积山办了一个活动，我写过一幅字参加，所以一讲，他们知道我，就不用买票，让我进去了。我说，我还有几个一起来的外国朋友。他们说，我们有规定，对外不开放。后来他说，你把你的外国学生喊过来，他是跟你学习的，不是一般的游客。薄英他们在外面和他们吵起来，我就去劝架，说你们不要吵，他们也没办法，是上边有这个规定。薄英的父亲很恼火，用英语说，你们下次来美国俄勒冈，我们也不让你们进。后来，我把薄英喊过来，一起进去看。它里面有些碑确实很珍贵，造像碑后全是一个一个的佛像，那块碑叫"千佛碑"，一千多个佛，还有其他的一些碑刻和文物。

**鲍** 那块碑可以拓下来吗？

**华** 拓是可以拓，但是我们游客不可以拓，只能他们内部拓。沿途发生了很多事情，都是很不愉快的。那时候是1996年，开放程度比现在差远了，外国人去那边，人们都觉得很新奇。去昭陵的时候，在汽车站等车，那些农村妇女看薄英的母亲穿了裙子，就撩开来看，又是吵起来。我也去和她们吵，我说，你们把中国人的脸丢尽了，怎么可以做这种失礼的事情？薄英他们也觉得人格受到侮辱。

还有一次去刘家峡水库的炳灵寺，里面有个石窟，大概是169窟，要买票进去，120块。里面有个十六国时期西秦的题记，写在洞窟靠顶上的地方，用有机玻璃罩着。我们去的时候，正好有一批文物工作者也去这个石窟，后来知道他们是甘肃文物局派下来检查地方上的一些碑刻、石窟。他们很好奇，说你们外国人怎么会来？我说，因为这边有石窟，他们是搞艺术的。他们说，来吧来吧，和我们一起进去，不用买票。所以，客气的事情也有。

在刘家峡水库，薄英的父亲讲他的叔叔二次世界大战的时候是个飞行员，到中国来帮助抗日，和日本人空战。他说，就在黄河边上。正讲到这儿，一个小孩，大概十来岁，拿铁丝做的弹弓朝薄英父亲的腿打了一弹。打了以后他就逃走，薄英的父亲就去追。很多人在路边看到，就说外国人打人！外国人打人！他其实不是打人，因为不会说汉语，在用英文教育这个小孩。后来，薄英给我讲，他父亲说，中国小孩怎么这么好战，爱拿铁丝做的弹弓打人，从小接受这种教育不好。我就把这个事情解释给大家听，围观的人群也就慢慢散了。

从西安往西，我们所到之处有天水麦积山、甘谷大象山、洛门拉梢寺、兰州、甘南夏河拉卜楞寺、永靖炳灵寺，再回到兰州。然后又往西到武威、张掖、马蹄寺、酒泉、嘉峪关、敦煌。再乘飞机回上海。时间总共一个月。

**鲍** 薄英在1996年就回国了吧？

**华** 是的。他一个人也去了很多的地方,山东、北京,一直到四川、云南,香格里拉大概也去了。他在路上搭了人家的邮车,行了很长一段路,听见广播电台讲丽江发生了地震,后来丽江就没去,回来了。

## "上课就在我家"

**鲍** 您给我们讲了两类学生：传统的师傅带徒弟式的学生，以薄英为代表的外国学生。除这些外，您还有哪些学生？

**华** 还有一类是我带的硕士生和博士生。

**鲍** 您是2002年被评为博导的吧？

**华** 是的。我的培养方向是中国书法史和中国碑刻史研究，写起来是两个，其实是一个。

**鲍** 您什么时候开始带硕士？

**华** 硕士很早就带的，那时挂在中文系。为什么挂在中文系呢？当时有个叫程德琪的老师，他是教授，我那时还是副研究馆员。他在历史系，经常去无锡吴文化公园帮他们策划文化建设。他当时来给我讲："我可以开古文字，你可以开书法，我们两个合起来招硕士生。"和中文系讲了以后，他们也同意，就在那边带硕士生，也只带了两个。后来程教授得了急性胰腺炎去世了。他是从农村出来的，人很朴实，也很好，平时很节约，不大舍得买什么东西。每次去无锡，人家接待他，他就大吃一顿。他夫人在乡下，他一个人在苏大，自己照料自己，他喜欢吃肥肉等油腻的东西，后来肚子痛，还在吃，病发作以后没看好，去世了。

后来我就一个人，我也就不愿意带了。当时带的，一个是逢成华，一个是毛秋瑾①，两个人是一届的。毛秋瑾有桩事情我觉得值得一谈。有一年，香港中文大学

---

① 毛秋瑾，1976年生，博士，现为苏州大学艺术学院副教授，主要研究敦煌吐鲁番写本书法、园林与书画艺术、佛教艺术等。

2009年，华人德（右五）带学生陈道义（左一）、张平（左二）、毛秋瑾（左五）、逄成华（右二）、徐世平（右一）等与张朋川教授（右四）于丹阳陵口考察六朝陵墓。摄于梁武帝的父亲萧顺之陵前。

文物馆办一个碑帖与书法的国际学术讨论会，特邀我参加。我1995年的时候在香港中文大学做过一个月的访问学者，所以对中文大学比较熟悉，他们也比较了解我，就邀请我去。毛秋瑾主动提出来："华老师，我能不能跟着你一起去。"我说："你要去的话，按照海外的规矩，要自费的，费用很大，尤其是吃住。你能不能提交一篇论文，关于古代女性的墓志。谈这个问题，肯定不会和别人有所冲突，人家也对女性比较重视，你又是一个在读的女生，我估计他们会同意你参加。但是你论文要写出来。"我和对方一联系，对方说可以，后来她就写了一篇，写得也挺好，这篇文章提交后，她就跟我一起去了，费用都由会议提供。那个会议饶宗颐先生也参加了，她当时提起想考饶宗颐的博士生。后来考上了，是饶宗颐和莫家良②联合培养。莫家良先生和我是朋友，牛津大学毕业的，现在是香港中文大学艺术系的

---

②莫家良，香港中文大学艺术系系主任、教授，研究范围主要集中于宋代以来书法及香港书法史。

系主任，年纪也不大，比我起码小十岁。她拿到了全额奖学金，四年十六万港币，所以她读书就不用花钱，而且还可以有积余。

**鲍** 正是因为那次机会，她才结识饶先生，也改变了她的人生。

**华** 她现在是苏州大学艺术学院的副教授，很勤奋，最近出了一本书，关于敦煌的写经书法，她让我写篇序，那篇序我写了好几个月。

**鲍** 您的第一届博士生是谁？

**华** 陈道义，最近刚调到苏州大学，以前在苏州科技学院。他博士考了好几次，但外语没过线，第三年过线就进来了。他以前也考过好几个人的博士生，都没考上，但是他每次考博都找我作为推荐人，因为要有两个教授推荐，我也对他比较了解。

**鲍** 您怎样培养这类学生？

**华** 给他们上上课，一开始一个人，后来有好几个。还有一些是来旁听的，我也通知他们。上课就在我家，天气好就在外面，大家一起讲讲。主要讲中国书法史和碑刻史上一些比较特殊的问题，还有碑刻的一些基本知识。

**鲍** 是不是主要从书法史研究，而不是从书艺创作来讲授？

华人德于自家庭院给博士生们讲课。

**华** 都是研究,创作我是另外作为其他的给他们讲。我给陈道义主要讲书法史研究,碑刻也讲,书法创作我不给他讲。他硕士师从西南师范大学的徐无闻教授,徐无闻是一个很有名的老师,身体不好,带了他一年就去世了。他拿了硕士学位后,就一直想考博士。

**鲍** 您的博士生是不是都是跟你学研究的?

**华** 都是研究的。硕士有书法创作方向,但是我没招。我也是因材施教,比如,你考来偏重书法,而且有基础,字也写得好,有实践,对书法史也比较了解的,我就教你,我也不专门给你讲什么课了,你去看一些有关的书,或者你自己选一个题目研究。但是一般都不是他们自己选,都是我给他们出。因为我培养的方向在设计艺术学专业下面,所以题目还要和设计艺术学挂钩,这个帽子下面也很难出题目。所以我很少出纯粹书法的选题,因为书法本身和设计的联系比较少。比如陈道义的博士论文选题是"装饰之道",其实不是书法作为装饰,而是文字作为装饰。张平,我叫他钻研装裱,装裱和书法有关,也和设计有关。我说装裱、包括书籍的装帧,你研究了以后,在书法界也很少再有人去研究。他也听我的话,就研究装裱。

**鲍** 您自己的研究,您带的学生、博士生,和您所学的图书馆学,就有点距离了?

**华** 图书馆学我一直没兴趣。我当年考图书馆学是因为那时它分配比较好,另外,国外图书馆学的研究不知道超前我们多少,你要去研究,包括软件、芯片之类的,人家都在我们前面,只要学搬他们的东西就可以了。

**鲍** 您的爱好成了您的研究,您的研究也就是您的爱好。

**华** 我倒觉得这样最理想,比做不感兴趣的东西出的成果多得多,能这样也是福分。

# 国际交流

- 他们听了以后觉得里面学问很深,以前写字就是毛笔、纸、墨,想不到有这么多学问!
- 我和白谦慎讲,今天巧得很,正好我生日。他说你不要在台上提这个,一来浪费你时间,还有这和你讲的题目没有关系,你生日和听众有什么关系?人家不认识你。
- 我说我还没办过个展,60岁了,这是我的处女展,他笑得不得了。
- 现代派的作品,真正要写得好,能打动人很不容易,比传统的要难。

**鲍** 您与国外的书学交流非常多,既邀请国外学者来中国,也自己走出国门进行文化交流。

**华** 我觉得文化的交流,要请进来,走出去。我们举办了好几次书学讨论会,包括"沧浪书社"主办的,苏州市书协承办的大型的学术讨论会,还有"中国(苏州)书法史讲坛",一般都是国际性的。因为白谦慎在国外,他知道学风比较好的,有真才实学的,研究我们中国书法的一些外国学者,就帮忙请过来。

## 东南亚之行

**鲍** 您很早就和国外书法友人交流了,1990年参加了第一届"国际书法交流大展",那次展览是在新加坡举行的?

**华** 是的,我参加了三届"国际书法交流大展",第一次在新加坡,第二次在北京,第三次在东京。那个国际书法展比较早,是中国书协组织的,就是选几十个人,他们认为创作方面比较好的,发邀请函,然后拿作品去展览。第一次拿到新加坡,但是我人没去。

**鲍** 那您第一次去新加坡是什么时候?

**华** 我第一次去新加坡是因为苏州有一位林尔,他是刻印的,定居新加坡以后,也认识了新加坡书协的一些负责人。那一次,他举办一个篆刻展览,年份大概是2005年,请了几个比较熟悉的,大概三四个人,一起到那边帮他办展览。他也知道新加坡人知道我,就邀请了我。新加坡书协的人很好客,到机场来迎接我们。新加坡的书法水平也不是很高,展览也就是我们普通县市的水平,都是比较传统的作品。我还给他们做了一个讲座。他们当时还在办一个国际展览,请我作他们的评委,去的人中间,就是邀请了我一个人,因为他们也都知道我。

新加坡书协的负责人叫陈声桂,和苏州一些老书法家有来往,像费新我、沙曼翁,他都熟悉。我当时和他讲,或者我们定一个时间,比如明年,苏州和新加坡办一个书法联展。苏州的水平当然超过他们,但苏州是一个地级市,他们再小也是一个国家。他们也答应了。第二年六月份,他们来苏州办展览,在市图书馆举办,我们市里的一些领导也来了。他们来了一大客车的人。十一月份,我们到新加坡回访,当时是我带一个代表团去的,联展办得很成功,我们驻新加坡的一位参赞,还有他们的一个部长都来参加展览的开幕式。因为我们有一个代表团,结束以后我们就到马来西亚、泰国游访。在马来西亚我们看望了沈慕羽先生。关羽和孔子在东南亚地位非常高,他们成立了一个孔教会,会堂后面就是孔子的雕像,有一个半人这么大。我们在孔教会会堂和他们交流,当时写了几张字,我写了"春秋大义"四个大字。沈慕羽后来请我们去他家,他九十几岁了,一直在那边办教育,但是马来西亚有一段时间和我们关系不好,取消汉语作为学校的课程。但是他坚持,当局就把他抓到监牢,抓进去了两三次。后来,马来西亚也知道他对两国的文化交流起了很大的作用,所以给了他一个荣誉称号,叫拿督,拿督大概是一个有贡献、有身份的人。他家里挂了很多民国时期一些当政的人和他的合影,颁发给他勋章之类的,包括台湾给他的荣誉。老先生很了不起,他住在马六甲海峡那个地方。

**鲍** 新加坡、马来西亚他们的书法风格怎么样?

**华** 他们很传统,写的字也很传统,我在他们书协里看到的展品,都是很规矩的字。

**鲍** 他们喜欢和中国的书法家交流哪些主题?

**华** 就是传统的一些技法。我给他们做的讲座,就是讲我们的文房四宝,还有它们的一些性能。我结合这些用具的不同性能,和书法的技法,讲怎么样配合比较

2006 年 11 月,华人德(站立者)率团于新加坡举办"新加坡 · 苏州书法交流作品展",图为展后座谈交流。

2006年，华人德于马来西亚马六甲孔子纪念堂与当地书法家现场书法交流。

好，比如用长锋羊毫，有哪些比较特殊的技法。他们听了以后觉得里面学问很深，以前写字就是毛笔、纸、墨，想不到有这么多学问！

**鲍**　这些您研究过，他们听来肯定觉得深奥、神奇。

**华**　后来再到泰国，泰国的书协主席也来了，和我们坐在一起交谈，结束时他们请客吃饭，我们因为有活动，就没吃。后来中国驻泰国的大使张九桓先生请我们宴谈，他原来是驻新加坡的大使，后来调任驻泰国大使，他也很喜欢书法。我们去了以后，都是长桌子，面对面地交流，吃饭也是长桌子。后来，他邀请我到泰国办展览。第二年，就是2007年我去泰国曼谷办了个展，是他们潮州商会出钱、出地方。个展办了好多天，大使也上台讲话，当地报纸专设一个版面，登了一些祝贺的单位的广告。

**鲍**　个展的时候，肯定有人当场向您请教，和您互动。

**华**　有的，我也当场写了两张字，他们会馆很大，就隔了一部分地方，因为我的作品只有二十来件。张九桓大使当时来了，带着他太太。潮州商会会长，包括一些退休的元老也来了，十分热闹，都要来和我照相，可能也是他们的习惯或礼仪。

**鲍**　有没有泰国的书法家，和你做一些书法上的探讨？

**华** 没有,他们也没有著名的书法家,一般就是作为兴趣爱好,日本和韩国书法名家很多。有一位九十岁的老先生,也是我们华氏家族的,叫华仲厚,他是泰国的美国通用电气公司的工程师,有公司股份,曾经捐给苏大图书馆好多书。这次,就是去年(2013年)捐给无锡博物馆许多字画,大概有三百多幅。博物馆估计价值两个亿,其实绝对不止这个数,有些一幅就要上亿,有宋代的画,元代的有好几件,还有明代的,文徵明的信就有十几封,唐伯虎、祝枝山的都有。他都捐掉了,是以他们弟兄三人的名义捐的。他说我要进养老院的,因为他没有子女。大使馆请我吃晚饭的时候,我把老先生也请上了。那个宴会厅比较大,吃完以后张大使说,这两面墙壁我要挂些字画,你帮我写个《兰亭序》。我回苏州以后,用三张四尺的宣纸,写了隶书的《兰亭序》,就挂在他们宴会厅。

**鲍** 刚刚您提到,我们周边的国家,韩国和日本书法名家很多,您读大学的时候就已经和日本书法家交流了,他们和中国的书法家有什么不一样的地方?

**华** 我在北大的时候,日本的书法家年年都来,我和他们有过一些交流,但是毕业以后基本上就停顿了。我们开国际会议的时候,也有日本人参加,比如我去香港

2007年11月,应中国驻泰国大使张九桓(左一)邀请,华人德(左二)于泰国曼谷举办个人书法作品展。

开学术讨论会,也有日本人。他们的工作做得非常细致,哪个版本哪个版本,研究得很详细。他们也出一些书法类的杂志,有一本叫《金石书学》,日文的,登过我的专题。

**鲍** 您第一次去日本是什么时候?

**华** 第一次是上海和日本九州的大分开通航线,我夫妻参加了首航式。第二次是跟着国际旅行社,都是上海、南京、北京的旅行社老总,包括一些旅游杂志的记者,一踏上日本,他们就宣布我为团长,其实我不是搞旅游的,我是去的一个客人。可能我的身份日本人觉得比较特殊,是大学教授,还懂书法。去了有一个星期,大概是2006年。那次去不是进行书法交流,而是考察日本中部地区的旅游资源。但是临回来的时候,有一位老先生,九十岁了,从岐阜,就是名古屋北面的一个市,晚上叫他的助手陪着来宾馆找我。那位老先生是江苏省的名誉市民,一直致力于中日友好,和我们苏州很熟,说不知道去过多少趟了,他要和苏州联合举办一个书法展览。我就把我的通信地址给他,他也给了我。我一回到苏州,就把我们苏州书法作品的一些资料寄给他,寄给他以后两三个月没有回音。后来我一个朋友汪明峰,他在日本工作了二十多年,和日本书法界的人比较熟悉,也和这个老先生很熟。他说老先生两个月后就去世了,所以没有回信,没有下文了。

**鲍** 日本的书法创作是怎样的?

**华** 他们流派很多,有比较传统的,也有现代的,我们一些现代派的书法就是受日本的影响。这些流派分得比较清楚,有近代诗文派,写明清风格的字的形式;先锋派,没有什么文字内容的前卫书法;还有少字数派,假名派。他们的流派大多以书法组织领头人的风格命名,少字数派就是手岛右卿,他很了不起,在国际上得了很多的奖。1985年,手岛右卿在中国历史博物馆,现在的国家博物馆举办了个人书法展。他的书法作品放在中间,胡耀邦和中曾根康弘,就是当时的日本首相祝贺的书法放在两边,一进门就能看见他的作品。这是日本人对艺术家的尊重,领导人不是所有的东西都要排在前面。我们这边哪怕是文联的主席、副主席,他如果题了几个字,肯定放在最前面。我觉我们对艺术的尊重是挂在嘴上的,无论办什么展览,开幕式的时候,都是领导坐在台上前排,他们是主角,作者坐在边上,作者的老师说不定坐在后排,这是我们的规矩。所以很多东西要和国际接轨,我们的路还很远,要不断地改革,不断地和领导沟通。我在苏州办展览的时候就讲,不要请领导题字,题了字不好摆,他不是书法家,但是排在最前面,观众一来印象就不好。

  我在北大的时候看过少字数派领袖手岛右卿的录像,还借到苏州大学放过。他临帖写得很好,传统功夫非常深。他拿很长的毛笔写,但不是悬肘写,是席地而坐,在矮几上写,执笔和我们拿铅笔一样。其实这个方式倒是唐代以前的执笔方式,现在的执笔方式是唐代以后,有了桌子、椅子了,才这样写。以前写都是拿着简牍,斜着身子写,这样很顺手,如果用现在的方式写很别扭。张朋川老师有一篇文章《中国古代书写姿势演变略考》,他用了很多壁画,还有一些陶俑作例证,证明我国唐代以前的执笔方法就是我们现在拿铅笔的方式。

# 美国讲学

**鲍** 您去美国比较早,也比较多,第一次去是哪一年?

**华** 第一次是 1999 年,普林斯顿大学举办"艾略特藏品展",同时开一个"具体展现的形象"国际学术会议。艾略特是个银行家,很有钱,他有个同班同学叫方闻,是研究东方艺术史的华裔教授,辈分也比较高,是白谦慎的博士导师班宗华的老师。艾略特就和方闻说你帮我在美国买一些中国古代的书法作品,方闻给他买了一件黄山谷的《赠张大同卷》,一个手卷,很大很长,这是艾略特的第一件收藏。后来又买了一件《行穰帖》,王羲之的,但是是摹本,因为现在只有摹本留下来,日本有好多件,流落在西方的只有这一件。还有米芾的三个手札,张即之写的《金刚经》,赵孟頫的《妙严寺记》。艾略特没有子女,晚年时就把自己的财产、收藏都捐给普林斯顿大学。"艾略特藏品展"大概每五年举办一次,把这些作品都拿出来,还从其他地方借一部分放到普林斯顿艺术馆展览。

我怎么会去呢?也不是白谦慎介绍的,而是哥伦比亚大学的一位教授,名叫韩文斌,也研究碑刻,他取了一个中国名字,是个地道的美国人,他太太是福建人。他到中国来,打听到我,就来我家,那时候我还住在杨枝新村,我还送给他一张四山摩崖的大字拓片作为纪念,他很高兴,因为他弄不到这些东西。后来他主持这个学术讨论会,把我请过去。我也和他讲,我没办法用英语演讲,外语学得很糟糕。他说没事,你就用汉语讲好了。那一次白谦慎也去普林斯顿大学开一个会,他在研究生院那边,和我们的不是同一个会。去的还有台湾的一些朋友,一位是何传馨,他参加过我们几次"书法史研讨会"和"苏州书法史讲坛",现在是台北故宫博物院副院长,他在普林斯顿大学进修过,也去了。还有石守谦,他做过台北故宫博物院的院长。

**鲍** 您在那次会议上提交了哪篇论文?

**华** 《论魏碑体》[①]。那一次去,对我触动很大。演讲限定半个小时,我是挑论文的观点讲,不展开。有些人是很快地读自己的论文,像石守谦,他就是很快地在读。我谈了两个问题,魏碑体倾斜的笔画是怎么形成的? 还有魏碑体中的造像记,比如龙门造像记,为什么会刻到后面越刻越草率?

典型的魏碑体最早出现于龙门石窟的造像记,也就是《龙门二十品》中。北魏孝文帝迁都到洛阳后,一些王公贵族的墓志大量出现,较早的墓志的字受龙门造像记书刻的影响很大。

笔画倾斜是因为造像记都是刻在石窟洞壁上的,写的时候,根据人的生理习惯,写横画是往右上斜的,写竖画是往右下斜的,所以都是带斜的,魏碑体的结构大多是这样的,这和书写有关系。越刻越草率是一种应付心理。开头很庄重,佛龛旁边刻了碑的形式,在上面刻造像题记,这都是造石窟的时候,王公大臣、贵戚、将军,他们出了钱以后就规划,这个造像是始平公捐的,那个是杨大眼造像,还有是侯太妃造像。也有是一些宗教团体捐造的。到了后来,石窟造好以后,其实佛像都已经造好了,捐了钱去认一个佛像就可以了。捐钱后,就在边上空的地方,刻上捐资人的名字和发愿文,刻得很简率。还有洞顶上,也刻了造像,"龙门二十品"里面刻得最草率的就是顶上的三个,为什么? 一是操作比较难,还有是刻好以后没人检查,检查要拿梯子爬上去,所以刻完以后也就算了,人家钱已经捐了。就像功德簿上某某人捐几百块钱,某某人捐一千块钱,捐资人在乎的是捐钱的数目,至于功德簿上面的字写得好不好无所谓。和尚也是这样子,只在乎人家钱捐得多,就是这样一种心态。我讲到这个时候,台下的人都笑了,因为很多人听得懂,包括很多外国人,他们研究中国文化,也懂汉语。

但是这篇文章翻译得很糟糕,原来是叫南京大学一个美国留学生翻译,他研究明清小说,给他讲了以后,问他有没有把握,他说我很快就会翻译好。但是等等等,他一直没有拿出来。后来就找人去看,觉得翻的一塌糊涂,因为书法的专用词语他不懂,对历史也不了解,我写的是中古时期的,他研究的是明清的。后来他们再想办法请人翻译,译成什么样子我也看不懂。

---

[①] 华人德. 论魏碑体 // 华人德. 华人德书学文集[C]. 北京:荣宝斋出版社,2008:69—85.

2005年,华人德应邀于美国惠特曼学院讲学半年,期间举办"道在瓦甓"个人书法作品展。

**鲍** 当时白老师在美国,为什么不请他帮帮忙?

**华** 白老师没时间,这个会议他也没有参加,但是他看过这篇文章的译稿,知道翻译很糟糕。他去美国10年,但不像精通双语的人可以随时翻,他要翻译的话,也要翻工具书之类的,要一段时间。

**鲍** 因为是论文,不是平常的口语。您在会议上面,美国人和您怎样互动,比如提问之类的?

**华** 提问呢,我记得一个是简化字和书法的关系怎么样,也是一个华人提出来的。我说,政府没有规定书法家非得写简化字,确实,书法家也不大愿意写简化字,因为它有好多结构书写在作品里不协调。但是简体字也不是凭空造出来的,它有好多来源,有些是从古代的草书来的,比如"书"字,古代草书就是这样写的,把它楷化以后成了简体字,好多字都是这样来的。还有好多字是同音假借过来的,比如"頭髮蓬鬆"的"鬆"和"松樹"的"松",现在简化成一个字了。现在有些年轻人写作品,将简体返还成繁体字写在书法作品里,如果弄错了就会闹笑话。

**鲍** 刚刚您提到,这个会议对您触动很大,其中之一是每个人讲话限定半个小时,还有哪些?

**华** 它到29分钟就敲铃,还有是不相关的话台上不要讲。我那次上台的时候,正好是我53岁生日。我和白谦慎讲,今天巧得很,正好我生日。他说你不要在台上提这个,一来浪费你时间,还有这和你讲的题目没有关系,你生日和听众有什么关系?人家不认识你。

**鲍** 我们中国开会,这样的发言很常见。

**华** 是啊,像"我很荣幸啊"之类的。白谦慎说你不要"先生们,女士们,今天天气很好,大家心情很好,我第一次到普林斯顿来",一句话都不要讲。你讲话也不要谦虚,不要讲这个问题我还在思考,还不成熟。国际会议上,要思考成熟了再来演讲,你怎么不成熟就来讲了?你也不要紧张,就把台下的人都当成呆子,只管讲。你要有自信,人家请你,是因为你在这个领域中是最好的,不好人家不会花钱请你,这不是卖卖人情,认识一两个人就可以的。你讲的题目是你多年研究的成果,很多人都没涉足,所以尽管讲。

**鲍** 2005年您第二次去美国,在惠特曼学院讲学半年,还举办了"道在瓦甓"个人书法作品展。

**华** 我去呢,也不是薄英的关系,是台湾的一个教授魏淑珠,她在美国申请了一笔经费,是和东方一些国家进行文化交流的项目,请一些东方文化方面的专家到惠特曼学院讲课。曾经请了日本的学者,也请了我国纳西族的学者。她听薄英介绍到我,说你可以把华人德请过来。后来她来苏州请我去讲书法,还请了一个做园林研究的。我们两个人都不会讲英语,所以要有翻译,开头请的一个翻译,那个魏老师一面试不行,她说你本来讲得蛮好的,翻译以后反而疙疙瘩瘩的,美国的学生要抗议的,因为请来的老师讲得他们听不懂,他们会不来上课,会去找校长,这就要弄砸了,翻译一定要好。后来就请了外语系一位姓洪的教授,他临时走不了,就推荐了一位年轻教师,叫陈燕,现在是苏州市外事办的副主任。

去了以后,我就讲书法,第一堂课白谦慎去听了。他说你讲得太细了,和外国人不要讲这么细,他们不会了解,就像讲美国史给中国的大学生听,他们也可能脑子里一锅粥,你提具体的地名、人名,学生都不知道。你尽量简单,不要把地名、古代的官职、人名讲得太多,你可以讲一些现象、规律。比如讲到哪一块碑在西安或者石家庄什么地方,人家不知道石家庄是哪儿,你讲得好像头头是道,人家听了没反应。历史也是这样,你讲哪个朝代他们不知道,你只有讲公元什么时候,他们才华人德书法作品柳永《雨霖铃》。

可以对得上。

后来我把好多东西略去不讲，就分了几个专题，比如讲帝王的书法，王羲之的书法，还有碑刻有哪些种类，也讲讲文房四宝。这样子容易集中，学生也有兴趣。然后带他们去兰苏园参观，兰苏园在波特兰，波特兰和苏州是友好城市，苏州市在那边建了一个苏式园林，叫兰苏园，这也是结合园林研究课程。从惠特曼学院到那儿，开汽车要四五个小时，里面有很多书法作品，匾额、楹联等等，都是苏州书法家写的，其中有我的三幅作品。我看到我的字，就给学生说这是我写的，他们很惊奇。

**鲍** 美国学生的书法创作怎么样？

**华** 有些人也写得很好，有一个越南女孩，长得像中国人，毛笔字写得很好。我去年（2013年）带了"苏州市书法家代表团"到波特兰，她正好在波特兰，在一个机构做秘书工作，就和薄英一起来看我。

还有一个女学生，典型的美国人，她选了王羲之书法研究作为她的毕业论文选题。她不是艺术系的，美国学生的毕业论文选题很随便，想做什么题目就什么题目。她做王羲之的书法，因为她上过这个课，而且字也写得很认真。她还要买我的展览作品——柳永的《雨霖铃》，我说这件作品我不能卖。有一个华裔的美国人，她不懂中文，只会讲英语，因为两三岁的时候就和父母来了美国，她看过那幅作品以后就请我讲解，薄英翻译。我讲解了这个故事情节，当讲到在一个清晨杨柳岸送别以后，她就抱住她丈夫哭。我说我的作品有这样的魅力，应该自己收藏，不能卖了。我给她讲明情况，说我重新写一张，和这个样子相同，但是只收你一半的钱，而且我还写大一点，原作我带回去。她也很高兴。

**鲍** 您的"道在瓦甓"个展，是在教学的什么时间办的？

**华** 教学开头。薄英在惠特曼学院美术馆当馆长。他为办这个展览曾提前几个月就到中国来将我的作品拿去，并作翻译，印了作品目录。我一去，展览都布置好了。薄英来接我的时候，说我展览都给你准备好了。我说我还没办过个展，60岁了，这是我的处女展，他笑得不得了。开幕式之前，白谦慎还做了一个展览的讲座，介绍了我的一些背景，还有书法。

**鲍** 参加您个展的有哪些人？

**华** 有学生、老师，还有薄英在这个城镇请来的一些人。这个城市很小，只有三万人，但是很漂亮，学校也很漂亮。我还结合我的展览，在展厅给学生讲解书法创作。

**鲍** 现场的美国人在看您的书法展的时候,会关注哪些方面?

**华** 真正的美国人基本上不懂书法,也不懂汉字,就看看作品的形式。需要给他们讲解,由薄英、陈羔和他们沟通。这个城市的名字很特别,叫哇拉哇拉,是印第安语,一个产葡萄酒的地方,因为那里的土质和气候很适合产葡萄酒。那里有一个大的葡萄酒厂,酒厂老板和薄英认识,薄英就在那儿给我举办了一个展览,但是不成功,因为来的都是当地的美国人,根本不懂书法。这个展览不是"道在瓦甓",我是拿了一部分和酒有关的作品去展出。拿去以后,酒厂老板买了我的一幅字,是一个用篆书写的"饮"字,我写得像一个人拿着酒坛子在喝酒。其实"饮"的篆书就是那个形状,是会意加形声的一个字,有会意的意思,又有象形的成分。后来他买了那件作品,还送给我酒厂最好的一瓶葡萄酒。

**鲍** 他们对"饮"字最感兴趣,是不是因为他们要求书法作品像画一样?

**华** 也可能是那样。就像白谦慎讲的,你和美国人谈书法之类的,真正懂的是研究过我们书法的人,或者是中国国力强盛以后,他们才会注意我们的文化和艺术,否则会把中国的书法艺术看成唐人街的舞狮子,只是一种有趣的民俗。所以我们在国内讲要让书法走向世界,其实还早着呢,只能是一个美好的愿望。

当然也有喜欢书法、懂书法的。像艾略特花自己的财产来收集书法作品,他不一定是真懂,但他肯定很喜欢,每一次举办他的专题展览,要开学术研讨会,费用都从他的基金出,他人已经去世了,但他对文化的促动、发展很有贡献。也有一些人懂的,比如安思远,一个古董商人,他对我们中国的书法很熟悉。我们中国的传统文化,你和外国人交流,他们绝对有研究得非常深的人。我第一次去美国,有个瑞典人叫艾思仁,研究我们的古籍,他太太是北大西语系七八级的同学。

**鲍** 那和您是同届。

**华** 和我是同届,又是校友,所以他们请客吃晚饭。我那时在编一部《苏州古版画》的书,我们讲到古代的版画,我说苏州最早的版画是《碛砂藏》。《碛砂藏》是佛经,扉页有释迦牟尼佛在讲经说法的图,有好几种,轮番地用。我说它应该是南宋时候的东西。他说是你们苏州的吗?我说是,碛砂这个地方就在我们苏州陈湖,是周庄那边的一个湖。他说,据我所知,经刻得早,画刻得晚,后来移到嘉兴去刻《碛砂藏》了,画可能是在嘉兴刻的。我说这事情我不知道。我想你一个瑞典人研究得这么深,不得了!他说你们的图怎么弄?我说出版社只要求我们去复印。他说你们这个质量肯定不行,中国的要求低,所以那些书在我看来都要扔掉。我们中国确实这样,认为古代的木版印刷品用不着显现深浅、层次,只要复印一下就可以。他认为不能这样,要印出层次,印得漂亮,这样读者就和看原物一样。不然就越印越差,本身印刷品有时候就不是很清楚,有模糊,或者有的地方缺掉,复印以后再印刷出来,质量肯定越印越差。

我说你怎么了解得这么深,这么详细?他说我准备编《中国善本书总目》,我说编这个工程量太大。他说我准备好多年了,你们图书馆界联合编的善本书总目没用,只是弄一个目录,什么地方收藏,什么年代的版本,就是这样子,很简单,没把一些应该反应的东西全部真实地反映出来。他把善本书里的藏书章,包括人家的批校,全部反映出来。后来我给他讲,这是我们国家不愿意深入地做下去,专家少,参与的人多,一般大家都省力地做。但是我可以告诉你,我们苏州大学图书馆做的善本书总目,没有正式出版,拿钢板刻的,油印的,就和你的著录方式一样,包括藏书章、批、跋都著录。这是以前同事瞿冠群、夏淡人等老先生编的 801 种《苏州大学图书馆藏甲种善本书总目》。回国以后我一直想寄一本给他看看,后来找不到他的名片,不知道地址,就淡忘了。

**鲍** 这是您 1999 年去普林斯顿时的事情了。

2005 年,华人德(左二)与白谦慎(左一)于翁万戈(左三)家看翁同龢日记原件。

**华** 他们就住在普林斯顿大学旁边。我1999年去的时候,翁万戈先生和他太太也一起来了。翁万戈是中国人,是翁同龢的第五代子孙,学问做得很细致。他家很大,一千多平米,有两三个书房,写一种书在这个书房,写另外的书就在另一个书房。那时候他太太脚摔坏了,撑了根拐杖。我演讲完以后,他和我开玩笑地说:"华先生,我流落番邦数十年,第一次听到讲坛上用中国话讲,很亲切。"我也很难为情,因为不会讲英语。

翁万戈是1949年以前去美国的,当时也知道回不来了,所以拍了一些老电影。这些老电影很珍贵,里面有常熟很多的景色、风土人情。后来我和常熟市政府说,翁先生有些片子,是非常宝贵的资料,你们去拷贝一份,对研究常熟,包括我们整个中国以前的名胜古迹、风土人情都有好处。他们说我们也知道这事。后来也不知道他们有没有去把片子拷贝回来。

现在老先生也九十多岁了。我第二次去美国,正好没多久就放春假,有十五天时间,我到波士顿还专程去看望他,开车有五六个小时,他住在美国和加拿大交界的山里,孤零零的就他一所房子,老先生一个人住,太太已经过世了,平时就雇一个人两三天打扫一次,那次他女儿女婿带了外孙从外地去看望他。他还有地下室,收藏的东西很多,翁同龢的日记原件都在他那边,有十五函。他那时候正好看了我们这边《走向共和》的电影,很恼火。因为电影讲翁同龢做户部尚书的时候,把军费扣得很紧,所以甲午战争打了败仗,他认为实际情况并非如此。

# 现代派书法

**鲍** 有个艺术家叫徐冰,把英语字母用汉字书法的形式表现出来,不解释我们都看不懂,但是美国人觉得很有意思。

**华** 他做的是"天书""地书"。徐冰我见过,但是没和他交谈,其实一讲大家都认识。他母亲杨老师是我在北大图书馆学系读书时的办公室主任,那时候徐冰还在中央美院读书。她讲:"我儿子很喜欢书法,你什么时候写一幅字给他看看。"后来我认真地写了一幅字,给她拿去给她儿子。她也把徐冰刻的一些小木刻给我看,徐冰在读书的时候,专门刻过《人民文学》空白页面上的小角花作装饰。我看了以后,觉得这个人很有才气。

**鲍** 我看到他一个作品,把"猴"字做成一个个的字,然后挂下来。

**华** 这个作品是在华盛顿的佛利尔博物馆展出的,佛利尔博物馆专门收藏东方艺术品。中国的一些文物和艺术品在美国国家博物馆是看不到的,都在对面的佛利尔博物馆。佛利尔博物馆和塞克勒博物馆连在一起,它们是一幢一百多年以前的古建筑,里面有个三层楼的展厅,二层、三层有个圆形的共享空间,和底层连通。他在天花板上挂下一串"猴"字,比如英语里面"猴"的字母,中国篆书里的"猴",巴比伦文字中的"猴",埃及象形文字里的"猴",把它铸出来,串成一串,一个个地挂下来,一楼刚好是个水池,寓意"猴子捞月",很有创意。他在我们苏州博物馆也办过一个展览,打了灯光以后,正面看磨砂玻璃上的影子是一幅山水画,到后面一看,其实是碎砖、乱麻一类东西。这有点创意,也有点小噱头。他的一些插画书之类的在美国卖得很好,有时候两三页纸的策划书就可以卖几十万美金。

**鲍** 现代派书画比传统书画在美国卖得更好?

**华** 这也是一种新奇,中国人不会去买,都是外国人买。我在《苏州大学校报》发

2005年，华人德（左）夫妇于美国纽黑文耶鲁大学拜访张充和先生（中）。

过一篇文章《看美国的画廊》。薄英陪我一起去黄石公园，半道上有一个太阳谷，是疗养和滑雪的胜地，海明威晚年就住在那儿，也是在那个地方自杀的。一个日本人在那儿开了间画廊，薄英租了一个拖箱，里面有几十幅画，开车运到画廊寄卖。我当时在画廊看到两样东西，一个是一张画，大概有两张桌子那么大，像油画，做广告用的，在那里包装，说要运往纽约。我说这幅画多少钱？薄英说五万美金。五万美金不得了了，四十万人民币！后来一个日本人和薄英在交谈，谈了很长时间，我就到处看看，看到一个柱子上挂了个纸人，约一尺长。薄英谈完话，过来问我："华老师，你猜猜这个多少钱？"我说大概几百美金，他说两万美金。我吓了一跳，我刚刚还在摸那个东西，以为是哪个小孩子做了玩的。后来他说做纸人的从事雕塑艺术，很有名，他拿一些没用的包装纸袋做了这样的纸人，送给人家，人家蛮喜欢，因为他的名气很大。后来有人要收藏这个纸人，他就讲，你来问我买，我就要出个价钱，两万美金。我说我就不理解了，这么个纸人卖这么贵？他们也是看名头，我说如果海明威来做这样一个纸人的话，开价几十万也有人来买？其实这也和名人的书稿、书信之类，在拍卖会上拍出天价是同样道理。

**鲍** 您怎么看待现代派书法？

2005年,华人德于美国太阳谷某画廊见到的"天价"纸人。

**华** 现代派的书法,我也问过日本人,因为日本人先做这些,那时候是20世纪80年代初,我还在北大读书。他们说以前日本做的人不少,是为了投合西方人的一些审美标准,有段时间卖得也挺好。本来日本是卖不了字的,一些名家都是卖给自己的学生或者团体会员,他们一般都是靠学生、团体会员供养,不像我们中国,到处卖字。西方人喜欢了书法以后,他们就进行研究,研究就要接触其他流派的一些东西,还有一些传统的东西。了解了以后,他们觉得书法很深奥,而且有更好的东西,好多是以前不知道的,所以就慢慢冷落先锋派的作品。他们说,现在日本还有一部分人做现代派书法,但是不景气。

**鲍** 现代派书法的促进作用还是有一点,但是生命力不长久?

**华** 它有些东西很肤浅,不像传统的书法有很多内涵在里面,比如文字、文学,还有伦理。单从书法讲,它有章法,比如怎样和印章结合,还有拓片题跋,都有很多讲究。现在的先锋派摆脱了文字,就少了很多元素。比如中国的传统书法作品,如果写了一两个不应该出现的错字,作品的价值就会打折扣。还有不同的字体、语句内容等,这些都是一件作品的元素,现代书法把很多东西都扔掉了,装裱也是重新考虑了。当然它也有很多装裱的东西值得吸取。我们传统装裱的作品,南方的不能拿到北方去,北方的不能拿到南方来。如果南方的拿到北方,北方比较干燥,一下子就卷起来了,挂在展厅很难看;北方的拿到南方,浆糊比较厚,容易发霉、折掉。现代派的书法作品都是放在展板上,裱了以后非常挺,再大都非常挺括。

当代书法展里现代派书法很少,一个是因为现代派书法往往要有好的命题,这个命题写好以后,又要去想另一个命题。另一个,他们这么做,观众也不大理解作者的意图。不理解的人,认为猩猩大象也能涂,去泰国,有表演的,大象用鼻子蘸了油画颜料,在纸上画画,也会画出一幅画。猩猩也会涂,小孩也会涂。现代派的作品,真正要写得好,能打动人是很不容易的,比传统的要难。像手岛右卿的"崩坏""抱牛",确实很好,你能理解它。

# 苏州市书法家代表团

**鲍** 您刚刚讲到的"苏州市书法家代表团"是什么时候成立的？

**华** 代表团不是成立的，是临时的，但是我每一次都参加了，都是我作为团长，文联也轮流派人去。最近三年一直连着出去，2013年是到美国和加拿大，2012年是法国的格勒诺布尔，还有意大利的威尼斯，这两个城市都是苏州的友好城市。苏州在美国的友好城市是波特兰，是俄勒冈州的首府，城市不是很大，但是非常热爱艺术，雕塑也很多。薄英的父亲，薄英本人目前都在波特兰，那里的艺术品比较好卖，但是这两年美国经济不好，艺术品也受到影响。

**鲍** 这个代表团第一次去了哪个国家？

**华** 第一次是到日本的金泽。

**鲍** 马来西亚不是第一个？

**华** 马来西亚、新加坡、泰国那个代表团比较早，是在2006年左右，"苏州市书法家代表团"是2011年开始的，最早去的是日本的金泽，都是和苏州的友好城市进行交流。本来今年（2014年）去韩国庆州，因为我们联系的组织没有官方的，都是民间的，我们也不知道对方的水平，后来我说，我们不能去，因为我们代表苏州出去，所以要相当水平的才可以，或者是单方面和他们交流，由他们政府出面。比如到格勒诺波尔、威尼斯，都是他们市长，或者地区的教育负责人出面，他会来参加开幕式，和你进行交流。如果没有这样相当的团体，我说我们要慎重。后来由苏州市外事办公室与韩国的友好城市全州联系了，在他们市文化殿堂办展览，时间是11月中旬，还和当地的书法团体进行了交流。

**鲍** 哪些人能够参与"苏州市书法家代表团"？

**华** 参与的有几种人，一般都是书法家，开头出去的时候，有一些非书法家参与。

2011年，华人德（左二）率"苏州市书法家代表团"出访日本金泽，期间举办"吴门书道日本展"。右一为苏州市原副市长姚东明，右二为金泽市议长上田章。

我就给文联主席讲，人数现在扣得比较紧，只能六个，还要包括一个翻译，就5个人。5个人里面再有什么非书法家插进来，真正的书法家就太少了，如果交流，好多人只能在旁边看。我说如果下次安插这些人，我就不去了。这样讲了以后，所以最近的三次，代表团成员就都是书法家了。

**鲍** 名称是"代表团"，其实人数很少？

**华** 只能六个人，连翻译在内。当然自费也可以，但身份不在代表团。代表团每次出访交流，对方城市都非常重视。在日本金泽，议长请我们去他家喝茶，本来是要请吃饭。他是一个贵族，是金泽的一个有几百年历史的世家，有好多厂、酒店。他说政府请的饭菜不好吃，我请你们去我的酒店，一打电话，那天正好是和我国劳动节一样的，职工放三天假，店都关门的，后来就没去吃饭，改到他家喝茶了。

**鲍** 您带队去了很多地方，威尼斯、美国、法国、加拿大，一是和政府交流，还有是不是和书法家交流？

**华** 书法家很少，他们热爱书法的人也不多，都是社区的一些人。比如去年（2013年）去波特兰，我做了一个讲座，里面可以坐25个人，那一次来了30多个人，大部

2012年11月，华人德（右四）率"苏州市书法家代表团"出访法国格勒诺布尔，并于当地举办"吴门书道法国展"。

分是中国人。薄英也来了，他给我做翻译。他事先做了一个雕塑作品，放在一个榻上面，中间是一个围棋盘，两个他的头像对着，好像下围棋的样子。

确实要走出去，比如到威尼斯，他们也很重视，和我们约好了时间，我们走了半小时才到市政府，因为交通工具只有船，没有车。到了以后，我们先在里面参观，然后来了一位副市长，一位市长助理，还有两个女的，是策划威尼斯"双年展"的女士，一起介绍"双年展"的有关情况。我听了以后很激动，说回国以后打个报告，建议把苏州的一些古建筑像威尼斯一样原汁原味地利用起来，以后也可以做个展览，先不讲国际上的，把国内一些城市请到苏州，一些古旧建筑免费给他们使用，但有责任保护和维修，宣传各地的特色文化，然后慢慢地走向世界。后来我想想，市领导不一定会采纳，就打消了念头。蒋宏坤书记提出来要在苏州建一百个博物馆，这得养很多人！如果借鉴威尼斯的模式，既保护了古城，又推动了文化和旅游，不必养许多人和用多少开销，而且能创造出一个有影响力的城市品牌！

**鲍** 您以书法为交流切入口，实际上是全方位的文化交流。

**华** 他们保护得非常好。中国曾经派人到威尼斯看办"双年展"的地方，那地方以前是军火厂,很大,里面有其他东西放着,但是它不拆掉。中国馆的地方以前是油库,里面有两个大铁桶,只有走道里可以放展品,一共放了两件,一件是像龙一样的东西,还有一个小的古建筑模型。当时中方和威尼斯市政府交涉,说这地方太小,我们来造一个展厅,展厅就归你们威尼斯,钱由中国出。他们不同意,说我们是立法保护古城的,这个岛上不能建任何新建筑,也不能拆任何旧建筑。

**鲍** 我们有时候是土豪作风。

**华** 他不要你花钱,你要花钱可以,外面给你一个岛,指定一个地方做展览场地,但是放到那边谁来看?没人来看,人家到威尼斯旅游都是去威尼斯广场、总督府那些地方。

**鲍** 日本、美国、法国、加拿大、意大利、新加坡、马来西亚,从书法或者文化而言,哪个国家给您的感受最深刻?

**华** 威尼斯"双年展"给我的感受比较深,这个古城保护得非常好,修旧如旧,它内部结构都非常豪华,但是外面都是原汁原味的,他们不随便拆一栋房子。他们也谈到我们中国,说你们就是拆,非常可惜。还有他们的官员请客吃饭都非常简单,

1996年,华人德(左一)于香港科技大学图书馆举办"太湖·沧浪三人展"(华人德、胡伦光、储云),期间为该校大学生签名留言。

2001年，华人德于香港中文大学艺术系主办的"中国碑帖与书法国际研讨会"上宣读论文《分析〈郑长猷造像记〉的刊刻以及北魏龙门造像记的先书后刻问题》。

有些就不请了。不到吃饭时间，也不会主动地留吃饭。像格勒诺布尔，就在他们学校里吃了一顿便餐，但是看得出他们是盛情的，餐后还拿出奶酪，根据他们的吃法，给你弄好。有时他们请客去中餐馆吃饭，就是点几个菜，最后每个盘子都是吃得光光的。

**鲍** 他们很珍惜政府的钱。

**华** 因为他们规定不能滥用政府的钱，他们当然也想吃多、吃好，所以他们来中国很高兴，招待都是超规格的，也不用他们花钱。

**鲍** 2013年，您被评为"苏州市民间对外交流友好使者"。

**华** 去年，苏州对外友好协会评了四个"苏州市民间对外交流友好使者"，我是得票最多的一个，这是第一次评。评了以后，本来是由周乃翔市长发奖，但是等了几次因为有重要公务都没来，后来就不等了。

**鲍** "对外交流友好使者"有哪些标准？

**华** 公务人员不能参评，比如你是外办人员，不能参评。你是非外交人士，但是在外交方面进行文化交流，做了一些宣传苏州的事情，才可以参评，然后投票，投票指定一些单位的代表人士。有一位获评的我认识，她做古建筑，在国外造了好几个园林。

**鲍** 您和台湾、香港的学者交流比较多,他们和内地有什么不一样?

**华** 香港很注重会议的严肃性,1996年,香港科技大学成立五周年,在科技大学的图书馆办一个展览,一位领导迟到了,馆长就不管他,照开幕,一分钟都不等。开会也是如此,很守时。台湾办会议的时候,台上台下的交流很激烈。

**鲍** 台湾、香港的书法家,他们的书风和内地有什么不一样?

**华** 香港有两个人写得很出色,一位是黄君实老先生,他是个收藏家,也是嘉德、苏富比拍卖行的顾问,草书写得很好。我们去他家看过藏品,他拿出一幅怀素写的《四十二章经》,我一看那东西很眼熟,我说几十年前,无锡的公园里曾经刻过这个书条石的《四十二章经》。他说以前是无锡人收藏的,他问我们,你们看看这是不是怀素写的? 黄惇和曹宝麟说靠不住,我认为是真的。我为什么这么认为呢? 因为这幅《四十二章经》是一口气写完的,字都连带在一起,非常贯气,一定是和尚写的,《四十二章经》字数不少,只有和尚能背诵出来。写草书都是靠背诵连续写下来,不是看一个字抄一个字。

**鲍** 您是从生活细节、艺术经验来鉴别这幅作品。

**华** 怀素留世的有《怀素自序》,也有争议,还有小草《千字文》《苦笋帖》《食鱼帖》等,和这个风格不一样。我说一个人的书风不一样很正常,在不同时期,或者不同环境、心境下写的会不一样,用风格来鉴定书法作品的真伪靠不住。外国人喜欢用风格来甄别,每个字每一笔拿幻灯片放大了分辨对比,分析得很细,我认为这个有时候靠不住。

　　黄君实当时也笑笑,你说真的假的他都无所谓,喜欢了就买了收藏,真假也不在乎,只要东西好。香港还有一个是黄君实的学生,裱画的,写草书,也写得非常好。台湾相对比较拘谨,传统的东西比较多,书风比较传统。但也有一些做现代的,比我们这边做得还凶。

2005年,华人德应邀于美国西雅图华盛顿州立大学作书法讲座,讲座结束后与听众互动。

2012年华人德(左一)率团出访法国格勒诺波尔,期间举行书法授课,教法国学生执笔。右一为王伟林。

1998年10月,华人德(左一)于台湾中华书道学会主办的"出土文物与书法学术研讨会"宣读论文《从出土简牍看两汉书法》。

2005年,华人德夫妇游美国波特兰兰苏园,图片上方为其所书匾额。

他人看他

## 白谦慎[1]：他这个人比较传统

**鲍** 您和华老师在北大时就是同学、好友,根据您和他的交往,您觉得他性格怎样?

**白** 他总的来讲比较老成。他当时年纪也比较大,31岁上大学,我认识他的时候,他32岁,已经有家室、孩子。他是当时我们七七、七八级年龄最大的本科生,我们全校最年轻的本科生也在他班上,14岁,大了一倍不止。还有就是他国学根底非常好,我们一般看《中国通史》,他看的都是《汉书》《魏书》,都是古书,知识渊博。还有金石拓片,他很早就接触了。我们组织活动的时候,基本上都是他讲。

**鲍** 您在论述华老师书法史研究的理论意义的文章中,使用一个词"关注生活细节",这一特点在他的生活中有哪些具体的表现?

**白** 他这个人比较传统,对朋友比较好。不像我,我在上海长大,我们家庭也没有这样的传统教育。一般朋友来,他都会送点小礼,我是不送礼的,他礼数比较周到,会照顾到不同年龄、不同方面的人的感受,他很懂中国传统的一套礼数。相对而言,我比较新派一些。有一年我去上海探亲,路过南京,他打听到我乘坐的车次,那时候火车停站时间长一些,他买了站台票,到了我的车厢门口,跟我聊了几句,火车开动的时候,他买了一包礼物送给我。我去他家一般不带礼物的,我这个人,不大懂礼数。有的时候,我去他家玩,临走的时候,他会这个买两包,那个买两包,说带给你父母或什么的,他的礼数很周到。

**鲍** 我们这次采访您的时候,华老师也一再叮嘱不要在您演讲前访,因为您要构思演讲,也不要您一讲完就去访,因为那时候您很累。

---

[1] 白谦慎,1955年出生于天津,现为波士顿大学艺术史系中国艺术史教授。与华人德友谊深笃。

**白** 是的,他知道我不太喜欢应酬,有时候,有朋友来了,他知道我不喜欢,也不会强求我去参加。

**鲍** 华老师"注重生活细节"的特点在他的书学研究中有哪些体现?

**白** 他这个人有一个很大的优点,英文里有一个词"common sense",他的常识非常好,同样看一件东西,我们会把一些理论或今人的想法套上去,华老师很有智慧,他一般会设身处地地从当时的情境出发,考虑种种可能性,在这些可能性当中选择最可能的,他的学问练达,你会觉得不"硬",他说出来的东西就很有说服力。

**鲍** 是不是说从生活中推导出来结论?

**白** 也不全是这样的,因为我们今天的生活和古代不见得一样,他一定是非常熟悉古代的整个生活环境,所以他做的推理、推测很有说服力。我们对历史文献不可能都知道,很多历史文献现在已经没有了,推测是我们历史研究当中经常采用的方法。虽然他的结论我们最后也不能验证,但是会觉得这种说法比较可信,言之成理,合情合理。用通俗的话说,他的学问很大,同时又很接古代的地气。

**鲍** 是不是说他走的是传统一派的路数?

**白** 传统也有很多派,我们不能说他的路数是传统,是说他的传统学问很好。他在重构古代的东西时,譬如碑刻,会考虑到各种因素,之后你会发现他对一般生活场景的理解很细致入微,很体贴人,也就比较有说服力。

**鲍** 华老师从1999年开始,去过美国好多次,讲学外,他在交游中主要关注什么?

**白** 华老师这个人,对古代文化很有兴趣,他是老高中,过去的教育蛮完整的。还有一个曹宝麟,现在是暨南大学的教授。第一个,除历史外,他们对地理很关心,包括人文地理和自然地理。另外一个,他们对植物、矿物、物产很关心,这一点我是远远不如的。他们到一个地方后,会了解这些情况。华老师喜欢旅游,旅游的时候他会关注自然地理、文物。他到普林斯顿、纽约、波士顿,很大一部分时间,除了看自然景色外,他就喜欢看博物馆,应该说,博物馆对他的影响还是蛮大的。他自己的文章也提到,当时是由他美国的学生薄英陪他看博物馆,我陪他看了自由女神,然后就去忙我自己的事了,因为要教书。他看博物馆的时候,主要看埃及、希腊的,很大一部分时间他不是看中国的。

**鲍** 他为什么不看中国的?

**白** 因为只有这样才有对照。他研究汉代,在中国来讲是蛮早的,但真的要看刻石的话,我们比埃及、近东还是晚了不少。我们过去总是讲我们是最悠久的文明之一,四大文明古国之一,等等,其实文字我们比近东晚了很多,碑刻比埃及的也晚了很多,当然,晚并没有很大关系。他也希望他的学生关注一些朝代里国外的东西,我觉得这是很重要的,其实这一点我也在关注。

**鲍** 您和华老师一起合作过很多事情,一起创办了"北大书法社""沧浪书社",一起编《兰亭论集》,一起创作"龙骨蝉翼",还有很多我们所未知的事情。这些合作中,您和华老师在分工上有什么习惯?

**白** 没什么习惯。"北大书法社"成立是他想到的,因为我当时也比较活跃,他就来问我,我说好啊,然后就发起了。"沧浪书社"成立时,我在美国。成立之前,我和他对当时的书坛有一些看法,出国前我们就有一些议论,和朋友也有私下的联络。我那个时候已经在美国留学,有一次,他寄一个表格过来,说准备发起"沧浪书社"。他说我是"沧浪书社"的发起人之一,其实我是发起社员之一吧。

合作其实都蛮自然的,我们并没有什么分工不分工的。人们老是说"文人相轻",其实你看我们在北大的一些交往的写字的朋友,现在关系都很好,也没吵过架,我也搞不清什么原因。

**鲍** 是不是你们虽然在一个学术圈内,但人不在一起,您在美国,曹宝麟老师在广东,华老师在江苏,彼此有了距离,反而情感更好?

**白** 你这样就小瞧我们了,因为人不在一起才不吵架?有些人不在一起照样会吵架,我觉得还是基于大家的相互尊重。你这个解释没有看到我们的超越性。你看,我如果在苏州书协工作的话,也不会和他吵架。我和他在北大时,在一幢宿舍楼待了四年,很近,我们也没什么矛盾。大家有不同意见的时候,讲一讲就算了。有一次我向一个会议推荐了一个学者,华老师说:这个会议和这个学者没什么关系,这次我们就不请他了。其实我推荐的人就是缪哲先生[②],这次(2014中国书法史讲坛)又请了缪哲先生,请缪哲先生是因为他学问非常好,当时那个会议是纯书法会议。我推荐缪哲是出于公心,他拒绝我也是出于公心。他拒绝了我的推荐,我也没什么抬头不好见人的,他既然有这个认识,我们彼此尊重就好。彼此尊重、彼此不勉强,比如有朋友外地来看他,我也在,朋友说:"白老师一起喝酒去。"华老师会帮我挡掉,他知道我不喜欢应酬,就说:"白谦慎就不去了。"他不会说,你也来,或者你看不起我们就不来。

---

[②] 缪哲,1965年生,主要研究早期中国艺术史,现为浙江大学文化遗产研究院教授。

**鲍** 华老师不会说这样的话。

**白** 华老师是不会说那样的话。有的人交往的时候,会说些那样的话。他知道我很忙,我有别的事情要做,为什么要喝酒呢?

**鲍** 您和华老师交往三十多年来,有没有因书法或其他的事情起过争论?

**白** 争论好像没有,有过不同意见,但基本情况上相当和谐,我们也不是酒肉朋友。一起合作的事情,比如"中国(苏州)书法史讲坛""兰亭会议"。"兰亭会议"的起草、纲要、海外的联络,当时都是我来做的,做完了就做完了,也没什么的。审美趣味上,我们也比较接近,当然有不同的意见,但我都记不清具体事情了,大致是我提出个想法,他否定了,否定后大家都讲清楚;他提出个什么,有时候我也会否定。我和他私交非常好,他太太和我妻子关系也很好,他女儿和我关系也很好,但在开会议、办讲坛等事情上我们都公事公办。

**鲍** 三十多年交往以来,您觉得华老师的性格有什么变化?

**白** 性格谈不上什么变化,他还是老样子,这一点他保持得很好,还是那种传统文人式的风范。

**鲍** 这三十多年来,他书法风格有什么变化?

**白** 书风变化挺大的。他早年受《石门颂》影响比较大,后来变得含蓄了,现在又加了汉简的东西,所以变化还是蛮大的。

**鲍** 华老师的书法作品,我们看的比较多的是他五六十岁时非常成熟的作品,他1986年获第二届"中青展"大奖的作品我们只在一张照片中看到,感觉和现在的风格还是有点不一样。

**白** 你不要按照你们的观点,随便地把他某个时期的作品当作成熟期。他各个时期的书风不太一样,也不能说他有几个成熟期,我觉得他成熟得很早,不能说后来就更成熟。这是我个人的看法。

# 羊晓君[1]：没有这个老师的话，不会有我的今天

**鲍** 您和华老师结识已经快三十年了，第一次相识是什么时候？那时的情形是怎样的？

**羊** 第一次应该是 1988 年，整个过程我记得很清楚。那一年大概 11 月 12 月交接的时候，我下午五点从富阳坐汽车到杭州，然后坐火车到苏州，那时候我没有出过远门，到苏州是第一次出远门。上车以后没座位，我就坐在上火车的门口，大概半夜两点半的时候到苏州火车站。下火车以后下着小雪，天很冷。那时候钱很少，一想马上就要天亮了，去住个旅馆，算一个晚上的钱，不合算。火车站有个 60 多岁的老头，他有辆三轮车，我就问他能不能把我带到苏州大学。他说你现在去干吗，人家又不上班。我说没关系，你就把我带过去再说吧，我想说不定值班室有人。去了之后值班室果然有个老头，在里面烤火，他是通宵值班的。他问我找谁，我说找华人德老师。他说华老师要明天八点来上班。我说那我就在这里等，和你聊天。我就坐在那里和他聊天，等到早上快八点的时候，老师傅站在校门口，看到华老师骑自行车过来，他说那就是华老师。

**"从此我就想方设法找这个老师"**

**鲍** 之前您好像在富阳和华老师见过一次面，这次去是为什么事情？

**羊** 对！这次是第二次见了，我是专程去拜师的。华老师看到我也很奇怪，问我什么时候到的。我说晚上三点左右到的，我是来拜师的。华老师也很感动，他把

---

[1]羊晓君，1964 年生，浙江富阳人，书法家，现为富阳市书协主席。华人德的学生。

我领到他的办公室,办公室中间摆着一张老的桌子,旁边都是书柜,他给我泡了杯茶,叫我把带来的一捆字拿出来,一张张地看过去。看完之后他问我,苏州要不要去玩玩。我说不玩。他说这样的,你来了嘛就玩玩。我说我不玩我回去。我就从他那里出来,在苏大旁边的小饭店里吃了点饭,然后从苏州坐船到杭州,坐船要坐很长时间,整个晚上都在运河上面,天亮才到杭州。

**鲍** 又是熬了一夜。您当时怎么想到要拜华老师,而不是拜其他书法家为师?

**羊** 这个很奇怪,其实就是一种缘分。我找到他是怎么一回事呢?华老师在第二届"中青展"的十个获奖者里排位第一,他写了一副对联。当时我在报纸上看到以后,觉得这个字写得太好了,我特别喜欢。从此我就想方设法找这个老师,后来我打听到华老师是苏州大学的。有一年,华老师和苏州工人文化宫的书画家,到我们富阳来。富阳当时还是县,县政府办公室有一个领导,打电话给我,那时候我还在一个工艺美术厂里画画,说苏州的华人德在富阳,他当时就提到了,在富阳有这么一个学生,那时候我写过信给华老师。

**鲍** 那时候您已经和华老师通信了?

**羊** 对,写过信给华老师,华老师也给我寄改作品,他也知道富阳有这么个学生,所以那次到了富阳,他就委托那个领导打电话给我。我见华老师的时候,也是拿了几幅作品,他们住在富阳县政府的一个招待所,我就拿去给华老师看。

**鲍** 华老师是怎么点评您的作品的?

**羊** 他非常认真。我记得第一次的时候,他看了后说写得好,然后鼓励我写。他从来不会给你讲这一横应该怎样写,这一竖应该怎么样,这些东西几乎不讲。他讲得最多的是什么呢?告诉你去买哪本书,什么帖什么碑,什么书法理论书,比如《书法史》、碑帖考证之类。这些我以前都不懂,都是在他指点下才去学的。他也没说这些书你要仔细看,他就是要你去买这些书看,看了就知道了。

**鲍** 他要您自己"悟"。

**羊** 是的,其实这就是真正的老师。还有就是像今天我和你坐下来聊天,在聊天当中我得到很多知识。

**鲍** 您能不能举个例子?

**羊** 比如说,临帖好比是什么?他没有讲临帖应该怎么样去临,这个都没有讲。他会给你讲一句很普通的话,临帖好比是银行存钱,你把钱存进去,钱多起来了,以后派用场的时候你可以拿出来,就那么简单的一个意思。可能不写字的人理解不了,但是写字的人一听就知道:哦,对!没有临帖的功夫怎么去搞创作。

**鲍** 他从不会手把手教您写字。

**羊** 高明的老师都不会讲这地方怎么写,那地方怎么写,如果是这样,这个学生就跟着老师的书法去写了,变成了你学他的东西,而不是你自己脑子里想象的东西。他给你讲一个大道理,然后你自己去想,悟出来才是你自己的东西。

**鲍** 您在学隶书、行书的时候,有没有想学华老师那种隶书和行书?

**羊** 我在学习过程中,从书体角度讲,我没想过写得跟华老师的隶书、行书一样。但不管怎么样,学生受老师的影响还是很大的。我受华老师影响最大的地方在哪里呢?主要是作品的章法上面,不管是行书,还是隶书,都是受他的章法的影响。我作品的章法,和华老师几乎没什么两样。华老师的大字是一个一个写的,行书落款也是一个一个下来,都很疏朗。大字与小字互相映衬,小字如果是密密麻麻写下来,感觉和华老师的隶书就不相配,完全是自相抵牾了,我也是这样。我的书法作品的布局、章法,到现在为止都是华老师的,有时候我刻意想跳出来,但就是跳不出来。

**鲍** 华老师在给您谈书法作品时,会不会讲得这么仔细?

**羊** 这个他不会,这是自己去感受华老师这种布局很古朴、雅致。这就是华老师的特色,也是我的特色。

## 他第一句话就说:"气息很好"

**鲍** 华老师说他在书法作品中追求一种"书卷气"。

**羊** 对啊,这就是书卷气。这几年我也带一些作品到他家给他看,他第一句话就说:"气息很好。"

**鲍** "气息"是什么?

**羊** 一般的人也不会讲气息,没水平的人也看不出来什么叫气息,气息在哪里,只有懂的人才知道。

**鲍** 您是不是一开始也不大知道"气息"指什么?

**羊** 一开始我也不知道,是慢慢体会的。这个也没法去问华老师,什么叫气息。这东西不好问的,你要自己去琢磨、感受。后来我才知道这个气息,第一,是你的路正不正,你的路正,你的气息才有。路正就是不是野的东西,有来路,来自什么碑帖，这是气息的第一条，没有这个后面不要谈了。这个和我们人也一样，你这幅作品首先要有"外婆家"，"外婆家"找到了说明有根。写书法的人，即使再聪明，如果没有扎实的功夫，没有"外婆家"，你再聪明，哪怕你会飞，也没用。

**鲍** 可不可以自创一派？

**羊** 创不出来的。你创出来肯定要有传统的功夫，没有传统的功夫哪来的创造。第二，这个作品的线条变化是否丰富，线条里面是否有内容。书法是很奇怪的，一横一点下来，懂的人一看，这个横里面有很多碑帖的味道，这就是内容。不写字的人，一横一点，我们一看就知道这人写字不行，太简单了，没有内容，经不起推敲，看的人也看不出来你这里面有什么碑、什么帖。

**鲍** 所谓有内容，是不是说这里面还要看出你有"外婆家"？

**羊** 对啊，就是这个意思。第三就是这个笔写下来是不是有力。不写字的人或字写得少的人他一笔划过去，像一张黑的纸剪好了贴在白纸上，很薄，没有立体感。但是华老师写的字，不管大字小字，长的还是短的，笔画写在上面，入木三分。我来看的话，看得出这个笔画好像刻进去一样，不懂的人看不出这种效果，这个就是气息。

**鲍** 您在用笔方面和华老师有什么相同或不同的地方？

**羊** 我也是用长锋羊毫，这是受华老师的影响。这是华老师讲的，我每次去，他都要送给我几支，回来写了以后我感觉不错，非常适合我，说明他的风格适应长锋羊毫，而且用的都是顶锋。这种笔都要苏州定做，其他地方买不到。

**鲍** 您现在写大字的话也是用长锋羊毫吗？

**羊** 不是，大字用长锋羊毫，一来没有那么大的笔，做不出来；第二用长锋羊毫一般功夫不到家，吃不消的。我现在写大字用的是短锋羊毫，很轻松，不需要多大力气就能写出来。

**鲍** 您在创作书法作品的时候，对内容的选择有什么标准？

**羊** 我家乡观念很强的，我是土生土长的富阳人，富阳有那么好的山山水水，为什么不利用富阳的资源呢？所以我搞的几次活动，出的几本书，全部都是写富阳的。从2012年开始，我搞的几个重大展览，都是以富阳为主题进行创作的。在北京中国美术馆搞的那个展览，我就写了最大的四个字"富春山水"，直截了当点出富春山水，而且我为这四个字，专门在北京王府井大街做了一个非常大的广告，我自己花钱的，25000块，做了一个月，就四个字，每个字一米二大。

**鲍** 华老师在选择书写内容的时候,会有意识地选择有味道的那种。

**羊** 华老师是学者,大学问家,所以他选的内容和一般人选的不一样。

**鲍** 这个对您有什么影响?

**羊** 这个影响不大,应该有,不是那么明显。为什么呢?因为我本人和华老师在学问上相差太大,没有那么大学问我怎么能做到,所以说我只能抄古代人的现成的内容。华老师也会抄写一些古诗、古文,但是他会结合当时的想法,来找这个内容。我主要从家乡这个角度出发。

**鲍** 您现在创作一些书法作品,比如参加展览、全国赛的时候,华老师会不会给予你一些指导或帮助?

**羊** 这个有。比如我在中国美术馆的展览,作品集出来之前,把小样弄好以后,我就拿去找华老师看一下。当时我的作品比较多,他给我选了一下。有的作品有重复的字,或者字与字之间,笔画重复的很多,他说重复太多了,会影响这幅作品的质量,把这个拿掉。这是一种。还有很多作品上我写错字,或者把古人用的字和现代人用的字混成一个,字是一个字,不一个意思,我以为意思是这样的,但其实是那样的,这种华老师一看就知道,就拿掉,这种很多的。

第三个,这个我觉得很重要。去年,中国书协和中国文联搞"三名(名家、名篇、名作)工程",我写了一幅作品,我是先弄好小样,包括字什么都写好了。那时,正好在济南开"中国书法之乡联谊会",我也知道华老师一定要去的,就把小样带着给华老师看,说这幅作品请华老师看一下,章法好不好,里面有没有错字,有些字隶书可不可以这么写。因为隶书有些结体比较特殊,有些字我感觉大概是这样写的,但不敢确定,就让华老师指点一下。他看了以后给我修正了一下,然后我回来再进行创作,结果我这件作品就选上了。

**鲍** 您在创作作品的时候,都会习惯性地和华老师交流一下?

**羊** 是这样的,一看是否方便,二看这个活动的重要性,重要性在哪里,比如说"三名工程""兰亭奖""全国奖"这三个以外,我不会去麻烦华老师。

**"他绝对是为人师表的好老师,也是非常好的长辈"**

**鲍** 除了书法以外,您和华老师一起的事情,还有哪些印象比较深刻的,比如一起出去游玩、办个活动?

**羊** 除了书法以外,其他的活动机会也不太多。我因为身体的原因,不喜欢跑来跑去,有时候想去也去不了,有时候开会能碰到,但也不多,所以和华老师在一起的时间也少。我可以这么讲,如果没有华老师这位老师的话,估计不会有我的今天,不仅仅是写字,还有生活、工作,都是连在一起的。

**鲍** 您的意思是不是因为华老师教您书法,您成名以后生活、工作都得到很大的改善?

**羊** 这是一方面,更重要的是什么呢?就是华老师为人处世对我的影响。我觉得华老师不仅仅是学者、书法家,他更绝对是为人师表的好老师,也是非常好的长辈。

**鲍** 这些是不是从教您书法的行为中体现出来的?

**羊** 不是。是和他平时交往感觉到的,到他家看他也好,过年拜年也好,还是他到富阳来看我,感觉他完全是一个家长、长辈。比如1992年我结婚的时候,我没想到他会来。

**鲍** 您有没有告诉他您结婚的消息?

**羊** 我结婚告诉他的,但他到富阳来我没想到。他到富阳没给我讲,他还带着空调被,那时候空调被非常好,要好几百块钱一床。他拿着空调被来了,到你们今天下车那个地方,打电话给我,说他到富阳了。我说华老师您怎么来了?他说你结婚我肯定要来的。这是什么感觉?

**鲍** 长辈的温暖!您当时什么感觉?

**羊** 我感觉挺惊讶的,华老师怎么来了!让人很感动。后来我邀请华老师、师母来富阳住几天,我们富阳的山山水水,我也跟他一起走走。他很喜欢这种走访,看民生、看古迹、跑来跑去。以前来的比较多,近几年倒是没来过。他对富阳也比较了解,我印象中他经常提到富春山、龙门古镇,等等。

**鲍** 华老师在富阳游玩的时候,看到这些风土人情、山山水水,会和您聊些自然的、历史的东西吗?

**羊** 会的。比如一些名人,他们现在的小辈生活情况怎么样,有没有在富阳,他会打听古人的后代现在的生活。富阳的文化名人也很多,孙权、郁达夫、董邦达、董诰,有些名人我都不知道,他知道。

**鲍** 华老师在富阳有没有题字、题匾之类的?

**羊** 有,我们富阳他的书法很多的。我们富阳有座大桥,"富阳大桥"四个字就是他写的。当时华老师还不愿意写,他说:"大桥的字我就不写了。"我说华老师你要去写,一百年以后,富阳人就要考证了,华人德为什么要写这四个字?那时候就知道了,您在富阳有个学生,叫羊晓君,肯定有这个因果关系的,要不您不会写呀。还有富阳东吴文化公园,都有他的字。

**鲍** 您去华老师家看他或拜年的时候,哪些情形让您感觉到家长式的温暖?

**羊** 我给你讲,华老师家,不仅是我,连我两个女儿,也经常想去。我小女儿两岁的时候,我带她去华老师家。那时候华老师还住在老房子里,房子很小,师母特别客气,烧了一大桌菜,要我们吃,我每次去都是这样。华老师还要夹菜给我,讲这是什么菜、什么汤,都是好的东西。而且我每次去,师母老是要我带苏州的特产回来,给两个小孩吃。我每年去,师母都要给我小孩压岁钱,我说孩子大了,不要了不要了。她说:"不行,小孩嘛,要高兴高兴的。"

**鲍** 完全是长辈的风范!

**羊** 所以我受华老师影响的,不仅仅是在书法方面,其他方面太多太多了。你说华老师这个人,为人多好,我从来没听他说过几句气话、教训的话,有时尽管是以教训的口吻给你讲。

**鲍** 您跟了华老师之后,会不会也去读《说文解字》之类的书?

**羊** 以前我会去看的,现在眼睛不好,字都看不出来。

**鲍** 您现在只能写大字了?

**羊** 我基本都写大的字。华老师也很关心我,也经常给我讲有些活动你就不要去了,去了没意思。我有时候去他家,他还会介绍、推荐给我一些药,如果他家里有的,就拿给我,说这药你拿去,对你眼睛有好处的。

**鲍** 有没有这样的情况,在讨论一幅作品时,您和他意见相左?

**羊** 没有,从来没有。我觉得华老师讲的话毫无疑问,肯定对的。

**鲍** 您对他的尊重是非常尊重了。

**羊** 这个不是说尊重,这个是从心底发出的对他艺术的尊重,对他为人的敬重。我在跟华老师学字之前,并不知道华老师是怎样一个人,我和华老师接触以后才知道,华老师是个大大的好人。

**鲍** 您也发现,找到一辈子的老师了。

**羊** 对,就那种感觉。

# 李琴华[①]：在我心目中，他没有什么缺点

**鲍** 您和华老师相恋相依四十年，我们还听说华老师给您写了四十封信，你们是怎么认识的？

**李** 我们是在轮船上认识的。当时是1974年5月1日，我记得很清楚。我插队在苏北大丰县，在邗江珠宝厂工作，5月1日放假，我从苏州到大丰去拿粮食，那时候户口在农村，到无锡乘轮船，看见一个位子我就坐了。华老师说："这个位置是我的。"我说："你一个男生，让我坐在边上好了。"他说："这个位置我要看书，比较方便。"我说："那你看着办吧。"他就走了。轮船开的时候，他走过来，把自己的东西挪一挪，坐在我旁边。我们就一起聊天，我说，我要去东台工艺厂找一个朋友，他说我和他是同事。我说哪有那么巧的事情？那个轮船要开两天一夜，几十个小时，因为有共同的朋友，我们就交流起来，就这样，我们相识了。

**鲍** 您第一次看到华老师，是什么感觉？

**李** 我觉得这个知青比较另类，不和我相处的其他知青一样，整天就是打牌、玩，那时候也没有好的拉杆箱、旅行包，他就拎一个网兜、一个脸盆，脸盆里都是书。后来到了苏北东台工艺厂，我的朋友来接我，说："哎！你们怎么认识？"我说在轮船上认识的。后来，他说晚上请我吃饭，我说不好意思，他说反正我要请你，你能答应最好。我朋友说，他请你吃饭，蛮好。我就去了，晚上一起吃饭，一起讲讲谈谈，我觉得他还是比较老实的人。临走的时候，书我没得送，就送了一支钢笔给他，他也觉得不好意思，其实他请我吃饭了。

---

[①]李琴华，华人德的爱人。

## "他桌上干干净净的"

**鲍**　华老师给您写的第一封信是怎么样的?

**李**　我回到大丰后,他给我写了第一信,信上就是很平淡地讲讲他的情况,他家里有几口人,讲讲他的工作,其他没什么。他四十封信都是这样,都是很平淡的,现在什么状况,什么样。当时我留了四十封信,他写第一封信,到写最后一封信的称呼永远是一样的,没有变化,不像人家很肉麻。过后这个信呢,我们搬家,从苏北搬到城里来,放到旅行箱里湿掉了,我说湿掉就算了,不要了。

**鲍**　要是保存到现在那就很值钱了。

**李**　有一次他的朋友告诉他:老华,你写给某某的信在网上拍卖,我这是网上买的啊。我和他说笑话,我留的四十封信也是一笔财富啊!

**鲍**　您把一笔财富丢掉了。然后他就追您了?

**李**　没有。事后才知道他很向往苏州这个地方,因为受他爷爷的影响,喜欢苏州的评弹,觉得认识一个苏州的小姑娘也不错。

**鲍**　华老师到写第几封信的时候,才正式和您确定男女朋友关系?

**李**　应该是他父亲过世以后。我们相识了大概一个多月还是两个月,他爸爸就过世了。我觉得当时相识也不一定是男女朋友,也就是一般的朋友。他爸爸过世以后,他就很认认真真给我写信,我当时觉得这个男生很有文化,不像社会上的其他知青。我当时是69届初中生,但是"文化大革命",根本就没有读到书,对读书还是比较向往的。我和华老师的感情,怎么说呢,也是很自然而然的。当时他说,我28岁了,我说这么老? 我那时候22岁。

**鲍**　他就是一切对您坦白,华老师挺真诚的。

**李**　很真诚。华老师还有一点给我印象比较深,我那个东台工艺厂的朋友,也是男的,他是画家,现在在无锡工作得不错。两个人生活方式截然不同,到华老师房间去,他桌上干干净净的,我那个朋友房间里画笔、调料盆什么的,到处都是,乱七八糟的。

**鲍**　您出生于苏州,不喜欢这种乱的。

**李**　这也是的。

**鲍**　师母是什么时候调到工艺厂的?

**李**　1976年的下半年。1975年结婚以后,我们当时也不知道后来有高考,就到他那个工艺厂工作。我到了他单位以后,是家属工,跟一个师父学了半年刺绣后,我就单独工作了。华老师是正式工,结婚后单位给他分房子,房子是用芦席隔的,大概十七八个平米,很简陋,就是放个床,放个五斗柜,拦一半放炉子。那时候年轻,身体好,也很开心。

**鲍** 你们结婚两年后,华老师就参加高考了,您当时是怎么支持他的?

**李** 华老师是1978年考的,1977年不让他考。当时他周围的人都觉得,你们现在在工艺厂赚那么多钱,就不用考了。那时我们两个可以赚四个人的工资,华老师有二十块的固定工资,还有四十五块钱的计件工资,就是晚上可以拿回来做的,他有七十几块钱的工资,我有七十几块工资,很高了。我就和他说:"读书是不是你的理想?如果是,就不要去管人家,也不要管家庭,你就去努力好了。"他说他先生都觉得在这里很好,谁谁谁都觉得在这里很好。我说你上大学后一定和现在不一样。他说那你和小孩怎么办?我那个时候是临时工,我说:"我到时候再说。"因为我很自信,我那时候身体好,又勤劳。后来他去报了名,复习了半个月,考了盐城地区的文科状元。从那时候开始,我就觉得生活很有希望。

### "不会因为学习忙不写信给我"

**鲍** 华老师在北大念书的时候,您就一个人带着孩子?

**李** 他一出去读书,我就和他们单位解除了家属工的关系,到苏州来了。因为我带了一个小孩在那里,不方便。那时候知青回城的风已经形成,我就在家里一边带孩子,一边做做外发。应该说感谢我的父母姐妹,小孩扔给他们,我就拼命画画。我父亲的单位也不错,知道他的女婿上了北大,女儿没有着落,就通过"上山下乡办公室"每个月补贴我30块钱。

**鲍** 那时候读大学,尤其是华老师读北大,是一件非常荣耀的事情,您父亲的单位也很人性。

**李** 我在家里画画,带小孩没问题。知青都上来以后,我就在苏州造漆厂工作,华老师暑假寒假就到苏州来。我妈妈那时候有个28平米的房子,就给我们住。我爸爸单位补贴的钱给我爸爸,我们两个人生活,我画画,一个月都要画一百多块,我一分钱都舍不得花在自己身上,都把它留着,因为华老师回来以后还要过日子。

**鲍** 您不单是想到了当下,还想着华老师毕业以后了。

**李** 嗯，就是想着也要有个自己的家，所以有钱也不大舍得花。华老师说在大学里钱够用了，我也不知道其实不够用。因为那时候我对钱的概念不大清楚，和父母生活在一起，也不清楚这个钱到底能买多少东西。

**鲍** 那段时间，华老师暑假寒假就会尽可能在家里待的时间长一些？

**李** 对，和我一起画画。那时候，我们生活慢慢变好，也没什么追求。他大二的时候打电话过来，说老师让他直接考研究生，问我的意见。我觉得能够到这一步，已经很不错了，还有，如果读得更高的话，回不到苏州，也成问题，我就不是很赞成他考研究生。

**鲍** 您不赞成之后，他也不再提了？

**李** 他也没再提。到现在他都觉得，当时的得失不影响他现在的生活，即使当时考上研究生，生活、地位高些，他也不稀罕。

**鲍** 华老师也讲过，他读大三的时候，您也去了一次北大。

**李** 我就去了一次北大。北大在海淀，那时很冷清，就像苏州的乡镇一样，教师的住房也很紧张，年轻单身教师两个人合住12平米一间宿舍，烧饭就在走道里。家属也很难往北京调，所以我很不愿意让华老师留在北大工作。

**鲍** 华老师当时是怎么想的？

**李** 他一般都是以家庭为重。

**鲍** 华老师读大学的时候，大概多长时间给您写一封信？

**李** 一般的话一个月左右写一封，不会因为学习忙不写信给我。我记得有一封信他说今天是他的生日，我"自祝自寿"（谐音自作自受），买了一点面，在宿舍里吃面，天气怎么样怎么样。我把这个信给我弟弟妹妹看，他们都笑了。


### "我考虑到自己，也就不替别人求字"

**鲍** 1982年的时候，华老师分到南京了，为什么不直接分到苏州？

**李** 分不到，那时候大学生也少，是抢手货。我有一个朋友的父亲在苏州大学，找了以后才调到苏州大学。他在南大也就待一年左右。

**鲍** 到苏大来，单位分房子了吗？

**李** 当时一心想来苏州，华老师同意五年之内不向学校要房子。那时候我单位的行政科长和我关系不错，他们也觉得华老师北大毕业，能到苏州大学，不容易，就分给我一套房子。

**鲍** 华老师因自己的名气获得的好处,反而在您单位落实了。

**李** 对啊,因为我邻里关系比较好,所以给了我一套新房子。先是给了我一套19平米的房子,叫什么地方我也忘了,住了很短的时间,在相门那个地方。一个房间,一个小的客厅,两家人合用一个卫生间,烧饭就在走廊里。

1985年的时候,造漆厂分给我57平米的房子,在南环新村,住了十年。1995年的时候,苏州大学给了我们82平米的房子,就是拿那套57平米的房子换的。那时候华老师学校有规定,要用房子换。华老师和学校房产处的杨主任关系不错,他说你随便给我什么房子,多大平米都可以。华老师说,不要为了这一点小小的利益犯这个规,那时候房子也不是很值钱。所以我说,到现在,苏大就给了我们二十几个平米的房子。

**鲍** 您为什么没有去苏大工作?

**李** 我那时候是图书馆协会的会员,苏大也有人让我到图书馆工作。华老师说:"你来干吗?你永远是个跑库的。"当时我帮我妹妹办玩具厂,收入比在学校高,加上华老师反对,我觉得还是不去吧。现在看来是个错误的决定。

**鲍** 那时候您觉得不进苏大也无所谓。

**李** 现在当然有区别,一个有退休金,一个是社保。不过,事情过去就过去了,也没有觉得后悔,因为当时也不知道走哪条路好,没有一个人能够做任何事情都是正确的。

**鲍** 2005年以前,华老师在国内或国外出差,您有没有陪同?

**李** 那时候因为我也在工作,所以一般的话不会出去。我那时在我妹妹的公司里做玩具技术科长,工作很忙,华昊那时在外地读书,华老师有时候几个月都吃不到我做的饭菜,我还打电话让我的小姐妹给他做饭。

**鲍** 2005年,华老师去美国惠特曼学院讲学一个学期,您陪同他一起去了吗?

**李** 我们一起去的。从此,华老师去哪儿我也去哪儿。慢慢地,也觉得自己老了,发现自己有高血压了,觉得再拼搏也没意思,我就自己放松。

**鲍** 随着生活条件越来越好,您也应该享受生活。

**李** 生活上面,华老师也就是要煮饭给他吃,工作、出差,我都不管他的。他生活很有规律,像现在,家里有阿姨打扫卫生,但是他起来第一件事情就是把床铺好,地上打扫一遍。阿姨说,我等下会扫的。他说你要到下午扫,我现在把它扫一遍。

华老师在事业上有所作为,对自己的要求也比较高,不像其他人邋里邋遢的。但是他也不要穿什么名牌衣服,戴什么名贵手表,他就是要求自己很干净。

**鲍** 华老师对生活有一个好的态度。华老师创作书法的时候,您会在旁边帮忙吗?

**李** 会。他很高兴,把写的字给我看。我不懂也装懂,说好啊之类的。我也有一些艺术直觉,因为我也画过好多年的花鸟画,有时候他会说你说的倒是对的,有时候说你不懂的。他就是想找个人交流一下,把那种感受分享,你要是说,你不要问我,我不懂的,他就觉得没意思,没劲了。

**鲍** 现在找华老师求字的人越来越多,会不会有人通过您的关系,找华老师写字。

**李** 没有。为什么呢?因为华老师的脾气比较古板,我答应了,他不肯,我很丢脸的。所以我考虑到自己,也就不替别人求字。

**鲍** 这也是他对艺术的一种尊重。您和华老师有没有吵过架?

**李** 吵过。

**鲍** 能不能和我们讲几个小故事?

**李** 也就是生活的小事,比如,我带孩子不方便,他妈妈不愿意给我们带,我们会吵。但是现在,一般的话平时不大吵架。有的时候我说他,他心里也不舒服。他脾气好,和他吵架,我觉得对不起他。

**鲍** 假设两个人吵得赌气了,一两天不说话有没有?

**李** 也有啊。有的话,都是他最后说,算了算了。他还是比较善良的。有时候心里不开心,想想也就算了。直到现在,生活上有分歧,大家都觉得算了算了,从来没有从内心觉得我要吵架。比如弄这个房子,他从来不来的,从设计、动工到装修,都是我一个人。

### "他喜欢安静,不喜欢喧哗"

**鲍** 这全部都是您一个人做的,非常了不起!

**李** 都是我搞的,他觉得蛮好的。

**鲍** 当时您买这个房子,我听华老师讲过,是和您弟弟、妹妹一起买的吧?

**李** 嗯。我房子旁边两幢一个是我妹妹的,一个是我弟弟的。后来我妹妹移民出去了,房子就不要了,我们叫华昊买下来,她说不喜欢这里的环境,觉得这里是农村。

**鲍** 华老师喜欢这里吗?

**李** 他喜欢的。他喜欢安静,不喜欢喧哗。说实话,我们经济状况改观还是比较大的,他自己从来都不花一分钱,不像人家一样要求名牌,他觉得要钱干吗?对物质上的需求,没有的时候他不要求,有的时候他也不要求。

**鲍** 您和华老师一起,挺幸福的。

**李** 至少说吧,找了一个有文化的人,对我来说还是蛮幸运的。虽然生活细节上,他不会照顾我,永远是我照顾他。有的时候,我们也有点小浪漫,去看看电影,在饭店吃个饭,或者两个人讲讲笑话,有时候人家以为我们是情侣。有的时候,华昊会在圣诞、元旦给我们去订个宾馆,吃个什么套餐,他都愿意去。这种钱他愿意花。

**鲍** 有的时候他愿意小资一下,这是师母喜欢的情调。

**李** 对,他一向都是这样的。有的时候,比如晚上,我们买了好多的录像片,都是外国的,我们没有什么事,就看一场都喜欢的电影。我们文化差异比较大,但有些兴趣爱好差不多,看电影不会说你看这个没意思,我不喜欢。另外,古玩、字画,他喜欢的我也喜欢,他想买,我就买了。

**鲍** 他买字画的时候,会不会都要经过您的同意?

**李** 应该说是商量,不会自己做主,毕竟也是几万块几万块的。都是他说我看中谁谁谁的东西,哪个先生的字画,他都和我说。直到现在,他有一些什么想法都会和我商量。另外,比如有的时候我疏忽或者粗心,把东西搞坏了,他不会很心痛,坏了就坏了,没有就没有了。

**鲍** 他很大度,对物质不会耿耿于怀,他更重视人。

**李** 我也很尊重他。外面交往,我觉得男女之间的交往都是正常的,他不会出格的,你还去斤斤计较,没有这个必要。他的女学生,女性朋友来,我都是很客气很大方地招待。他的学生他的朋友也是我的学生我的朋友,我应该尊敬,不能把自己当成局外人。我看着他的学生从很羞涩到长大,我一直把他们当成自己的小辈看待。我记得有一次,薛龙春他们到苏州来,我们住在南环新村,他们男孩子来,我就做了一大锅的肉,薛龙春记得很清楚,那个肉好吃,品质好像比别人家的好。他们从中午来了以后,一直都在喝酒吃饭,到晚上才走,开心得不得了。我很开心。

**鲍** 这是师母聪明、大方。华老师平时喝酒吗?

**李** 不喝,偶尔至亲好友来了也就喝个一杯两杯。有的时候他反而和我说,你今天喝点酒。有的时候他说喝了酒眼睛不行,有的时候又说,好啊,反正生活也就是这个样。在我心目中,他没有什么缺点。

**鲍** 这是华老师的人格魅力,也是师母爱华老师的表现。

**李** 反正我出去买东西,都是给他买好的贵的,他觉得没有必要。我说你都年纪大了,年纪轻的时候也没有穿什么,所以我都给他买好的,他也很开心。他第一双皮鞋是我给他买的,他的西服是我给他做的。他上大学的时候,他妈妈给他做了一件风衣。我说妈妈不要给他做风衣了,到北京那种地方去读书,要神气点。他说只要暖和就行。第二年我给他买了一件呢子大衣,那个时候物质贫乏,买衣服要券,我弟弟正好有个亲戚在百货公司,就帮我买了一件。我记得清清楚楚,54块钱,好贵的,他妹妹看着都很羡慕。

还有一个我想讲的是,我和华老师谈朋友的时候,第一次出去玩,到的是山塘街、虎丘。前两天我还和他说:那时候我是一个知青,婆婆在农村,你是东台工艺厂的一个职工,我们都不知道自己的前途、事业在哪里。现在在山塘街的山门前面,我抬头看看,这是我丈夫写的字,我心里好开心。一晃四十年了,那种改观不是一般人能做得到的,山塘街那种地方也不是一般人就可以写字的,这也是我以前完全没有想到的。现在有这种改观,至少对自己的人生是一种安慰。

# 华昊[1]：他是一个爱好不甚广泛的人

**鲍** 我听华老师讲过您小时候的一个故事。他抱着你，指着远方的山，说"山"，你说"二"。

**华** 他说的那个事我完全没有印象。我记得的是我们住在南环，我在苏州市平江实验小学读书，他用自行车送我上学，那时候我已经长得蛮高了，还坐在前面的横杆子上，路上他会教我背诗词。后来我读初中的时候，隔壁班有个同学，他给我讲，他们那时候议论："哎呀，这个女孩了那么大了怎么还坐在前面？"其实，很小的时候爸爸就教过我一些东西，但持续了一段时间的，就是在自行车上教我背诗背词。

"说他不严吧，有时候也挺严的"

**鲍** 这画面非常温暖。华老师有没有要求你学习书法？

**华** 没有，他没有强求我学写字。他有一个学生叫王学雷，现在书法实力非常强。我读小学五六年级的时候，王学雷由他爸爸妈妈带着来我家，要拜我爸爸为师，我爸爸就让他写了一个"龙"字，写了之后我爸爸觉得挺好的。他们走的时候，我爸爸去送他们，我就照他那个去写，我爸爸回来看到，他说这个字是你写的？我说，对啊，是我写的。他说，哎呀，看上去感觉像写了好几年的字！从那个暑假开始，他就给我说，你有天赋的，你写吧。但是我对书法没有偏好，暑假过后就不写了。他看我不写了，也就不再提。

---

[1] 华昊，华人德女儿，苏州大学凤凰传媒学院教师。

**鲍** 舞蹈、画画、钢琴,他有没有像现在的大部分家长,要求你去学一二种?

**华** 没有,这些东西从来都没有。但是我妈妈很羡慕别人家的女孩子会弹钢琴,我读初中的时候,大概初二,钢琴非常贵,六千块到八千块一架,还不敢给我爸爸讲,因为对我们当时的家境而言,这个钱是非常多的。我妈就趁我爸出差,去上海买了一架钢琴。后来就拜一个老师学,但是也没坚持下来,到了高二的时候,功课特别紧张,我就说不学了。从说不学的那天开始,我就没再碰过钢琴,现在连音阶都不会弹了。

**鲍** 华老师回来有没有生气?花这么多钱买一架钢琴。

**华** 他没有生气,他觉得这是白费功夫,因为音乐需要天赋,全家都是五音不全的,你能学出什么门道?没有天赋硬要去花费很大的精力在这上面,他觉得得不偿失。但是我去上钢琴课他也没有反对,他对这事保留自己的观点,觉得这是没用的,是白费力气。事实也证明了这点。

**鲍** 高中生活一切以考试为中心,家长都不允许孩子打野或玩什么的,你读高中那会儿,华老师会不会说,你怎么还在玩,怎么还看电视之类的?

**华** 不会。我读高三的时候,电视台放刘晓庆的《武则天》,我妈妈坐在床上看,我不敢坐着看,就站在她边上看,我爸也没来管过我,一直看到考试。我那时候心态挺好的,我爸爸反而比较紧张,说你晚上会不会紧张、失眠。我说,没有啊,我都是躺下去就睡着了。他说,啊!你真是有大将之风。我还记得读初中的时候,他们看一部美剧《豪门恩怨》,我也跟着看,他们也不管我,最多会说你去看书吧,休息吧,然而我当耳边风,他们也没来管我。

**鲍** 我觉得你非常幸福,包括你的童年、少女时代,都是很惬意的。

**华** 不是,说他不严吧,有时候也挺严的。

**鲍** 你给我们讲个严的故事。

**华** 我有个好朋友,是我小学的同学,我们关系一直很好。有一次,我忘了是高中还是初中的一个暑假,她来找我玩,我爸爸拿了一本习题册给她,说你和昊昊一起做做习题。她做了五分钟,说:"对不起,叔叔,我家里还有点事,我先走了。"所以你说他不严吧,他有时候也挺严;但是要说他严吧,他也不严。所有金庸、梁羽生的武侠小说,都是他在苏大图书馆给我借的。我暑假一直在看武侠小说,速度很快,一天一本。他从来没有说武侠小说不能看,反正就一本一本地给我借。他有时候都沉浸在自己的事情当中,所以也不太管我的学习,但有时候突然回过神来了,发现我好像没有在学习,就会说两句,给个习题册。

**鲍**　华老师经常到外地出差,有没有带你出去过,比如到某一个古镇,或者其他名胜?

**华**　印象中,他活动去过六合、中山陵,那时候我还很小,我记得是大热天,坐那种绿皮火车,我妈妈用杯子装了很多西瓜,在路上喂我喝西瓜汁。那时候小白叔叔(指白谦慎)的爱人怀孕了,我印象蛮深的,我们还比赛谁爬中山陵爬得高。其他的好像没有。最近几年,暑假我们都会全家出去玩。

**鲍**　每年或者每半年会定一个地点?

**华**　基本上都是我在规划,反正我爸爸都可以的。我提议了,就去把路线,参团等搞定了,他请客,我们全家都去。

**鲍**　听你的讲述,包括读武侠小说、外出旅游,感觉你提出一个主意,华老师基本上都会同意。

**华**　对。我觉得他性格是很急的。我读大学以前,有时候做事情不对,他立马会把我训一顿。但是,我还在生气的时候,可能脸上眼泪还没干,他就会来哄我,说我刚才太凶了。他不会觉得我对你生气了,我是你爸爸,要等着你来给我道歉。我们发生争论,无论是他错还是我错,最终一定是他先来和我讲话。

**鲍**　能不能给我们讲个训你的故事?

**华**　训我的故事啊?我读小学的时候,那时候有种糖,像方糖那样的,有咖啡味道。有一次我外婆家邻居问我在喝什么?那时候可能真是半懂半不懂,也有一点是小小的炫耀。我就说我在喝咖啡。那邻居就说:"你们条件很好啊!还有咖啡喝。"我爸爸在旁边一点面子不给我,很严厉地说:"这不是咖啡,我不知道这个叫什么名字,这个东西很便宜。"当时大家都很尴尬。这件事情已经过去那么久了,我印象还是蛮深的。所以到现在我都不会、不习惯讲假话,因为讲假话的话我会面红耳赤。

### "工作已经成为他的习惯了"

**鲍**　华老师对你工作方面有什么要求?

**华**　好像也没有。我觉得他是比较保守的。我大学毕业时,已经考上了研究生。我的一个阿姨非常喜欢我,她是做生意的,经济条件很好。那时候我表弟已经在澳大利亚留学了，他是去读高中。我阿姨就说把我送到澳大利亚留学，所有费用她全部承担。按常理来说这是大家梦寐以求的，我爸爸就坚决不同意，他说你既然考上了研究生，你放弃，去国外留学，最后能学成什么，回来之后能做什么，这些都是未知数；你已经考上了研究生，这是已知的，看得到的，研究生毕业之后能找到一份稳定的工作。他觉得这个更好。后来亲戚就非常生气，觉得怎么这么不领情。他性格比较安于现状，属于那种首先要把握住当下，把当下的东西做好，然后再想下一步，不去想那么远。

  我觉得他还是一个不喜欢竞争的人。说一个很好笑的事情，我女儿她们学校有一年评三好生，只要觉得自己可以的都可以拿申请表，让家长帮着填，把优点什么的呈现出来，然后老师在填表的同学中择优选择，如果不申请的话就没有资格。我女儿回来也没给我提这个事。事情过后好些天，她突然给我讲，我就批评她，说这个事情应该给妈妈讲，你评得上评不上没关系，但是你应该去试试。但是我爸爸说："从小就淡泊名利，这个非常好。"我们当时听了之后都觉得特别好笑，这么大的孩子有什么淡泊名利的。他就说，小孩子如果不想去争这个奖，做父母的就不要逼着她去争。就这样的一个态度。

**鲍** 小孩子这个行为和华老师口中的淡泊名利是不一样的。

**华** 对，不一样。他就从他的立场对孩子的行为进行解读了，从这事也可以看出他的性格属于比较被动的。他自己去参赛、评选，因为有时候我要帮他准备材料，他就会给我讲为什么要去评选。有些时候他更多的不是出于自己的意愿，他一直说我都已经是六十几岁的人了，也不一定要通过这些东西来证明自己。但是他又觉得学生、朋友，或者是领导，他们关心你，也是出于热心，希望你去参加。他觉得如果不去参与的话，就相当于没领别人的好意，他觉得就不好意思了，所以就去参加一下。

**鲍** 我发现华老师有几次都是这样的，在北大参加"燕园书画会"的展览，白谦慎老师劝了几次，他才拿了一幅作品去参展；第二届"中青奖"，他也没去领奖。

**华** 第二届"中青展"那件事情很好玩，那个我已经有印象了。那是几几年我记不清了。那奖实际上是第一届，所以蛮隆重的，当时国家领导人都会去颁奖，但是当时我爸爸好像拉肚子，不是特别严重，我印象中也没住院。当时白叔叔就打电话给他说，你一定要来。他就觉得我身体不舒服，还特地跑那么远，坐飞机还要自己掏钱，领一个奖没必要吧。当时我年纪还小，我妈妈、舅舅劝他去，因为这也是他人生中第一次得那么大的奖,他就坚持不去。他身体不舒服是一个原因,但是也没严重到那个地步。

**鲍** 华老师说现在他每周周末都会去你家,和你一家人聚在一起。

**华** 对,其实我很少回我爸爸家。我大女儿周末要上英文课,小女儿现在还好,一天只睡一次,以前一天要睡两次,包括冬天我们都不回来的,因为这地方整个像冰窖一样。

**鲍** 啊!这不是有壁炉吗?

**华** 没用,而且我爸爸特别固执,觉得冬天就应该像冬天一样,所以冬天我不愿回来。因为在我家几个月中央空调是不停地开着的。这边我感觉像冰窖,我爱人说感觉走路都会有冷风刮起来,因为这房子比较空,也相对比较高一点,这个家的中央空调它的制冷效果很好,但是它的制暖效果很差。他们也可能比较节省,不会几个月开着。冬天回来我都感觉特别冷,所以过年以后我会一直到五月份才回来。都是他们每个星期周末到我那边聚会,去看我们,他们照顾我比较多。

**鲍** 从你读书到现在,你观察到的,华老师的爱好是什么?

**华** 他的爱好啊?我好像也说不上来。他平时要么就看看国外的电视剧、电影,但是也说不上是爱好。我觉得他这个人对于工作、书法的热情要超乎其他的休闲娱乐。他好像没有其他的爱好,要么就是喜欢旅游。旅游的话也就是最近几年,因为说实话,更早之前也没有这样的经济实力,他都是因为开会、工作原因去过国内的很多地方。纯粹的旅游也就这两年,他热情特别高,每年都出去好多次。旅游的时候,他有一个特点。像我们一开始看什么都新鲜,去多了以后,到这个地方就说,哎!这边的水还不如哪里哪里,这边吃的不如哪里哪里,回来就会感觉盛名之下,也不过如此。但他不是,他总能够找到自己的乐趣,我很少听他说哪个东西是很不好吃的,什么地方是很不好玩的。他的评价基本上是其实那边也不错,其实这东西蛮好的。

**鲍** 华老师平时在家里都做些什么?

**华** 写字看书。我妈妈朋友很多,三天两头在我家聚会,她们在楼下无论怎样吵闹,他就是吃饭的时候才下来,一直把自己关在书房,他喜欢这样的生活,从我小时候就这样。他很少娱乐,偶尔看看电影、看看美剧。

**鲍** 会不会找人打个牌,玩个麻将?

**华** 有,但是很少很少。前两年偶尔还会有,特别是我无锡的奶奶过来,他有时候就陪妈妈、岳母打一下,像这两年,我是没有看到了,因为我也很少过来。

我觉得他是一个爱好不甚广泛的人,除了旅游以外,他没有什么特别的爱好。我爱人是台湾人,每年过年的时候我都会和孩子、爱人去台湾过年,年三十晚上我打电话来拜年,我妈妈基本上吃完年夜饭,就去外婆家和她们一起玩了。好几次我都问你在干嘛呀?他说我嘛看看书。大年三十晚上就看看书,一个人!我大年初一初二也会打电话过来,除非有人来拜年,他也很开心,一起聊聊天;如果没有客人,他也好像没有意识到今天是新年,应该休息一下。我觉得对他来讲,工作已经成为他的习惯了。

### "我觉得他性格蛮真诚"

**鲍** 他的工作就是他的爱好,他的爱好就是他的工作。他平时也会运动,散散步吗?

**华** 没有。最近几年也是因为高血压什么的,有时吃完饭,他会出去走一圈,散散步。

**鲍** 以前不会吗?

**华** 以前也会。他年轻的时候来苏州定居,那时也没有车,他想要休息的时候就会散步,每个小街小巷随便走,没事情了就小街小巷到处看。苏州的建筑,苏州城市的样貌,小桥流水,他都挺喜欢的。如果说这也算一种爱好的话,这是一个,他年轻时的爱好。

**鲍** 华老师平时交往的对象,除了家人、学生、白谦慎老师,还有哪些?

**华** 还有以前的老朋友,也会来往。但是他不太会隔一段时间打一个电话,和你嘘寒问暖一下。他会有了碧螺春、大闸蟹之类,就打电话给他几个朋友,或者说你们要不要过来玩啊?我这边有茶叶你们来尝一尝。我觉得他是"君子之交淡如水"的那种。他的老朋友也是这样,大家都是这么多年的老朋友了,也不是在乎茶叶这个东西,而是情谊。正好一段时间没见面了,那么借这样一个机会,我们来碰个面。他性格就是这样的,包括对我奶奶,现在好像会隔几天打一个电话,以前我奶奶身体硬朗的时候,他对我奶奶非常孝顺,但不会隔两天打个电话去问问:妈妈你怎么样?我奶奶也说他不会这样嘘寒问暖。

我觉得他性格蛮真诚。前两年,他还不会用手机短信,有些东西需要看一下,或者回复一下,会让我帮他操作。然后我看到一条短信,可能是他以前北大的老师的女儿发的,因为从短信里我可以知道。他知道这个老师喜欢喝碧螺春,每年碧螺春上市都会寄给这个老师,但是他不会隔三岔五地打电话联络一下。他就是到了这个时间点,就想起这是谁谁很喜欢的一样东西,就寄给他。他女儿发短信说:每年到了这时候,你的碧螺春就会准时寄给我爸爸,他每年都能喝到,非常开心,但是今年已经喝不到了,因为他已经走了。可能是因为平时没有联系,这个去世的消息我爸爸也不知道。他女儿收到碧螺春以后,就根据包裹上面的联系方式给我爸爸发了一个短信,她说她会在清明节的时候把这个茶叶带到父亲的坟前。

他平时不大会去和别人联络,因为他也没有现代的社交工具,他非常排斥上网、发短信这些。要么就是打电话,但是他又不善言辞,不擅于和别人寒暄,如果没有特别的事情,纯粹就是为了给你问个好,他好像不会这样子。他会知道你喜欢什么东西,会在特定的时间想起你,然后就去做这件事情,可能会持续很多年。

附录

# 书里乾坤
(纪录片脚本)

【解说词】

"姑苏第一名街"山塘街的街口牌楼上,"山塘胜迹"四个大字古朴典雅、宁静自然,与山塘街的千年风韵相得益彰。这匾额并非出自古代书法家之手,而是由当代书法家华人德所题,他的题字在江南的其他名胜古迹也常常可以见到。

【解说词】

1947年,华人德出生于无锡一个普通的知识分子家庭,走上书法之路十分偶然。小学五年级的一天,他在家里写完老师布置的小楷作业,就出去玩耍了。他父亲无意间看到这份作业,大为惊讶。

【华人德同期声】

他说,你这个叫谁写的?我说我自己写的。他说你不可能写这样的字,这个像70岁的老人写的,他指给我看那些字特别好看。

【解说词】

父亲的夸奖激发了华人德对书法的兴趣,他买来颜真卿、柳公权和赵孟頫的字帖,天天临写。时光在墨香中缓缓流淌,书法也渐渐成为华人德生活中不可或缺的部分。

【解说词】

华人德的书法技艺日渐精进,但是苦恼随之而来,他发现自己的字虽然得到了很多人的认可和肯定,但是始终无法摆脱"颜柳赵"三家的影子。在农村插队期间,华人德白天在农田劳动,夜晚在昏黄的灯光下读书,他常常思索如何才能摆脱自己书法中的桎梏,形成自己的风格。于是,他尝试着把目光投向唐代以前的书法资源。

【解说词】

也就是在这时候,一个指点迷津的人物出现了。1973年,因为书法出众,华人德被招进江苏东台的一家工艺厂工作,师从江南书法篆刻家王能父。

【华人德同期声】

他(王能父)就讲你也不能一味去弄这些高古的东西,《石门颂》要有才气才能学,才气不足的话,会写得松散,会有习气产生。

【解说词】

华人德没有放弃《石门颂》,他思索着先生的一番话。虽然当时他还不大理解书法结构的奥秘,但他感觉魏碑的结构比较紧密,就尝试着在隶书中掺杂魏碑的写法。

【解说词】

功夫不负有心人,一次王能父来看望他,看着大门上华人德写的春联,欣慰地说:"你现在的字结构紧了。"

【华人德同期声】

后来我理解了,这个笔画要有对照,该长的要长,该短的要短,要有收有放,中宫要收紧。就是这个字,都要向字的字中心辐辏过去。

【解说词】

于是,华人德的书法结构精密起来。此外,他觉得高古之风更符合自己的个性,坚持将汉魏碑刻作为自己书法之路的方向。

【解说词】

1978年,华人德以盐城地区文科第一名的成绩考入北京大学。北大图书馆丰富的书籍和金石拓片资源让他的视野前所未有地开阔起来。有一天,他读到了顾炎武的一番话,犹如醍醐灌顶。

【华人德同期声】

他认为做学问就要"采铜于山",要去开了铜矿来铸这个钱,而不是把古代留下来的青铜器、铜钱敲碎了再去铸钱,这样把古董弄坏了,铸的钱质量也差。

【解说词】

"采铜于山"的观念对华人德产生了深远的影响,他下定决心,从此不再从名家书法中寻找资源,而是广泛搜集秦汉至南北朝时期的各种碑刻、简牍、瓦当、造像记等非名家书迹,从中国书法的源头寻找艺术灵感,锻造自己的书法风格。

【华人德同期声】

把他们隶书中间的一些结构的共性抽绎出来,把具体的一些各种碑刻、汉碑的个性的东西慢慢减弱,这样就变成自己的东西。

【解说词】

1986年,文化部和中国书协联合举办"全国第二届中青年书法篆刻家作品展览",华人德结合多年来对书法的参悟,写了两副对联,挑了一副去投稿。

【华人德同期声】

隶书里面掺杂了魏碑的写法,结构比较紧。看上去,隶书不像碑帖中间看到的汉隶,有比较强烈的个人风格。笔画拉得比较长,尤其是我拿长锋羊毫写,笔画的姿态跟一般毛笔不一样。

【解说词】

这幅作品位居榜首,华人德从此扬名天下。

【解说词】

成名以后,求学求字的人络绎不绝。有一天,徐州的一位朋友拿着汉画像拓片,请他在上面题跋,这种独特的艺术形式深深地吸引了华人德,从此,他的作品中拓片题跋的形式多了起来。

【解说词】

画像拓片题跋风行于清朝,通常做法是用书法说明画像的年代、出土地点或者考证画像上的文字。华人德认为只对画像作静态的说明,不能引人遐想。于是,他把画像当成古人寄托情思的载体,精心选择题写的书体和文句,隔着千年时光,触碰古人的情怀。

【华人德同期声】

比如汉代的画像,我就会拿汉代的诗歌,或者晚一点到魏晋,我很少会拿明清的诗歌往上面题。

【解说词】

华人德认为书体本身有尊卑、正偏等伦理。汉代皇帝的诏书要用篆书,招隐士要用鹤头书,写经的标题要用隶书,经文一般用楷书,用草书便显得人不虔诚与不恭敬。

【华人德同期声】

汉画像拿篆书去题就不大合适,尤其拿金文、甲骨文,这个是绝对不能这样题的。……看上去很别扭,因为你违背了这个里面的伦理了。

【解说词】

华人德的题跋作品成为书法界一道亮丽的风景,获得高度评价。2005年,美国艺术家薄英在一篇文章中说:华人德建构了一个虽未言明却实际有效的想象空间。这一空间中,制造视觉图像的古代工匠与古代诗人、历史学家互相对话,呈现了对于过去的沉思冥想和赞美之情。

【解说词】

这样的独特魅力,不仅源于华人德对书法艺术的不倦追求,而且植根于他深厚的古典文化修养。

【解说词】

1969年,华人德插队苏北农村,朋友送给他一本《说文解字》。这本文字学经典陪伴他度过了知青岁月,大学时光,直至现在。四十多年过去了,书已经破旧发黄,却依然是华人德常常阅读的宝典。

【解说词】

读书提升了他的文化修养,也为他收获爱情。1974年,华人德在轮船上与后来成为他妻子的李琴华相遇。

【李琴华同期声】

我觉得这个知青,有点与众不同,不像和我相处的其他的知青的样子,整天就是打牌啊,玩啊,那时候也没有好的拉杆箱,旅行包,就是一个脸盆,脸盆里面都是书。

【解说词】

华人德的女儿华昊,从小到大,见到父亲最多的身影不是写字就是读书,就连除夕之夜也不例外。

【华昊同期声】

我年三十会打电话回来拜年,我妈妈基本上吃完年夜饭就去外婆家,跟她们一起玩了。好几次我都问你在干吗呀,他说我嘛看看书。

【解说词】

华人德读书很杂,史书、文字学、考古报告、笔记小说、古代书论等等,他都读得饶有兴趣。

【白谦慎同期声】

我们一般看《中国通史》,他看的都是《汉书》《魏书》,都是古书,知识非常渊博。

【解说词】

有一天,华人德读到叶昌炽的《语石》,说东晋墓志只记载姓名籍贯和生卒年月,并且形制简单,书风草率,这是因为东南地区风气未开。

【华人德同期声】

但是我觉得不对……我说怎么这个墓志会比西晋的退步了呢?西晋的墓志是做成碑立在墓里面。

【解说词】

于是,华人德阅读了出土的所有东晋墓志,发现墓志的主人是从洛阳迁到南京一带的世家大族,他们希望骸骨能够迁回先人墓地。

【华人德同期声】

我说这个规律找到了,这个墓志可能是记识的作用比较大,是迁葬时候给子孙看的。记识性的东西呢,他就不会请书法家来写的。

【解说词】

这段突破古人陈见的思考成就了一篇万余字的书学论文《谈墓志》。这篇文章1983年发表于香港《书谱》杂志,被誉为华人德书学研究的"奠基之作"。他后来的大部分书学论著都或直接、或间接地与这篇文章关联。

【解说词】

华人德在书法艺术和书学研究之间自由地穿梭,书法创作为书学研究提供了直觉和感悟,书学研究提升了书法艺术的格调和气息。

【华人德同期声】

后来我也发现这个趣味没有格调和气息好,有时候你一味地去追求趣味,会滑到写丑怪的字。就像人一样的,你老是在人家门前要引人家注意,做一个鬼脸,做一个怪动作,人家看多了就会恶心。你这个人,如果有好的气质,好的修养,一表人才,人家会有一种敬重的感觉。

【解说词】

华人德在大自然中陶冶性情、开阔心境,陕西的昭陵、乾陵,甘肃的炳灵寺石窟,美国的黄石公园,都留下了他的足迹。

【华人德同期声】

看看大自然，感受到大自然的宏伟，对大自然的敬畏以后，写到字，你就不会随便乱写。还有一个是写的时候会丢开杂念，名利的东西和大自然的宏伟相比，就都不算什么了。

【解说词】

2013年，华人德获得第四届"兰亭奖"的"艺术奖"，这是他获得的第四个"兰亭奖"，他也成为迄今为止获"兰亭奖"最多的书法家。颁奖晚会上，组委会邀请每位获奖者现场书法，通过电视直播让观众感受书法的魅力，但是华人德拒绝了。

【华人德同期声】

书法不是表演艺术，我觉得，在我看来，有辱斯文。我写字的时候要静下心来，有一种敬畏的感情在里面。

【解说词】

书法风格，拓片题跋，书学研究，华人德从不勉强自己遵循惯例，但又深深地植根于传统文化的土壤。他在笔墨纸砚里恪守着内心的信念，表达对自然和文化的敬畏之情，在方寸之间抒写乾坤大道，展现中华文化的博大精深与无穷魅力。

# 华人德年表

1947 年

出生于江苏省无锡市南市桥上塘街 17 号,祖籍江苏无锡。

1952 年

无锡竞志小学上幼儿园。

1953 年

无锡师范附属小学上幼儿园并读小学。

1958 年

小学五年级,小楷作业被父亲夸奖,对书法产生兴趣。

1960 年

无锡市第七中学就读初中。

1961 年

清明节,于无锡崇安寺古旧书店购得颜真卿《麻姑山仙坛记》,正式学习书法。

1963 年

无锡市第一中学就读高中。

临习柳公权《玄秘塔碑》、赵孟頫《重修玄妙观三门记》。

1966—1969 年

高中毕业,"文革"开始,待业在家。

临习隋《龙藏寺碑》和"魏碑三种":《元诠墓志》《元倪墓志》《石婉墓志》。

1969—1973 年

江苏省东台县新农公社五星二队插队知识青年。

自学《说文解字》。

阅读《汉书》《三国志》。

临习"魏碑三种"。

抽调至公社抄写"小评论"。

1973—1977 年

因书法出众,被招进东台县工艺厂,师从王能父,为仿古画题字。

临写《石门颂》《张迁碑》《曹全碑》等。

1974 年

于无锡开往东台的轮船结识现在的妻子。

1977 年

因年龄原因未能参加当年高考。

1978 年

以江苏盐城地区文科第一名的成绩考入北京大学图书馆学系。

入学时朋友送给一支"鹤颈"长锋羊毫,自此习用长锋羊毫。

1979 年

暑假,在火车上结识白谦慎。

作品参展北大教职工的"燕园书画会"展览,获王力先生评赞,后多次参加"燕园书画会"组织的与日本书法友人的交流活动。

经北大国际政治系主任赵宝煦介绍,拜访北大季羡林、魏建功、宗白华、裘锡圭等教师。

出入于北大图书馆,阅读了大量的书籍和金石拓片。

1980 年

12 月,发起成立"北京大学书法社",推选为首任社长。

1981 年

作品入展"首届大学生书法展览",获三等奖。

被推选为"蔡元培、李大钊铜像"建像委员会成员,代表北大七七、七八两届毕业生书写像座背面铭文。

1982 年

分配至南京大学图书馆工作。经侯镜昶介绍,加入江苏省书法家协会。

1983 年

调至苏州大学图书馆工作。

于《书法研究》杂志(第4期)发表论文《读〈论书法艺术美感的起源与发展〉》。

于香港《书谱》杂志(总第54期)发表论文《谈墓志》。

1984年

由"九三学社"主席许德珩特许,牟小东、张毅介绍,加入"九三学社"。

作品入展"全国第一届中青年书法篆刻家作品展览"。

1985年

于香港《书谱》杂志(总第66期)发表论文《清代的碑学》。

1986年

于《书法研究》杂志(第1期)发表论文《释"始艮终乾"》。

作品入展"全国第二届中青年书法篆刻家作品展览",获最高奖。

1987年

于《书法研究》杂志(第1期)发表论文《"对〈陆机《平复帖》商榷〉一文的商榷"读后》。

《〈南北书派论〉〈北碑南帖论〉注》一书由上海书画出版社出版。

12月,发起成立"沧浪书社",推选为首、二任总执事(1987—1998),并任该社会团体法人代表。

经沙曼翁、钟天铎介绍,加入中国书法家协会。

1988年

于《中国书法》杂志(第1期)发表文章《知音自有松风和——记胡伦光的篆刻和书法》《吴芝瑛其人其书》(署名维摩)。

于《苏州大学学报(哲社版)》(第3期)发表论文《明代中后期雕版印刷的成就》。

浙江富阳农家子弟羊晓君登门拜师。

1989年

行书作品入展"第四届全国书法篆刻展览",获三等奖。

与瞿冠群主编《中国历代名人图鉴》,由上海书画出版社出版。

于香港《书谱》杂志(3月刊)发表论文《现存〈唐贞义女碑〉为明代翻刻——与李大鹏先生商榷》。

于《书法报》(第38期头版)发表文章《沧浪书社五百天》(署名吴胆)。
于《书法博览》杂志发表论文《西汉法钱权》《尺牍书法》。

1990年

行书作品入展"全国第三届中青年书法篆刻家作品展览"。
作品参展"第一届国际书法交流大展(新加坡)"。

1991年

于《中国书法》杂志(第1期)发表文章《思考与存在——谈言恭达的书法》(署名维摩)。

1992年

主编《六体书法字典》,书写其中隶书部分,由江苏教育出版社出版。
作品入展由"沧浪书社"协办的"中国篆刻家艺术展览",展览在美国耶鲁大学美术馆举办,是西方国家中首次举办的中国篆刻艺术展览。

1993年

作品参展"第二届国际书法交流大展(北京)"。
于《中国书法》杂志(第2期)发表论文《评〈语石〉》。
担任"全国第五届中青年书法篆刻家作品展览"评委。
担任"全国第四届书学讨论会"评委。

1994年

9月,与言恭达、白谦慎策划组织"中国书法史国际学术研讨会"(于江苏常熟举办,由"沧浪书社"和常熟书协联合主办),并提交论文《论东晋墓志兼及"兰亭论辨"》,此文发表于台湾地区《故宫学术季刊》,后译成英文,发表于美国《中世纪早期研究季刊》。
与瞿冠群主编《中国历代人物图像索引》,由江苏教育出版社出版。
作品参展"第一届全国楹联书法大展"。
于《中国书法》杂志(第1期)发表论文《谈买地券》。

1995年

于香港中文大学访学一个月。
主编《中国书法全集·三国两晋南北朝墓志》,由荣宝斋出版社出版。
美国艺术家薄英随华人德学习,研究中国碑刻书法。
于《中国书法》杂志(第2、5期)发表论文《注重时代特征并研究其形成原因》

《论长锋羊毫》。

于《书法之友》杂志(第4、5期)连载发表论文《隶书创作技法》。

作品参展"第三届国际书法交流大展(东京)"。

作品参展"第六届中日友好自咏诗书展"。

担任"全国第六届中青年书法篆刻家作品展览"评委。

1996年

9月,应邀与胡伦光、储云于香港科技大学图书馆举办"游于艺——太湖·沧浪三人展"。

主编《历代笔记书论汇编》,由江苏教育出版社出版。

于《书法研究》杂志(第1期)发表论文《评帖学与碑学》。

于《江苏政协》杂志(第5期)发表文章《记王能父师》。

于《书法之友》杂志(第5期)发表文章《从于明泉书法谈起》。

1997年

于《书法研究》杂志(第1、6期)发表论文《文字·伦理·书法》《论东晋墓志兼及"兰亭论辨"》。

于《中国书法》杂志(第1期)发表论文《论北朝碑刻中的篆隶真书杂糅现象》。

于《书画世界》杂志(第3期)发表论文《书史研究与隶书创作》。

破格聘任为江苏省文史研究馆馆员。

担任"全国第七届中青年书法篆刻家作品展览"评委。

担任"全国第五届书学讨论会"评委。

1998年

增补为苏州大学汉语言文字学专业硕士研究生导师。

辞去"沧浪书社"总执事。

于《书法研究》杂志(第5期)发表论文《章草辨》。

10月,与丛文俊、陈振濂、沃兴华参加中华书道学会于台北师范学院举办的"出土文物与书法学术研讨会",宣读论文《从出土简牍看两汉书法》,并担任杜忠诰论文的特约评论人。

应邀参加"全国隶书学术研讨会",并提交论文《东汉碑刻的隶书》。

担任"全国隶书学术讨论会"评委。

1999年

于《中国图书馆学报》(第1期)发表论文《中国石刻文献的种类及其演变》。

于《江苏图书馆学报》(第4期)发表论文《苏州古版画概述》。

3月,应邀参加美国普林斯顿大学艺术馆主办的"The Embodied Image"国际学术会议,并宣读论文《论魏碑体》。

6月,与白谦慎策划组织"《兰亭序》国际学术研讨会"(于江苏苏州举行,由"沧浪书社"和台湾何创时基金会联合主办),并提交论文《论六朝写经体兼及"兰亭论辨"》。

聘任为苏州大学图书馆研究馆员。

专著《中国书法史·两汉卷》由江苏教育出版社出版。

作品参展"全国第七届书法篆刻展览"。

2000年

于《中国书法》杂志(第1、6期)发表论文《〈从六朝士人不屑碑志看"兰亭论辨"的失误〉一文商榷》《论魏碑体》。

与白谦慎主编《兰亭论集》,由苏州大学出版社出版。

担任"全国第八届中青年书法篆刻家作品展览"评委。

2001年

聘任为江苏省图书专业高级资格学科委员会成员和江苏省图书(群文)、文博专业高级资格评审委员会成员。(2001—2004)

于《中国书法》杂志(第3期)发表论文《回顾二千年以来的文房四宝》。

于《书法研究》杂志(第4期)发表论文《北京大学书法研究社》。

赴香港参加"中国碑帖与书法国际研讨会",并宣读论文《分析〈郑长猷造像记〉的刊刻以及北魏龙门造像记的先书后刻问题》。

2002年

著作《中国书法史·两汉卷》获首届中国书法"兰亭奖·理论奖";编著《兰亭论集》获首届中国书法"兰亭奖·编辑出版奖"(与白谦慎合得)。

于《中国书法》杂志(第8、11期)发表论文《分析〈郑长猷造像记〉的刊刻以及北魏龙门造像记的先书后刻问题》《两汉简牍的书法》。

增列为苏州大学设计艺术学专业博士生导师,方向为中国书法史研究与碑刻史研究。

2003 年

于《中国书画》杂志(第3期)发表论文《对〈读《中国书法史·两汉卷》献疑〉一文的答复》。

于《中国书道》杂志(第4、11期)发表文章《谭云与华人德访谈录》《芥寒与华人德的对话》。

于《中国书法》杂志(第11期)发表论文《〈淳化阁帖〉祖本为刻于枣木版辨》。

著作《六朝书法》由上海书画出版社出版,该书为"中国书法博导丛书"之一。

担任"全国第六届书学讨论会"评委。

2004 年

于《书法研究》杂志(第3期)发表论文《"北凉体"刍议》。

于《书画艺术》杂志(第5期)发表文章《沈子丞先生百年诞辰纪念》。

于《大学图书馆学报》(第5、6期)连载发表论文《中国历代人物图像概述》。

7月,当选苏州市书法家协会主席。

《中国书法史》(七卷本)(华人德撰写分卷"两汉卷")获得"第六届国家图书奖",并列入"中国文库"。

与唐吟方、王如骏、白谦慎于北京和苏州为张充和先生举办"张充和书画展"。

主编《中国历代人物图像集》(上、中、下),由上海古籍出版社出版。

作品参展"全国第八届书法篆刻展览"。

2005 年

应邀于美国惠特曼学院讲学半年(1月—5月),期间于该校美术馆举办"道在瓦甓——华人德书法展",还应邀于华盛顿州立大学艺术史系及波特兰市兰苏园报告厅作学术讲座。

讲学期间,拜访翁万戈、张充和、朱继荣三位先生。

《中国当代书法家名家字帖·华人德隶书篇》由山东美术出版社出版。

12月,与曹宝麟、黄惇、潘振元、薛龙春等赴香港参加"沧浪书社"和香港"甲子书学会"联合举办的"沧海连波——香港书家与沧浪书社交流展"。

2006 年

获第二届中国书法"兰亭奖·教育奖"一等奖。

担任第二届中国书法"兰亭奖·艺术奖"评委。

11月,率苏州市书法家代表团于新加坡举办"新加坡·苏州书法交流作品展",展览结束后访问马来西亚、泰国,并进行书法交流。

## 2007年

于《中国书法》杂志(第1期)发表文章《"第二届中国书法兰亭奖"笔谈之华人德"二届'兰亭奖'获奖有感"》。

于《苏州杂志》(第5期)发表文章《造访三位前辈》。

应中国驻泰国大使张九桓先生邀请,于泰国曼谷举办"华人德书法作品展"。

7月,聘任为中央文史研究馆书画院研究员。

7月,策划组织"明清书法史国际学术研讨会"(于江苏张家港举办,由张家港市政府、苏州市文联主办,苏州市书协、张家港市文联承办),并担任学术主持人。

于《中国书法》杂志(第8期)发表文章《快炙背而美芹子》,此文2009年转载于《中国书画》杂志(第12期)。

于《中国书法》杂志(第12期)发表文章《全国第九届书法篆刻作品展览评委笔谈之华人德"国展分书体评选好"》。

作品参展"首届全国老年书法作品展览"。

担任"全国第九届全国书法篆刻作品展览"评委。

## 2008年

与葛鸿桢、王伟林主编《明清书法史国际学术研讨会论文集》,由上海古籍出版社出版。

于《中国书法》杂志(第2期)发表文章《当代书法学术研究五人谈》。

合作编著《耆献写真·苏州大学图书馆藏清代人物图像选》,由中国人民大学出版社出版,该书为"国家清史编纂委员会·图录丛刊"之一。

7月,策划组织"2008中国苏州(相城)书法史讲坛",并担任学术主持人。

《华人德书学文集》由荣宝斋出版社出版,该书为"当代书法理论文集系列"之一。

《华人德书法作品集》由人民美术出版社出版。

担任"全国第二届隶书艺术展"论坛评审委员会主任。

担任"2008—2009年度中国书法家协会学术课题研究项目"评委。

## 2009年

《书法》杂志和《书法报》联合评选的"二〇〇八年十大年度人物"中,排位第一。

率队于北京举办"吴门书道——中国书法名城苏州作品展"。

7月,连任苏州市书法家协会主席。

7月,策划组织"2009中国苏州(吴江)书法史讲坛",担任学术主持人,并作题为"碑刻的种类及其演变"的演讲。

《华人德书法作品选》(线装本)由浙江古籍出版社出版。

于《中国书法》杂志(第9期)发表论文《汉金文的传与承》。

12月,于南京参加"请循其本——古代书法创作研究国际学术讨论会",作"我的书法创作和学术研究途径"专题演讲,并担任一场专题评论和学术主持。

2010年

7月,策划组织"2010中国苏州(沧浪)书法史讲坛",并担任学术主持人。

于《中国书法》杂志(第2期)发表文章《"请循其本——古代书法创作研究国际学术讨论会"笔谈》

于《苏州杂志》(第1、2、3、4、5、6期)发表文章《古薇山房笔记·宋季丁》《古薇山房笔记·王能父》《古薇山房笔记·沈子丞》《古薇山房笔记·萧退闇先生的晚年生活》《古薇山房笔记·沙曼翁》《古薇山房笔记·张充和》。

于《中国书法》杂志(第8期)发表论文《敦煌文献与敦煌书法》。

于《中国书画》杂志(第8期)发表论文《欧体和石经、雕版印刷》。

2011年

于《苏州杂志》(第2期)发表文章《一次尊师爱生会》。

于《中国书画》杂志(第11期)发表文章《我的书法创作和学术研究途径》,此文2012年转载于《中国书法》杂志(第6期)。

《中国近现代名家作品选粹(一)华人德卷》由河北美术出版社出版。

11月,率领"苏州市书法家代表团"出访日本金泽,并进行书法展览和交流。

作品参展"中国书法家协会会员优秀作品展"。

2012年

于《苏州杂志》(第1期)发表文章《致刘正成》。

与朱琴主编《历代笔记书论续编》,由江苏教育出版社出版。

9月,苏州大学校务会议通过,延迟5年退休。

11月,率"苏州市书法家代表团"出访法国格勒诺布尔和意大利威尼斯,并进行书法展览和交流。

作品参展"第二届全国老年书法作品展览"。

2013年

3月,被评为首届"苏州市民间外交友好使者"。

4月,获第四届中国书法"兰亭奖·艺术奖"。

8月,率"苏州市书法家代表团"出访美国波特兰,并进行书法展览和交流。

主编《中国书法全集·两晋南北朝写经写本》,由荣宝斋出版社出版。

主编《中国(苏州)书法史讲坛文集》,由苏州大学出版社出版。

2014年

5月,于苏州市第六中学举办"华人德书法作品展"。

6月,获第四届"苏州杰出人才提名奖"。

7月,策划组织"2014中国苏州(吴江)书法史讲坛",并担任学术主持人。

11月,率"苏州市书法家代表团"出访韩国全州,并进行书法展览和交流。

11月,被授予首届"姑苏文化名家"称号。

12月,由江苏省人力资源和社会保障厅审核通过专业技术二级岗位聘用条件认定。

# 参考文献

**著作**

华人德.《南北书派论》《北碑南帖论》注[M].上海:上海书画出版社,1987.

瞿冠群,华人德.中国历代名人图鉴[M].上海:上海书画出版社,1989.

华人德.六体书法字典[M].南京:江苏教育出版社,1992.

瞿冠群,华人德.中国历代人物图像索引[M].南京:江苏教育出版社,1994.

华人德.中国书法全集·三国两晋南北朝墓志卷[M].北京:荣宝斋出版社,1995.

华人德.历代笔记书论汇编[C].南京:江苏教育出版社,1996.

华人德.中国书法史·两汉卷[M].南京:江苏教育出版社,1999.

华人德,白谦慎.兰亭论集[C].苏州:苏州大学出版社,2000.

华人德.六朝书法[M].上海:上海书画出版社,2003.

华人德.中国历代人物图像集[M].上海:上海古籍出版社,2004.

沧浪书社.纪念中国沧浪书社成立20周年书法作品集[C].深圳:珠江文艺出版社,2007.

沧浪书社.中国沧浪书社20年[C].深圳:珠江文艺出版社,2007.

华人德,葛鸿桢,王伟林.明清书法史国际学术研讨会论文集[C].上海:上海古籍出版社,2008.

华人德.华人德书法作品集[C].北京:人民美术出版社,2008.

华人德.华人德书学文集[C].北京:荣宝斋出版社,2008.

华人德，朱琴．历代笔记书论续编［C］．南京：江苏教育出版社，2012．

羊晓君．家在富春山·羊晓君隶书展作品选［C］．北京：荣宝斋出版社，2012．

华人德．中国（苏州）书法史讲坛文集［C］．苏州：苏州大学出版社，2013．

华人德．中国书法全集·两晋南北朝写经写本［C］．北京：荣宝斋出版社，2013．

**文章**

华人德．读《论书法艺术美感的起源与发展》［J］．书法研究，1983(4)．

华人德．谈墓志［J］．书谱，1983(5)．

华人德．清代的碑学［J］．书谱，1985(5)．

华人德．释"始艮终乾"［J］．书法研究，1986(1)．

华人德．"对《陆机〈平复帖〉商榷》一文的商榷"读后［J］．书法研究，1987(1)．

华人德．知音自有松风和：记胡伦光的篆刻和书法［J］．中国书法，1988(1)．

华人德．吴芝瑛其人其书［J］．中国书法，1988(1)．

华人德．明代中后期雕版印刷的成就［J］．苏州大学学报，1988(3)．

华人德．现存《唐贞义女碑》为明代翻刻：与李大鹏先生商榷［J］．书谱，1989(3)．

华人德．思考与存在：谈言恭达的书法［J］．中国书法，1991(1)．

华人德．评《语石》［J］．中国书法，1993(2)．

华人德．谈买地券［J］．中国书法》，1994(1)．

华人德．注重时代特征并研究其形成原因［J］．中国书法，1995(2)．

华人德．论长锋羊毫［J］．中国书法，1995(5)．

华人德．隶书创作技法［J］．书法之友，1995(4)(5)．

华人德．评帖学与碑学［J］．书法研究，1996(1)．

陆湘怀．查找历代人物图像的捷径［J］．苏州大学学报，1996(1)．

华人德．记王能父师［J］．江苏政协，1996(5)．

华人德．从于明泉书法谈起［J］．书法之友，1996(5)．

华人德．文字·伦理·书法［J］．书法研究，1997(1)．

净逸．寻梦及心画［J］．艺苑，1997(1)．

华人德.神出古异、淡不可收:评宋季丁先生的书法[J].书法之友,1997(2).

华人德.书史研究与隶书创作[J].书画世界,1997(3).

华人德.论北朝碑刻中的篆隶真书杂糅现象[J].中国书法,1997(1).

华人德.论东晋墓志兼及"兰亭论辨"[J].书法研究,1997(6).

王元军.从六朝士人不屑碑志看"兰亭论辨"的失误[N].光明日报,1998.12.04.

华人德.章草辨[J].书法研究,1998(5).

华人德.中国石刻文献的种类及其演变[J].中国图书馆学报,1999(1).

华人德.苏州古版画概述[J].江苏图书馆学报,1999(4).

王元军.与华人德先生商榷:北朝碑刻中的篆隶真书杂糅现象与道教有关吗[J].中国书法,2000(1).

华人德《从六朝士人不屑碑志看"兰亭论辨"的失误》一文商榷[J].中国书法,2000(1).

华人德.论魏碑体[J].中国书法,2000(6).

华人德.回顾两千年以来的文房四宝[J].中国书法,2001(3).

逢成华.史论结合,既述既作——读华人德先生的《中国书法史·两汉卷》[J].书法之友,2001(3).

华人德.北京大学书法研究社[J].书法研究,2001(4).

华人德.分析《郑长猷造像记》的刊刻以及北魏龙门造像记的先书后刻问题[J].中国书法,2002(8).

华人德.两汉简牍的书法[J].中国书法,2002(1).

陆昱华.读《中国书法史·两汉卷》献疑[J].中国书画,2003(2).

华人德.对《读〈中国书法史·两汉卷〉献疑》一文的答复[J].中国书画,2003(3).

华人德,谭云.谭云与华人德访谈录[J].中国书道,2003(4).

华人德,芥寒.芥寒与华人德的对话[J].中国书道,2003(11).

华人德."北凉体"刍议[J].书法研究,2004(3).

华人德.沈子丞先生百年诞辰纪念[J].书画艺术,2004(5).

华人德.中国历代人物图像概述[J].大学图书馆学报,2004.(5)(6).

华人德,陶文瑜.翰墨[J].苏州杂志,2006(5).

华人德.造访三位前辈[J].苏州杂志,2007(5).

华人德.快炙背而美芹子[J].中国书法,2007(8).

荆歌.苏州有个华人德[J].中国文化报,2008(3).

华人德.汉金文的传与承[J].中国书法,2009(9).

白谦慎.华人德书法史研究的理论价值[J].中国书画,2009(12).

薛龙春.常识与思考力[J].中国书画,2010(1).

华人德.古薇山房笔记·萧退闇先生的晚年生活[J].苏州杂志,2010(4).

华人德.古薇山房笔记·沙曼翁[J].苏州杂志,2010(5).

华人德.古薇山房笔记·张充和[J].苏州杂志,2010(6).

华人德.敦煌文献与敦煌书法[J].中国书法,2010(8).

华人德.欧体和石经、雕版印刷[J].中国书画,2010(8).

华人德,吕继东.华人德:让书法成为苏州的艺术名片[N].苏州日报,2010.10.22.

世纪杂志社.书法家华人德[J].世纪,2011(1).

华人德.我的书法创作和学术研究途径[J].中国书画,2011(11).

华人德.华人德论书手札[J].书法,2012(2).

于雷鸣.华人德题跋书法赏析[J].寻根,2012(4).

于雷鸣.华人德:让龙骨蝉翼有了前世今生[J].读书,2012(5).

薄英,毛秋瑾.道在瓦甓:华人德书作的意象、主题和书法风格[J].书画艺术,2013(6).

苏周刊.苏州文化人:做亮吴门书道这块苏州书法的品牌[N].苏州日报,2013.9.13.

晓亮."走出去"里的民间身影[N].苏州日报,2013-04-08.

孙悦良.墨缘杂忆[J].苏州杂志,2014(2).

**视频**

《第二届中国书法兰亭奖颁奖晚会》,2006年12月8日。

香港网络电视台:《第四届中国书法兰亭奖专题》,2013年4月11日。

华人德:《五体书法临摹示范:(隶书)华人德临〈三老讳字忌日记〉》。

华人德:《当代书法名家视频:(隶书)华人德》。

华人德:《华人德书法艺术与技法》。
苏州大学:《历代名人图像库》。

# 后　记

　　2006年9月,我第一次到苏州大学独墅湖校区图书馆,读着石匾上古朴静雅的"炳麟图书馆"题字,闻着飘过的桂花清香,未入馆而心已宁静。当时怎么也想不到,八年后,当我从江西九江学院赴苏大攻读博士学位时,我可以面对面地访谈匾牌的书写者华人德先生。

　　怀着幸运的欣喜,我尽自己所能地搜集所有有关华老师的资料,主要包括:(1)他的作品集、论文论著,如《华人德书法作品集》《中国书法史·两汉卷》《兰亭论集》《华人德书学论文集》《中国(苏州)书法史讲坛文集》《中国历代人物图像集》,等等;(2)有关他的新闻报道和视频资料,如《华人德:让书法成为苏州的名片》《苏州文化人:做亮吴门书道这块苏州书法的品牌》《"走出去"里的民间身影》《当代书法名家视频:(隶书)华人德》等;(3)他人撰写的有关他的人生经历、书法作品、书学研究的文字,如白谦慎先生的《华人德和民间团体及其他》《华人德书法史研究的理论价值》,美国艺术家薄英(Ian Boyden)的《道在瓦甓:华人德书作的意象、主题和书法风格》等。我花了近两个月的时间阅读这些资料,虽然这么短的时间远未能深刻领悟华人德先生书法艺术的精妙和书学研究的精深,但已能大致了解他的人生经历、艺术理念和学术研究主题,就拟写了一份六页纸的采访提纲,获得华老师的首肯后开始访谈。

　　我和我的摄录小组5月4日、6月19日在苏州大学本部冬瑞楼,5月12日、5月19日、5月27日、6月29日在华老师家中,对华老师进行了采访。5月7日,他在苏州第六中学举办个人书法作品展,期间做题为《我的书法创作与学术研究途径》的讲座;7月8日,他策划组织的"2014中国(苏州)书法史讲坛"于苏州吴江召开,我们均聆听并跟拍。5月27日在他家采访了他的夫人李琴华女士、女儿华昊女士，7月6日在浙江富阳文联的一间办公室采访了他的弟子羊晓君先生，7月8日在苏州吴江平望镇的玫瑰园会议厅采访了他的挚友白谦慎先生。本来还计划采访他远在美国的学生薄英先生，但因故未能如愿。随后的8月—12月转录文字，整理访谈稿，撰写人物特稿和纪录片脚本，制作电视纪录片。期间为了修整文字和确认图片，又多次登门拜访华老师。

全书内容由两部分构成，一是书稿《华人德访谈录》，一是纪录片脚本《书里乾坤》。纪录片撷取华老师书艺人生中的三次"突破"，串联他的主要人生经历，展现他对中国传统书法艺术的贡献，及其人格魅力。书稿得以成形，感谢传主华人德先生。书中的访谈稿来自他百忙中的对话，精美的书法作品图片和他每个人生阶段的照片均由他提供。每次访谈，他从不把我当成书法艺术和书学研究的外行，都是尽自己所能地配合我们的采访和拍摄；最后一次访谈结束，他一直送我们到小区门口，走过一段路我回头一望，他还在门口目送我们。和他相处的日子里，叹服他对书法艺术五十多年如一日的热爱，钦佩他对学术研究近乎苛求的尊重，沐浴他用心待人的温暖，一种高山仰止的感觉不时涌上心头。

感谢白谦慎和羊晓君先生，他们与华老师的感情令我感动，他们对艺术和学术的执着与尊重值得我用心学习；感谢李琴华和华昊女士，她们从日常生活视角的讲述完善了我对华老师的理解，她们待我们如家人一样的温暖让我永生难忘。

感谢承担整个系列具体工作的"苏州大学新媒介与青年研究文化中心"团队，这个由马中红教授担纲的团队，成员之间的合作给我莫大的帮助。马中红教授负责策划执行、统筹和协调工作；陈霖教授负责把握书稿风格和文字完善；杜志红副教授负责指导纪录片拍摄和后期制作。他们的辛勤付出让我可以心无旁骛地专心书稿的写作，他们对文字和画面一丝不苟的精神鼓舞着我。书稿讨论会中，他们的指点与示范让我的努力有了方向，在书稿的修改中力求完善。感谢顾亦周、刘浏博士，姜红女士，和他们的交谈让我受益良多。

感谢本科生武玲珑和袁源，他们捕捉了华老师的精彩画面，为制作纪录片竭尽心智；感谢硕士生宋姝琳一字不落地整理了华老师的录音。

苏州大学出版社的薛华强先生是这套丛书的直接负责人，他协助我们处理了全部的编务工作，为我们的创作提供了诸多帮助。本书还得到了江苏高校优势学科建设工程资助项目的支持，在此一并致谢。

鲍鲳<br>2014年12月于苏州

**主编　田晓明**

田晓明，出生如皋，旅居苏州。心理学教授，任教于苏州大学，现任副校长。

**副主编　马中红**

马中红，江苏苏州人，苏州大学传播学教授，从事媒介文化、品牌传播研究。

**副主编　陈　霖**

陈霖，安徽宣城人，苏州大学新闻学教授，从事媒介文化与文学批评研究。

图书在版编目(CIP)数据

华人德访谈录 / 鲍鲲著 . —苏州：苏州大学出版社：2016.6
(东吴名家 / 田晓明主编 . 艺术家系列)
ISBN 978-7-5672-1332-6

Ⅰ.①华… Ⅱ.①鲍… Ⅲ.①华人德—访问记 Ⅳ.
① J825.72

中国版本图书馆 CIP 数据核字（2015）第 131991 号

| | |
|---|---|
| 书　　　名： | 华人德访谈录 |
| 著　　　者： | 鲍　鲲 |
| 出 版 人： | 张建初 |
| 责任编辑： | 童丽慧　薛华强 |
| 装帧设计： | 周　晨 |
| 出版发行： | 苏州大学出版社（Soochow University Press） |
| 社　　　址： | 苏州市十梓街 1 号　邮编：215006 |
| 印　　　刷： | 苏州市越洋印刷有限公司 |
| 网　　　址： | www.sudapress.com |
| 邮购热线： | 0512-67480030 |
| 销售热线： | 0512-65225020 |
| 开　　　本： | 889×1194 1/16　印张：17.25　字数：285 千 |
| 版　　　次： | 2016 年 6 月第 1 版 |
| 印　　　次： | 2016 年 6 月第 1 次印刷 |
| 书　　　号： | ISBN 978-7-5672-1332-6 |
| 定　　　价： | 88.00 元 |

凡购本社图书发现印装错误，请与本社联系调换。服务热线：0512-65225020